Zeitschrift für Betriebswirtschaft

Special Issue 2/2008

Corporate Governance in der Praxis mittelständischer Unternehmen

ZfB-Special Issues

2/2005 Perspektiven der Kommunikationspolitik
Herausgeber: Manfred Krafft
128 Seiten. ISBN 3 8349 0108 3

3/2005 Reverse Logistics I
Herausgeber: Günter Fandel/Joachim Reese
128 Seiten. ISBN 3 8349 0109 1

4/2005 Reverse Logistics II
Herausgeber: Günter Fandel/Joachim Reese
112 Seiten. ISBN 3 8349 0134 2

5/2005 Unternehmensethik und Unternehmenspraxis
Herausgeber: Horst Albach
132 Seiten. ISBN 3 8349 0228 4

1/2006 Unternehmensethik und globale Märkte
Herausgeber: Horst Albach
116 Seiten. ISBN 3 8349 0239 X

2/2006 E-Learning Geschäftsmodelle und Einsatzkonzepte
Herausgeber: Michael H. Breitner/Günter Fandel
136 Seiten. ISBN 3 8349 0249 7

3/2006 Herausforderung Ostasien
Herausgeber: Werner Pascha
144 Seiten. ISBN 3 8349 0315 9

4/2006 Entrepreneurship
Herausgeber: Thomas Ehrmann/Peter Witt
195 Seiten. ISBN 3 8349 0363 9

5/2006 Governance Innovations and Strategies
Herausgeber: Oliver Fabel/Egon Franck
176 Seiten. ISBN 3 8349 0426 3

6/2006 Rechnungslegung nach internationalen Grundsätzen
Herausgeber: Norbert Krawitz
180 Seiten. ISBN 3 8349 0425 6

1/2007 Der Ehrbare Kaufmann: Modernes Leitbild für Unternehmer?
Herausgeber: Joachim Schwalbach/Günter Fandel
140 Seiten. ISBN 3 8349 0659 X

2/2007 Innovation, Orientation, Innovativeness and Innovation Success
Herausgeber: Holger Ernst/Hans Georg Gemünden
156 Seiten. ISBN 3 8349 0698 0

3/2007 Direct Marketing
Herausgeber: Manfred Krafft/Jürgen Gerdes
192 Seiten. ISBN 3 8349 0728 6

4/2007 Open Innovation between and within Organizations
Herausgeber: Holger Ernst/Hans Georg Gemünden
140 Seiten. ISBN 3 8349 0731 6

5/2007 Hochschulrechnung und Hochschulcontrolling
Herausgeber: Hans-Ulrich Küpper
188 Seiten. ISBN 3 8349 0778 2

6/2007 Empirische Studien zum Management in mittelständischen Unternehmen
Herausgeber: Horst Albach/Peter Letmathe
140 Seiten. ISBN 3 8349 0799 5

1/2008 Economics and Management of Education
Herausgeber: Dominique Demougin/Oliver Fabel
192 Seiten. ISBN 3 8349 0904 1

Corporate Governance in der Praxis mittelständischer Unternehmen

Herausgeber
Prof. Dr. Dr. h.c. mult. Horst Albach
Prof. Dr. Peter Letmathe

GABLER

Die Deutsche Bibliothek – CIP-Einheitsaufnahme

Zeitschrift für Betriebswirtschaft : ZfB. – Wiesbaden :
Betriebswirtschaftlicher Verl. Gabler
Erscheint monatl. – Aufnahme nach Jg. 67, H. 3 (1997)
Reihe Ergänzungsheft: Zeitschrift für Betriebswirtschaft /
Ergänzungsheft. Fortlaufende Beil.: Betriebswirtschaftliches
Repetitorium. – Danach bis 1979: ZfB-Repetitorium
ISSN 0044-2372
2008, Special Issue 2. Corporate Governance in der Praxis mittelständischer
Unternehmen
Herausgeber: Horst Albach, Peter Letmathe – Wiesbaden: Gabler, 2008
(Zeitschrift für Betriebswirtschaft; 2008, Special Issue 2)

ISBN 978-3-8349-0931-2

Alle Rechte vorbehalten

© Betriebswirtschaftlicher Verlag Dr. Th. Gabler GmbH, Wiesbaden 2008
Lektorat: Susanne Kramer/Annelie Meisenheimer

Der Gabler Verlag ist ein Unternehmen von Springer Science+Business Media.

Das Werk einschließlich aller seiner Teile ist urheberrechtlich geschützt. Jede Verwertung außerhalb der engen Grenzen des Urheberrechtsgesetzes ist ohne Zustimmung des Verlags unzulässig und strafbar. Das gilt insbesondere für Vervielfältigungen, Übersetzungen, Mikroverfilmungen und die Einspeicherung und Verarbeitung in elektronischen Systemen.

http://www.gabler.de
http://www.zfb-online.de

Höchste inhaltliche und technische Qualität unserer Produkte ist unser Ziel. Bei der Produktion und Verbreitung unserer Bücher wollen wir die Umwelt schonen: Dieses Buch ist auf säurefreiem und chlorfrei gebleichtem Papier gedruckt. Die Einschweißfolie besteht aus Polyäthylen und damit aus organischen Grundstoffen, die weder bei der Herstellung noch bei der Verbrennung Schadstoffe freisetzen.

Die Wiedergabe von Gebrauchsnamen, Handelsnamen, Warenbezeichnungen usw. in diesem Werk berechtigt auch ohne besondere Kennzeichnung nicht zu der Annahme, dass solche Namen im Sinne der Warenzeichen- und Markenschutz-Gesetzgebung als frei zu betrachten wären und daher von jedermann benutzt werden dürften.

Satz: Fotosatz-Service Köhler GmbH, Würzburg

ISBN 978-3-8349-0931-2

INHALTSVERZEICHNIS

VII   Editorial

1   Corporate Governance in Familienunternehmen
    Prof. Dr. Peter Witt, Dortmund

21   Agency and Creditor Relationships in SMEs –
    An empirical analysis of German SMEs
    Dr. Klaus Flacke, Münster and Dr. Klaus Segbers, Düsseldorf

45   Corporate Governance und gerichtliche Sanierung –
    dargestellt am Bundesland Oberösterreich
    Univ.-Prof. Dr. Birgit Feldbauer-Durstmüller, Linz und Dr. Christine Mitter, Puch/Salzburg

69   Corporate Governance in der Erbfolge – der steuerlich optimale Übertragungszeitpunkt
    StB Dr. Markus Diller, Passau

91   Ertrag- und Erbschaftsteuern bei der internationalen Steuerplanung mittelständischer Unternehmen
    Dipl.-Kffr. Dr. Carmen Bachmann, Augsburg

XI   GRUNDSÄTZE UND ZIELE
XIII HERAUSGEBER/EDITORIAL BOARD
XIV IMPRESSUM/HINWEISE FÜR AUTOREN

WWW.GABLER.DE
WWW.PERSONALMANAGEMENT-LEHRBUCH.DE

Ruth Stock-Homburg

Personalmanagement

**Aktuell und umfassend:
Grundlagenwerk
des Personalmanagements**

Ruth Stock-Homburg
Personalmanagement
Theorien – Konzepte – Instrumente
2008. XVIII, 737 S. Geb.
EUR 39,90
ISBN 978-3-8349-0520-8

Das Personalmanagement hat sich in den letzten zwei Jahrzehnten stark gewandelt: Es ist heute weniger eine rein administrative Unterstützungsfunktion, sondern vielmehr ein strategisch angesiedelter Bereich in der Unternehmensführung. Das Buch greift die aktuellen Herausforderungen auf und bettet diese in die klassischen Konzepte und Instrumente des Personalmanagements ein.

Ruth Stock-Homburg vermittelt Studierenden und Praktikern in anschaulicher und kompakter Weise die zentralen Grundlagen, Konzepte und Instrumente eines zeitgemäßen Personalmanagements. In dem Buch werden insbesondere folgende Fragestellungen behandelt:

- Welche theoretischen Konzepte bilden die Basis für eine erfolgreiche Gestaltung des Personalmanagements?
- Mithilfe welcher Instrumente kann der Mitarbeiterfluss in Unternehmen (Planung, Gewinnung, Entwicklung, Freisetzung) erfolgreich gestaltet werden?
- Wie sollten die Belohnungssysteme (d. h. die Beurteilung und die Vergütung) in Unternehmen gestaltet werden?
- Wie können Mitarbeiter und Teams erfolgreich geführt werden?
- Wie kann das Potenzial älterer Führungskräfte und Mitarbeiter vor dem Hintergrund des demographischen Wandels erschlossen werden?
- Gibt es Besonderheiten im Umgang mit weiblichen Führungskräften und Mitarbeiterinnen?
- Wie können Unternehmen psychische Probleme von Führungskräften bzw. Mitarbeitern aufgrund hoher Arbeitsbelastungen durch ein strukturiertes Health Care Management vermeiden?

Die Autorin

Univ.-Prof. Dr. Ruth Stock-Homburg ist Leiterin des Fachgebiets Marketing & Personalmanagement und des Arbeitskreises für marktorientierte Unternehmensführung an der Technischen Universität Darmstadt. Ihre wissenschaftlichen Arbeiten auf den Gebieten der marktorientierten Unternehmensführung und des Personalmanagements wurden national bzw. international mehrfach ausgezeichnet.

Aus dem Inhalt

- Grundlagen und theoretische Konzepte des Personalmanagements
- Gestaltung der Personalmanagement-Systeme
- Führung von Mitarbeitern und Teams
- Umgang mit älteren Führungskräften und Mitarbeitern
- Umgang mit weiblichen Führungskräften und Mitarbeiterinnen
- Health Care Management

Einfach bestellen: kerstin.kuchta@gwv-fachverlage.de Telefon +49(0)611. 7878-626

KOMPETENZ IN SACHEN WIRTSCHAFT

Editorial

Der seit Anfang der 1990er Jahre zunehmend gebrauchte Begriff der Corporate Governance bezieht sich auf den Ordnungsrahmen, der eine transparente und verantwortungsvolle Unternehmensführung ermöglichen soll. Ausgangspunkt der seit Jahren unvermindert anhaltenden Diskussion war das durch unvollständige Verträge geregelte Verhältnis von Managern als Inhaber der Verfügungsmacht über das Unternehmen und Aktionären als Anteilseigner. Die Unvollständigkeit der Verträge zwischen beiden Gruppierungen kann dazu führen, dass die Inhaber der Verfügungsmacht ihr Verhalten nach eigenen Zielen ausrichten und die Interessen der Aktionäre vernachlässigen. Neben den zugrunde liegenden Zieldifferenzen spielen dabei auch Informationsasymmetrien und Abhängigkeiten innerhalb des Organisationsgeflechts (insbesondere zwischen dem Vorstand und dem Aufsichtsrat) eine besondere Rolle. Diese auf größere Aktiengesellschaften ausgerichtete Sicht findet sich auch im deutschen Corporate Governance Codex wieder, der im September 2001 durch die vom Bundesministerium für Justiz eingesetzte Regierungskommission verabschiedet wurde. Die genannten Punkte – wie unvollständige Verträge, Informationsasymmetrien, Zielkonflikte, Abhängigkeiten von Stakeholdergruppen – und die damit verbundenen Anforderungen an eine transparente und verantwortungsvolle Unternehmensführung sind auch für mittelständische Unternehmen von Bedeutung. Familienbande sichern nicht stets die Loyalität zwischen Geschäftsführung und Gesellschaftern. Das vorliegende Special Issue der Zeitschrift für Betriebswirtschaft greift diese Diskussion auf. Typische Corporate Governance-Probleme mittelständischer Unternehmen werden untersucht und in ihrer Bedeutung für eine werteorientierte Unternehmensführung beleuchtet. Neben dem Überblicksbeitrag von Witt werden dabei jeweils Beziehungen mittelständischer Unternehmen zu spezifischen Anspruchsgruppen vertiefend analysiert. Dabei zeigt sich, dass für mittelständische Unternehmen durchaus andere Grundprobleme gegeben sind als in größeren Unternehmen. Die in den Beiträgen hergeleiteten Anforderungen an die Corporate Governance in mittelständischen Unternehmen sind von hoher praktischer Relevanz und tragen zum wissenschaftlichen Erkenntnisstand in diesem Gebiet wesentlich bei.

Corporate Governance in Familienunternehmen

Witt geht in seinem Überblicksbeitrag auf die Unterschiede von Corporate Governance-Problemen in Publikumsgesellschaften und Familienunternehmen ein. Dabei skizziert er auf der Basis theoretischer Überlegungen die Vorteile der Einheit von Eigentum und Leitung, die in Familienunternehmen eine Kontinuität der Unternehmensstrategie ermöglicht. Überblicksartig erörtert Witt anschließend spezielle Governance-Probleme in Familienunternehmen. Dabei handelt es sich um den Fall der Unternehmensnachfolge, um Gesellschafterkonflikte und den Exit von Familiengesellschaftern, um die Auswahl der Geschäftsführer und um die Nutzung von Beiräten. Dabei geht er immer wieder auf damit einhergehende Machtausstattung und Informationsasymmetrien ein. Gleichzeitig stellt Witt heraus, dass neben der Organisation von Leitung und Kontrolle im Unternehmen auch die Organisation der Familie, die so genannte Family Governance, eine wichtige Rolle spielt. Hier skizziert er sowohl den damit einhergehenden praktischen Handlungsbedarf als auch ein neues Forschungsfeld, welches in der Literatur und insbesondere in empirischen Studien bislang kaum betrachtet wurde.

Agency and Creditor Relationships in SMEs – An empirical Analysis of German SMEs

Mittelständische Unternehmen halten in der Regel ihre Eigenkapitalquote niedrig. Sie liegt durchschnittlich bei 20 Prozent des Gesamtkapitals. Damit kommt der Bereitstellung von Fremdkapital insbesondere durch Haus- und weitere Geschäftsbanken eine hohe Bedeutung zu. Hier ergeben sich jedoch genau die oben bei den allgemeinen Corporate Governance-Charakteristika skizzierten Probleme. Die Kreditgeber haben ein großes Interesse an der Kontrolle und Risikoabschätzung des Unternehmens. Daraus kann ein Interessenskonflikt bei gegebener Informationsasymmetrie mit der Unternehmensleitung resultieren. Die Banken versuchen, diesem Konflikt durch eine im Zuge von Basel II intensivierte Kontrolle zu begegnen. In diesem Zusammenhang untersuchen Flacke und Segbers die Kommunikationsintensität zwischen Unternehmen und Kredit gebenden Banken und die dabei relevanten Einflussfaktoren. Auf der Basis von Informationen aus 175 kleinen und mittleren Unternehmen zeigen die Autoren, dass die Stärke der Abhängigkeit von der Bank, die Zusammenarbeit mit deren Firmenkundenbetreuern, die verfügbaren Controlling-Informationen und die Gewichtung des unternehmerischen Unabhängigkeitsziels von ausschlaggebender Bedeutung sind. Auch die Persönlichkeitseigenschaften des Unternehmers haben einen wesentlichen Einfluss. Mit ihrem Modell gelingt es Flacke und Segbers, einen beachtlichen Teil der Kommunikationsintensität zwischen Banken und Kredit nehmenden Unternehmen zu erklären.

Corporate Governance und gerichtliche Sanierung – dargestellt am Bundesland Oberösterreich

Feldbauer, Durstmüller und Mitter beschäftigen sich mit der gerichtlichen Sanierung nach dem österreichischen Insolvenzrecht, wobei hier entweder das Ausgleichsverfahren als primäres Sanierungsinstrument oder das Konkursverfahren, welches ebenfalls zur Sanierung oder zur Liquidation des betroffenen Unternehmens führen kann, offen stehen. Das österreichische Insolvenzrecht vergleichen sie mit den Regelungen in Deutschland und den USA und kommen zu dem Ergebnis, dass in beiden Ländern neben der rechtlichen Sanierung (Wiederherstellung der Unternehmensliquidität) der Mangel an oder der fehlerhafte Einsatz von betriebswirtschaftlichen Instrumenten gepaart mit Managementfehlern an der Spitze der Insolvenzursachen steht. Die Autorinnen untersuchen sämtliche Insolvenzen, die im Jahr 2004 in Oberösterreich eröffnet wurden. Sie verfolgen diese bis zum Untersuchungsstichtag, dem 15. August 2006. Von den betrachteten 393 Verfahren wurden bis dahin 331 Verfahren abgeschlossen. Mithilfe dieser umfangreichen Stichprobe analysieren die Autorinnen die gewählten Rechtskonstruktionen, die Alternativen der Unternehmensfortführung versus der Nutzung von Auffanggesellschaften, die Verfahrensdauer und Rückzahlungsquote, die wesentlichen Insolvenzursachen sowie die Ursachen der Nichtfortführung der betroffenen Unternehmen. Insgesamt zeigen sie, dass die Anzahl der gerichtlichen Ausgleichsverfahren zugunsten der Konkursverfahren stark abgenommen hat. Es bestehen allerdings wesentliche unternehmensgrößenspezifische Unterschiede.

Corporate Governance in der Erbfolge – der steuerlich optimale Übertragungszeitpunkt

Eine der komplexesten Phasen im Lebenszyklus von Unternehmen ist der Zeitraum der Unternehmensnachfolge. Hier müssen die Beteiligten unvollständige Verträge abschließen. Kaum eine Unternehmensnachfolge findet ohne größere Zielkonflikte und Informationsasymmetrien statt. Auch das Kernproblem der Corporate Governance – das Auseinanderfallen von Unternehmensleitung und Eigentum – ist insbesondere dann relevant, wenn die Unternehmensübergabe nicht an einem gegebenen Zeitpunkt, sondern in mehreren Etappen stattfindet. Hierfür können die Lebensplanungen von Übergeber und Nachfolger und häufig auch die mit der Unternehmensnachfolge verbundene Steuerbelastung maßgeblich sein. Dem steuerlich optimalen Übertragungszeitpunkt in der Erbfolge widmet sich der Beitrag von Diller. Der Autor untersucht, wann (unentgeltliche) Vermögensübertragungen Erbschafts- bzw. Schenkungssteuern auslösen und wie diese aus betriebswirtschaftlicher Sicht minimiert werden können. Einen Schwerpunkt seines Beitrags bildet die zeitliche Gestaltung des Übertragungsprozesses. Mithilfe der Theorie der Realoptionen prüft er, ob es wegen der unsicheren Wertentwicklung sinnvoll ist, die Unternehmensübertragung sofort vorzunehmen oder diese über einen längeren Zeitraum stattfinden zu lassen. Durch ein diskretes Binomialmodell ermittelt er eine optimale Übertragungsstrategie. Er zeigt, dass diese insbesondere von der Wachstumsrate sowie von der Höhe des aktuellen steuerlichen Vermögenswerts abhängt.

Ertrag- und Erbschaftsteuern bei der internationalen Steuerplanung mittelständischer Unternehmen

Der Mittelstand ist in den letzten Jahren zunehmend international geworden. Über den reinen Export hinaus haben viele mittelständische Unternehmen in eigene Auslandsstandorte investiert und dabei erhebliche Werte geschaffen. Bachmann zeigt, dass sich hierdurch die Notwendigkeit einer internationalen Steuerplanung ergibt, die insbesondere Ertrag- und Erbschaftsteuer berücksichtigt. Anhand eines Kapitalwertmodells unter Sicherheit kann die Autorin zeigen, dass insbesondere die Erbschaftsteuerbelastung die Wahl der Beteiligungsformen maßgeblich beeinflussen kann. Weitere bedeutsame Einflussgrößen sind die zu erwartende Rendite aus den getätigten Investitionen und die Ausgestaltung des ausländischen Erbschaftsteuersystems. Die Gesamtsteuerbelastung wird zudem durch die Gewinnausschüttungs- bzw. Thesaurierungspolitik beeinflusst.

Wir wünschen sowohl den Lesern aus der Praxis als auch aus der Wissenschaft eine interessante Lektüre der Artikel. Den Autoren, den Gutachtern und den Diskutanten der Siegener Mittelstandstagung, auf der alle hier enthaltenen Beiträge vorgestellt wurden, danken wir sehr herzlich für die sehr gute Zusammenarbeit.

Horst Albach
Peter Letmathe

Corporate Governance in Familienunternehmen

Peter Witt*

Überblick

- Familienunternehmen unterscheiden sich in ihren Corporate Governance-Strukturen deutlich von Publikumsgesellschaften. Einige der dort typischen Governance-Probleme kommen bei Familienunternehmen gar nicht oder nur in abgemilderter Form vor, dafür bestehen jedoch spezifische andere Probleme.
- Die Identität von Eigentum und Leitung sowie die Unabhängigkeit von Kapitalmarkteinflüssen sind die typischen Governance-Stärken eines Familienunternehmens. Familiäre Einflüsse bei der Nachfolgeentscheidung und der Auswahl der Geschäftsführer, fehlende Regelungen für den Ausstieg von Gesellschaftern und eine unzureichende Nutzung externer Kontrollen, z.B. durch Beiräte, sind seine typischen Governance-Schwächen.
- Die theoretische Grundlage einer Optimierung der Corporate Governance in Familienunternehmen darf nicht nur die klassische Principal-Agent-Theorie sein. Erweiterungen dieser Theorie um Agency-Kosten aus Familienkonflikten und die Kosten eines familiären Altruismus sind ebenso erforderlich wie eine Einbindung der Stewardship-Theorie.
- Familienunternehmen können im Wettbewerb mit Publikumsgesellschaften nur dann bestehen, wenn sie die Organisation der Familie, die Family Governance, genauso ernst nehmen wie die Governance des Unternehmens.

Keywords Family owned businesses · corporate governance · stewardship theory · principal agent theory

JEL: G34, M10

Prof. Dr. Peter Witt (✉)
Lehrstuhl für Innovations- und Gründungsmanagement, Technische Universität Dortmund, Otto-Hahn-Straße 4, 44221 Dortmund, Tel.: 0231-7553292, Fax: 0231-7557022, Email: peter.witt@uni-dortmund.de.

A. Einleitung

Der größte Teil der bisherigen wirtschaftswissenschaftlichen Untersuchungen zu den Corporate Governance-Problemen von Unternehmen wird maßgeblich geprägt von der Principal-Agent-Theorie (vgl. Hart 1995, Shleifer/Vishny 1997, Tirole 2001). Corporate Governance wird dieser Theorie zufolge als Problem der Organisation von Leitung und Kontrolle in einem Unternehmen mit mehreren Interessengruppen angesehen, bei dem es vor allem in der Interaktion von Anteilseignern und Managern zu Effizienzverlusten kommen kann. So liegt bei großen, börsennotierten Gesellschaften häufig eine Trennung von Eigentum (Anteilseigentum) und Kontrolle (Management) vor, die aufgrund der Informationsasymmetrie und der Interessendivergenz zwischen Anteilseignern und Managern zu Agency-Kosten führt. Sie bestehen zum einen darin, dass der Manager sich potenziell opportunistisch verhält und dadurch den Anteilseigner schädigt. Zum anderen entstehen Agency-Kosten, wenn der Anteilseigner sich durch die Nutzung verschiedener Kontroll- und Anreizinstrumente vor einer wirtschaftlichen Schädigung durch den Manager zu schützen versucht. Alle Corporate Governance-Instrumente dienen im Kern dazu, diese Agency-Kosten zu senken, indem entweder die Informationsasymmetrien verringert oder dem Management Anreize zu einem Verhalten im Interesse der Anteilseigner gesetzt werden.[1]

Trotz der Dominanz der Principal-Agent-Theorie sind auch Alternativen zur Erklärung und Gestaltung von Corporate Governance-Systemen vorgeschlagen worden. Albach (1997) hat die statische Principal-Agent-Theorie und ihre Begründung für das Auftreten eines regelungsbedürftigen Corporate Governance-Problems als ein „Konfliktmodell" bezeichnet. Es sehe das Unternehmen als ein Netz von Verträgen, in denen Interessengegensätze geregelt werden, und mache damit den Konflikt und seine Regelung zum Kernstück der Theorie der Unternehmung. Nach Albach taugt aber ein Konfliktmodell nicht als Basis einer Theorie der Firma: „So durchzieht Misstrauen alle Teilbereiche des Unternehmens, und alle Beteiligten sind vollauf damit beschäftigt, anreizverträgliche Verträge auszuhandeln, die das Misstrauen in den Grenzen halten, die einen Zusammenbruch des Gesamtsystems gerade noch verhindern." (Albach 1997, S. 1270) Aus diesen Gründen befürwortet er ein „Harmoniemodell", in dem das Unternehmen eine Erfolgs- und Risikogemeinschaft aller Beteiligten auf der Basis von Vertrauen und Loyalität darstellt. Da es keiner Kontroll- und Anreizmechanismen für Manager oder Mitarbeiter bedarf, müssten Unternehmen mit einem Harmoniemodell der Corporate Governance deutliche niedrigere Agency-Kosten und damit Wettbewerbsvorteile gegenüber Unternehmen mit einem Konfliktmodell der Corporate Governance haben.

Ganz ähnliche Überlegungen stellt die Stewardship-Theorie an (Doucouliagos 1994, Davis/Schoormann/Donaldson 1997). Sie beruht auf sozialwissenschaftlichen Arbeiten, welche die Opportunismusannahme der Principal-Agent-Theorie als empirisch nicht haltbar bzw. nicht bewiesen kritisieren (Hirsch/Michaels/Friedman 1987). Die Stewardship-Theorie nimmt im Gegensatz zur Principal-Agent-Theorie an, dass Manager in Unternehmen intrinsisch motiviert sind, ihre Aufgaben bestmöglich zu erfüllen, und sich daher nicht opportunistisch gegenüber den Anteilseignern verhalten. Dahinter steht das Menschenbild eines „Stewards", der aus dem Erfolg der Institution mehr Nutzen zieht als aus individuellen Vorteilen zu Lasten der Institution wie z.B. hohe Vergütung, Konsum am

Arbeitsplatz oder vermiedenes Arbeitsleid. Stewards fühlen sich dem Unternehmen, für das sie arbeiten, auf Dauer verbunden und verpflichtet. Für die Gestaltung der Corporate Governance eines Unternehmens mit solchen Managern bedeutet das vor allem, dass die Anteilseigner dem Management vertrauen, ihm weitreichende Autonomie geben und auf den Einsatz von Kontrollmechanismen verzichten sollten (Davis/Schoorman/Donaldson 1997, S. 24-25). Es stellt sich jedoch aus der Sicht der Anteilseigner die praktische Schwierigkeit, bei der Einstellung und der Zusammenarbeit mit den Managern nicht leicht erkennen zu können, ob diese dem Typ des Stewards angehören oder sich eher wie Agenten im Sinne der Principal-Agent-Theorie verhalten.

In diesem Beitrag soll die Corporate Governance von Familienunternehmen untersucht werden. Sie zeichnen sich dadurch aus, dass die Mehrheit der Gesellschaftsanteile in den Händen einer oder weniger Familien liegt. Bei vielen dieser Unternehmen wird auch die Geschäftsführung von Mitgliedern der Unternehmerfamilie wahrgenommen.[2] Wegen dieser wesentlich engeren Verknüpfung von Unternehmensführung und Anteilseigentum unterscheidet sich die Corporate Governance von Familienunternehmen erheblich von der in börsennotierten Großunternehmen, sogenannten Publikumsgesellschaften. Die Unterschiede sind sowohl in der betriebswirtschaftlichen Forschung (Jensen/Meckling 1976, Schulze/Lubatkin/Dino 2003, Chrisman/Chua/Litz 2004, Koeberle-Schmid/Nützel 2005, Redlefsen/Witt 2006) als auch in der praxisnahen Literatur (Baus 2003, May 2004, Hennerkes 2004, Simon/Wimmer/Groth 2005) dargestellt und auf ihre Auswirkungen für die Wettbewerbsfähigkeit von Familienunternehmen hin analysiert worden. Dabei bestehen jedoch noch etliche offene Forschungsfragen, die in diesem Beitrag ebenfalls vorgestellt werden sollen.

Mögliche Verbesserungen der Corpororate Governance von deutschen Familienunternehmen sind bisher nur vereinzelt aus der wirtschaftswissenschaftlichen Forschung heraus vorgeschlagen worden (Albach 1995, Klein 2005, Koeberle-Schmid/Nützel 2005, Redlefsen/Witt 2006). Die meisten Empfehlungen kommen von Praktikern. Im September 2004 wurde nach Vorbild des Deutschen Corporate Governance Kodex, der sich an börsennotierte Unternehmen richtet, ein Governance Kodex speziell für Familienunternehmen veröffentlicht. Er wurde ausschließlich von Familienunternehmern selbst erarbeitet (Kommission Governance Kodex für Familienunternehmen 2004) und stellt den bisher umfassendsten Versuch der Verbesserung der Corporate Governance in Familienunternehmen dar. Der Governance Kodex für Familienunternehmen stellt bewusst keine verbindlichen Regeln auf, sondern spricht nur Empfehlungen für die Corporate Governance von Familienunternehmen aus. Eine jüngere empirische Studie zeigt, dass die Empfehlungen des Kodex bei den deutschen Familienunternehmen starke Beachtung fanden und bei 60 % der befragten Unternehmen auch zu Änderungen der Corporate Governance geführt haben. 20 % der deutschen Familienunternehmen wollen ihre Corporate Governance innerhalb der nächsten ein bis zwei Jahre überarbeiten. Die Untersuchung zeigt auch, dass große Familienunternehmen häufiger den Empfehlungen des Kodex folgen als kleine (May/Lehmann-Tolkmitt/Eiben 2006).[3] Einige Vorschläge des Kodex sind jedoch in der Praxis umstritten oder werden als unzureichend begründet angesehen (Koeberle-Schmid/Nützel 2005, S. 55-56). Auch aus wissenschaftlicher Sicht ist anzumerken, dass der Kodex noch nicht in allen Empfehlungen durch valide theoretische und empirische Forschungsergebnisse abgesichert ist.

Eine theoretische Analyse der Corporate Governance von Familienunternehmen muss berücksichtigen, dass diese in sehr vielfältigen gesellschaftsrechtlichen und organisatorischen Erscheinungsformen auftreten (vgl. Klein 2000, Koeberle-Schmid/Nützel 2005). Familienunternehmen unterscheiden sich zwar grundsätzlich von Publikumsgesellschaften, weisen aber keineswegs alle genau dieselben Governance-Strukturen und Governance-Probleme auf. Dieser Beitrag verfolgt daher das Ziel, die Besonderheiten der Corporate Governance in Familienunternehmen verschiedenen Typs systematisch vorzustellen. Er will weiterhin aufzeigen, welche Konsequenzen diese besonderen Governance-Strukturen für die Wettbewerbsfähigkeit von Familienunternehmen haben und mit welchen speziellen Instrumenten bestehende Governance-Nachteile beseitigt oder zumindest abgeschwächt werden können. Schließlich will der Beitrag auf offene Forschungsfragen zur Corporate Governance in Familienunternehmen hinweisen.

Der Beitrag ist wie folgt aufgebaut. Zunächst stellt Abschnitt B die speziellen Governance-Vorteile von Familienunternehmen im Vergleich zu Publikumsgesellschaften dar. Ein Vorteil im Sinne der Principal-Agent-Theorie liegt beispielsweise dann vor, wenn keine Trennung von Eigentum und Leitung vorliegt, so dass ein durch Corporate Governance-Instrumente zu korrigierender Interessenkonflikt gar nicht erst besteht. Der Vorteil eines Familienunternehmens im Sinne der Stewardship-Theorie könnte darin bestehen, systematisch besser als Publikumsgesellschaften in der Lage zu sein, Stewards statt Agenten als Manager einzustellen. Abschnitt C widmet sich dann typischen Governance-Problemen in Familienunternehmen. Hier handelt es sich um Interessenkonflikte, die in Familienunternehmen strukturbedingt vorkommen, in Publikumsgesellschaften aber nicht. Beispiele sind familienbedingte Konflikte zwischen Gesellschaftern, die zu einem Gesellschafteraustieg führen, oder die Bevorzugung der eigenen Kinder bei der Management-Nachfolge, selbst wenn es bessere Fremdmanager gäbe. Abschnitt D stellt offene Forschungsfragen zur Verbesserung der Corporate Governance in Familienunternehmen vor. Es zeigt sich, dass die Organisation der Familie, die sogenannte „Family Governance" (Koeberle-Schmid/Nützel 2005) dabei ebenso wichtig ist wie die geeignete Organisation von Leitung und Kontrolle im Unternehmen.

B. Governance-Vorteile in Familienunternehmen

I. Identität von Eigentum und Leitung

Wenn Anteilseigner und Geschäftsführer identisch sind, fehlt der Principal-Agent-Konflikt zwischen Leitung und Kontrolle, der den Kern der Corporate Governance-Theorie darstellt (Berle/Means 1932, Shleifer/Vishny 1997). In einem Unternehmen, das ausschließlich einer Person gehört, die auch alleine die Geschäfte führt, gibt es keine Agency-Kosten (Jensen/Meckling 1976, S. 312).[4] Solche Unternehmen haben folglich kein Corporate Governance-Problem und auch keine Agency-Kosten, was ihnen ceteris paribus Wettbewerbsvorteile im Vergleich zu Unternehmen mit Agency-Kosten verschafft.[5] Dasselbe gilt für Familienunternehmen, in denen alle Gesellschafter gleich große Anteile halten und gleichberechtigt die Geschäftsführung wahrnehmen.

Der Principal-Agent-Konflikt zwischen Anteilseignern und Managern kann jedoch in einem Familienunternehmen schon dann auftreten, wenn zwar alle Geschäftsführer Familienmitglieder sind und daher am Erfolg des Unternehmens unmittelbar partizipieren, aber nicht alle Gesellschafter in der Geschäftsführung vertreten sind. In diesem Fall haben die geschäftsführenden aktiven Gesellschafter Informationsvorsprünge vor den passiven Gesellschaftern und können sich selbst geldwerte Vorteile verschaffen, die ihnen in Gänze zukommen, deren Kosten aber vom Unternehmen übernommen und damit von den passiven Gesellschaftern mitgetragen werden, sogenannte „perquisites" (Jensen/Meckling 1976, S. 313). Beispiele sind Firmenwagen, persönliche Clubmitgliedschaften oder teure Gemälde im Büro. Weiterhin könnten sich die Risiko- und Zeitpräferenzen von aktiven und passiven Gesellschaftern unterscheiden. Die aktiven Gesellschafter könnten auch hier ihre Informationsvorsprünge gegenüber den passiven Gesellschaftern nutzen, um im Unternehmen Entscheidungen herbei zu führen, die ihrer eigenen Präferenzordnung entsprechen. Ein Beispiel für ein solches Verhalten sind Auslandsinvestitionen des Familienunternehmens, die zur Risikopräferenz der Geschäftsführer passen, aber aus Sicht der passiven Gesellschafter zu hohe Risiken für die zukünftige Dividende bergen.

Die Agency-Kosten sind in Familienunternehmen mit geschäftsführenden Gesellschaftern aus dem Kreis der Familie im Vergleich zu Publikumsgesellschaften trotz der beschriebenen Principal-Agent-Konflikte potenziell geringer, weil die familiären Bindungen das opportunistische Verhalten der Geschäftsführer gegenüber den passiven Gesellschaftern unwahrscheinlicher machen: „family members are expected to be altruistic toward each other as a result of kinship obligations that are part of the axiomatically binding normative moral order in most cultures" (Chrisman/Chua/Litz 2004, S. 336).

Interessante, aber bisher modelltheoretisch nicht näher untersuchte Corporate Governance-Strukturen liegen vor, wenn sowohl Familienmitglieder als auch Fremdmanager an der Geschäftsführung beteiligt sind. In diesem Fall ist mindestens einer der Principals gleichzeitig Agent, die Person des geschäftsführenden Gesellschafters. Sie kann die Fremdmanager zu deutlich niedrigeren Transaktionskosten als die anderen, nicht geschäftsführenden Gesellschafter kontrollieren, weil die ansonsten bestehenden Informationsasymmetrien zwischen Geschäftsführern und Anteilseignern bei ihr ganz gering sind oder gar nicht vorliegen. Wenn die Familie nur die Anteile hält, aber selbst nicht an der Geschäftsführung beteiligt ist, besteht das klassische Principal-Agent-Problem der Corporate Governance. Familienunternehmen haben dann genau wie Publikumsgesellschaften für eine geeignete Incentivierung und Kontrolle der angestellten Manager zu sorgen, es sei denn alle angestellten Geschäftsführer wären Stewards im Sinne der Stewardship-Theorie.

II. Kontinuität der Strategie und fehlende Beeinflussung durch den Kapitalmarkt

Bei vielen Familienunternehmen besteht das Ziel der Sicherung der Kontinuität des Familieneinflusses (Klein 2000, S. 109). Einer jüngeren empirischen Untersuchung zufolge ist es für drei Viertel aller großen deutschen Familienunternehmen sogar das Oberziel, also wichtiger als das Ziel der Wertsteigerung oder als Wachstumsziele (Redlefsen 2004, S. 162). Hinzu kommt in vielen Familienunternehmen eine große Bedeutung von Traditionen und Werten der Familie, die sich in einer Langfristigkeit der Planung und in einer

Stabilität der grundsätzlichen Unternehmenspolitik niederschlägt. Dabei betrifft die Langfristigkeit der strategischen Ausrichtung nicht nur grundsätzliche Fragen wie Diversifizierungsgrad, Kernkompetenzen oder Grad der vertikalen Integration, sondern schlägt sich auch in langfristigen Verträgen für Fremdmanager, der Vermeidung von Mitarbeiterentlassungen und langfristigen Kooperationen mit Zulieferunternehmen nieder. Einzelne Autoren halten Familienunternehmen wegen ihrer auf Kontinuität im Familienbesitz und auf die traditionellen Werte und Ziele der Familie ausgerichteten Unternehmenspolitik für krisenresistenter als Publikumsgesellschaften (May 2004, S. 45; Simon/Wimmer/Groth 2005, S. 190), ein empirischer Beleg dieser Hypothese liegt jedoch bisher nicht vor.

Eine sehr langfristige strategische Ausrichtung eines Familienunternehmens in Verbindung mit einer Ablehnung von familienexternen Gesellschaftern hat unmittelbare Auswirkungen auf die Investitions- und Finanzierungspolitik. Größere Investitionen oder Expansionen in das Ausland müssen dann mit Krediten finanziert oder aus den laufenden Überschüssen des Unternehmens bezahlt werden. Da die Möglichkeiten der Kreditfinanzierung je nach Unternehmensgröße und Branche mehr oder weniger stark begrenzt sind, bleibt nur die Innenfinanzierung. Familienunternehmen sparen also bei einer solchen Finanzierungsstrategie die Mittel zur Durchführung von Investitionen lieber an, als sie extern zu finanzieren. Wenn auch die Möglichkeiten der Innenfinanzierung begrenzt sind, was vor allem bei kleineren Familienunternehmen häufig der Fall ist, dann können die geplanten Investitionen gar nicht realisiert werden. Das führt zwar zu einem langsameren Wachstum und möglicherweise auch zum Auslassen von sich kurzfristig bietenden Chancen (vgl. Albach 1995), aber es bewirkt auch eine geringere Anfälligkeit eines Familienunternehmens für Strategiewechsel und kurzfristige Änderungen der Investitionspolitik.

Familienunternehmen, die nicht börsennotiert sind, haben einen weiteren Vorteil gegenüber Publikumsgesellschaften. Sie sind in deutlich geringerem Umfang von Kapitalmarktentwicklungen und entsprechenden externen Einflüssen auf ihre Unternehmensstrategie betroffen. Zunächst kann die Unternehmensstrategie aufgrund der geringeren Publizitätsverpflichtungen nicht börsennotierter Unternehmen viel eher geheim gehalten werden, Wettbewerber können weniger über die Strategie von Familienunternehmen in Erfahrung bringen als im Falle von Publikumsgesellschaften. Darüber hinaus können nicht börsennotierte Familienunternehmen strategische „Trends" und „Modewellen" leichter ignorieren, weil sie keinem permanenten Druck von Analysten und institutionellen Investoren ausgesetzt sind. Diese Unabhängigkeit vom Kapitalmarkt muss keineswegs zu einer strategischen Starre führen (May 2004, S. 80-82), sie verschafft Familienunternehmen aber den Vorteil, unbeeinflusst von der Meinung Außenstehender und nur auf der Basis der eigenen Ziele und Wertvorstellungen strategische Entscheidungen treffen zu können. Zudem können Strategien trotz anfänglicher Misserfolge länger fortgeführt werden, die „Geduld gegenüber Nicht-Performern" (Simon/Wimmer/Groth 2005, S. 191) ist größer. Das ändert nichts daran, dass auch in Familienunternehmen langfristig dieselben Renditen auf Investitionen verdient werden müssen, wie bei börsennotierten Unternehmen: „Sie (die Familiengesellschafter) dürfen nicht mehr als Familienmitglieder behandelt werden, die man mit Brosamen vom Tische des Unternehmens abspeisen kann. Sie müssen behandelt werden, als wären es fremde Kapitalgeber" (Albach 1995, S. 63).

Ein gutes Beispiel für das erfolgreiche Festhalten von Familienunternehmen an Strategien, die auf Kapitalmärkten unpopulär wurden, ist die Strategie der Diversifizierung. Sie ist seit einigen Jahren bei börsennotierten Unternehmen weitgehend verschwunden, weil Investoren an Kapitalmärkten zunehmend auf Fokussierung bzw. eine Konzentration auf Kernkompetenzen drängten. Eine Unternehmensstrategie der Fokussierung ist für breit diversifizierte Investoren dann optimal, wenn Kapitalmärkte knappe Mittel besser auf Branchen und Geschäftsmodelle allozieren können als Unternehmen. Ob Fokussierung auch für die Mitarbeiter und die Manager optimal ist, die ihre Arbeitskraft und ihre Investitionen in firmenspezifisches Humankapital nicht auf mehrere Unternehmen diversifizieren können, kann im Rahmen dieses Beitrags nicht näher geprüft werden.

Sicher ungeeignet ist eine Strategie der Fokussierung aber für Familienunternehmen, deren Anteilseigner große Teile ihres Vermögens im eigenen Unternehmen und nicht in einem nennenswerten Privatvermögen investiert haben. Insofern ist es verständlich, dass Gesellschafter mit einer derartigen, wenig diversifizierten Vermögensstruktur darauf drängen, dass sich ihr Familienunternehmen diversifiziert (Simon/Wimmer/Groth 2005, S. 189). Diversifizierungen sind jedoch nur möglich, wenn das entsprechende Familienunternehmen über das erforderliche Prozess-, Produkt- und Markt-Know how verfügt. Das ist typischerweise nur in großen Familienunternehmen wie z.B. Haniel, Heraeus oder Freudenberg der Fall, in kleinen Familienunternehmen ist eine Strategie der Diversifizierung oft nicht umsetzbar.

C. Spezielle Governance-Probleme in Familienunternehmen

I. Nachfolge

In der deutschsprachigen betriebswirtschaftlichen Forschung zu Familienunternehmen nimmt das Thema Nachfolge vergleichsweise breiten Raum ein (z.B. Albach/Freund 1989, Rapp 1996, Freund 2000, Olbrich 2005). Dabei geht es zum einen um die Nachfolge in der Geschäftsführung, zum anderen um die Nachfolge im Sinne der Übertragung des Anteilseigentums. Die betriebswirtschaftlich und rechtlich geeignete Regelung der Nachfolge ist eine für Familienunternehmen spezifische Corporate Governance-Aufgabe, die nicht nur in der Literatur, sondern auch von den betroffenen Unternehmern selbst als wichtig angesehen wird. So zeigt eine aktuelle empirische Untersuchung (Price WaterhouseCoopers 2006, S. 27-29), dass die Managementnachfolge von 70 % der deutschen Familienunternehmen als große Herausforderung erkannt und bereits geplant wird. Die Nachfolge des Anteilseigentums wird nur von 36 % der befragten Unternehmen bereits geplant, sie wird also als zeitlich weniger drängend angesehen.

Während die Übertragung von Anteilseigentum bei Publikumsgesellschaften jederzeit und problemlos über die Börse möglich ist, sind Anteile an nicht börsennotierten Familienunternehmen weniger fungibel, d.h. weniger leicht zu bewerten und nur mit höheren Transaktionskosten übertragbar. Hinzu kommt die Restriktion bzw. das Ziel vieler deutscher Familienunternehmen, die Anteile des Unternehmens in der Familie zu belassen, d.h. keine familienexternen Gesellschafter aufzunehmen (Klein 2000, S. 109; Baus 2003, S. 89-90, Redlefsen/Witt 2006, S. 20). In diesem Fall können die bisherigen Eigentümer ihre Anteile am Unternehmen nur an die eigenen Nachkommen bzw. andere Familienmitglieder übertragen. Bei den eigenen Kinder geschieht das typischerweise durch Schenkung und Vererbung. Dabei kann es ratsam sein, eine zu große Zersplitterung des Anteilsbesitzes zu vermeiden. Vor allem wenn die Nachfolge im Anteilseigentum alle Kinder gleichberechtigt berücksichtigt, die Nachfolge in der Geschäftsführung aber nur auf ein Kind übertragen wird, entstehen Corporate Governance-Probleme zwischen aktiven und passiven Gesellschaftern (Baus 2003, S. 48-64). Die Handlungs- und Beschlussfähigkeit des Familienunternehmens leidet dann darunter, dass die Geschäftsführer nicht die Mehrheit in der Gesellschafterversammlung haben und daher auf die Zustimmung der passiven Gesellschafter angewiesen sind. Um solche Konstellationen zu vermeiden, empfehlen Praktiker, demjenigen die absolute Mehrheit der Anteile zu vererben, der die Nachfolge in der Geschäftsführung antritt, und alle anderen Erbberechtigten zu entsprechenden Pflichtteilsverzichten zu bewegen (FINANCE 2005, S. 46).

Wenn Unternehmer keine eigenen Nachkommen oder Familienangehörige haben, an die sie ihre Unternehmensanteile weiter geben können, bleibt als Nachfolgeregelung für die Anteile nur der Verkauf an Externe (Olbrich 2005). Denkbar sind Verkäufe an Führungskräfte der zweiten Ebene im Familienunternehmen, sogenannte Management Buy Outs (MBO), Verkäufe an erfahrene Manager aus anderen Unternehmen, sogenannte Management Buy Ins (MBI) oder Verkäufe an andere Unternehmen. Selbst wenn die Nachfolge auf diesem Wege gelingt, so endet bei Verkäufen an Externe doch die Geschichte eines spezifischen Familienunternehmens. In manchen Fällen misslingt die Nachfolge im Anteilseigentum sogar ganz, weil sie unzureichend geplant und umgesetzt wurde. Die entsprechenden Familienunternehmen finden dann gar keinen Erwerber und verschwinden vom Markt.

II. Gesellschafterkonflikte und der Exit von Familiengesellschaftern

Bei allen Unternehmen kann es Konflikte zwischen verschiedenen Anteilseignern geben. In der Theorie der Corporate Governance von Publikumsgesellschaften sind vor allem Interessenkonflikte zwischen Großaktionären und Kleinaktionären untersucht worden (Hart 1995, Shleifer/Vishny 1997, Tirole 2001). Großaktionäre verfügen typischerweise über bessere Unternehmensinformationen als Kleinaktionäre. Sie sind weniger einer Informationsasymmetrie gegenüber der Geschäftsführung ausgesetzt. Das liegt daran, dass Großaktionäre eher in den Kontrollgremien des Unternehmens vertreten sind und eher einen direkten Informationszugang zu den Mitgliedern der Geschäftsführung herstellen können als Kleinaktionäre. Wenn Großaktionäre zusätzlich über Möglichkeiten verfügen, sich wirtschaftliche Vorteile zu verschaffen, die Kleinaktionären nicht zugänglich sind (z.B. Vergütungen für eine Tätigkeit im Kontrollgremium, Beraterverträge oder Einkaufsrabatte), dann besteht für Kleinaktionäre das Risiko, von Großaktionären wirtschaftlich übervorteilt zu werden.

In Familienunternehmen ist die Gefahr der Konflikte zwischen Anteilseignern noch größer als in Publikumsgesellschaften. Streitigkeiten zwischen Gesellschaftern werden von vielen Praktikern als die größten Wertvernichter in Familienunternehmen angesehen (May 2004, S. 161, Hennerkes 2004, S. 58). Dabei geht es nicht nur um Konflikte zwischen den Besitzern großer und kleiner Anteilspakete, sondern auch um Konflikte zwischen passiven und aktiven Anteilseigner, d.h. Familienmitglieder, die nicht alle im Unternehmen tätig sind. Zunächst können aus Gründen des Sozialprestiges und des gesellschaftlichen Ansehens Konflikte über die Frage entstehen, welche Gesellschafter im Familienunternehmen arbeiten bzw. sogar als Geschäftsführer tätig sein dürfen und welche nicht (Baus 2003, S. 31). Passive Gesellschafter empfinden weiterhin das Risiko, von den aktiven Gesellschafter übervorteilt zu werden, indem diese sich für ihre Tätigkeit im Unternehmen unangemessen hohe Vergütungen oder nicht-monetäre Zusatzleistungen gewähren oder gewähren lassen (Baus 2003, S. 39-40). Auch wegen der Dividendenpolitik des Unternehmens kann es zu Gesellschafterkonflikten kommen. Passive Gesellschafter befürworten häufig hohe Gewinnausschüttungen, während aktive Gesellschafter Gewinne lieber thesaurieren und für Investitionen nutzen wollen (May 2004, S. 168).

Der Ausstieg von Gesellschaftern aus Familienunternehmen ist eine mögliche Reaktion auf Konflikte mit anderen Gesellschaftern (Redlefsen 2004, S. 43). Vor allem beim Ausstieg von aktiven Gesellschaftern entsteht ein Nachfolgeproblem, das sowohl die Geschäftsführung bzw. das Kontrollgremium als auch das Anteilseigentum betrifft. Die Übertragung von Anteilen eines ausscheidenden Gesellschafters ist immer dann schwierig, wenn es sich um einen großen Anteilsbesitz handelt und wenn die Anteile wenig fungibel sind. Wenn es das Ziel des betreffenden Familienunternehmens ist, die Anteile an der Gesellschaft in der Familie zu behalten, müssen bei einem Gesellschafterausstieg zudem Wege gefunden werden, die Anteile des ausscheidenden Gesellschafters an andere Familienangehörige zu verkaufen. Wenn eine solche familieninterne Übertragung der Anteile misslingt, ist die Kontinuität als Familienunternehmen gefährdet. Die Übertragung der Geschäftsführungs- oder Kontrollfunktionen eines ausscheidenden Gesellschafters lässt die bereits erwähnte Nachfolgeproblematik entstehen, nur dass es in diesem Fall oft noch weniger Vorbereitungszeit gibt.

In einer empirischen Studie zum Ausstieg von Gesellschaftern aus Familienunternehmen wurden die Belastungswirkungen verschiedener Formen des Ausstiegs gemessen und geprüft, durch welche Institutionen und Regelungen diese Belastungswirkungen verringert werden können (Redlefsen/Witt 2006). Die Studie zeigt, dass bei hoher Konfliktintensität und fehlendem professionellen Konfliktmanagement der Ausstieg eines Gesellschafters aus einem Familienunternehmen die Existenz des ganzen Unternehmens bedrohen kann. Emotionalitäten und Konflikte entstehen vor allem dadurch, dass die Rollen des Familienangehörigen und des Gesellschafters in der Praxis nur schwer zu trennen sind. So empfinden die verbleibenden Gesellschafter das Ausscheiden eines Familienangehörigen oft als Fahnenflucht (Redlefsen 2004, S. 113), die durch alle möglichen rechtlichen und wirtschaftlichen Ausstiegsbarrieren erschwert wird oder, im Falle des vollzogenen Ausstiegs, zu schweren Belastungen des familiären Lebens führt. Umgekehrt entsteht der Wunsch nach einem Ausstieg als Gesellschafter oft gar nicht wegen unternehmenspolitischer Meinungsverschiedenheiten, sondern als Ergebnis familiärer Streitigkeiten. Da Unternehmerfamilien dazu neigen, Streitigkeiten lange Zeit zu unterdrücken oder zu tabuisieren (Baus 2003, S. 21), treten Konflikte dann unerwartet und mit vergleichsweise heftigen Reaktionen wie dem Wunsch, als Gesellschafter auszusteigen, auf.

Die Studie von Redlfsen/Witt (2006, S. 24-25) gibt eine Reihe von Empfehlungen, wie der Ausstieg von Gesellschaftern aus Familienunternehmen so vorbereitet und abgewickelt werden kann, dass die Belastungswirkungen für das Unternehmen und die Familie verringert werden. Geeignete Institutionen zur Konfliktlösung beim Gesellschafterausstieg seien Familienkonferenzen, „Family Offices" und familieninterne Börsen. Bewertungsklauseln, Kündigungsfristen und Auszahlungsfristen, die in der Praxis häufig genutzt werden, seien zur effizienteren Organisation eines Gesellschafterausstiegs unwirksam, weil sie nicht eingehalten werden, ihre Existenz aber zu wesentlich schwierigeren Verhandlungen und damit zu deutlich höheren Belastungswirkungen führe. Auf entsprechende Klauseln sollte also ganz verzichtet werden. Wichtig für die Praxis der Abwicklung eines Gesellschafterausstiegs ist auch das Ergebnis von Redlefsen/Witt (2006, S. 25), dass eine Information von Mitarbeitern und Kunden über kontrovers geführte Ausstiegsverhandlungen zu signifikant höherer Gesamtbelastung führt als eine Verhandlung unter Ausschluss der Öffentlichkeit, Ausstiegsverhandlungen also unbedingt vertraulich geführt werden sollten.

III. Auswahl der Geschäftsführer

Die Frage nach der Auswahl der geeigneten Geschäftsführer stellt sich immer bei der Nachfolgeplanung, aber mitunter auch schon in der Wachstumsphase von Familienunternehmen der ersten Generation. Theoretisch müssten für die Geschäftsführung eines Familienunternehmens immer die Personen ausgewählt werden, die am besten für diese Aufgabe qualifiziert sind. Das könnten zunächst durchaus die Gründer des Unternehmens und dann später dessen Nachkommen sein, es könnten aber auch ebenso gut Nicht-Familienmitglieder sein, sogenannte Fremdmanager. Aus der Sicht der Principal-Agent-Theorie spricht die niedrigere Wahrscheinlichkeit eines opportunistischen Verhaltens, also das geringere Moral Hazard-Risiko, für Geschäftsführer aus dem Kreis der Familie (Ward 1987). Auch aus der Sicht der Stewardship-Theorie sollte Familienangehörigen bei gleicher Qualifikation der Vorzug vor Fremdmanagern gegeben werden (Davis/Schoorman/Donaldson 1997). Denn es ist wegen der emotionalen Verbundenheit von Verwandten und des familiär geprägten Altruismus theoretisch wahrscheinlicher als bei Fremdmanagern, dass sich Familienmitglieder in ihrer Rolle als Geschäftsführer des Unternehmens wie Stewards verhalten (Becker 1974, Stewart 2003).[6] Es fehlt jedoch bisher an empirischen Studien zur Motivation und zu den Verhaltensweisen von Fremdgeschäftsführern in Familienunternehmen. Insofern kann auch die zentrale Frage zur Stewardship-Theorie noch nicht beantwortet werden, ob sie nämlich für die Gestaltung der Corporate Governance von Familienunternehmen nur theoretisch-normative oder auch empirisch-praktische Bedeutung hat.

Das Problem der adversen Selektion, also der Auswahl eines unzureichend qualifizierten Geschäftsführers, ist jedoch bei Familienmitgliedern höher als bei Fremdmanagern. Zunächst fällt es allen Menschen schwer, die Qualifikationen der eigenen Verwandten objektiv zu beurteilen. Das gilt besonders für Eltern und ihre Beurteilung der Managementfähigkeiten der eigenen Kinder (Klein 2000, S. 221-224). Darüber hinaus fällt die Kontrolle und die Sanktion von Managementfehlern bei Familienangehörigen schwerer als bei Fremdmanagern, weil sie negative Rückwirkungen auf familiäre Beziehungen haben kann. Chrisman/Chua/Litz (2003, S. 338) sprechen in diesem Zusammenhang von einer „honest incompetence" der Geschäftsführer aus der Eigentümerfamilie. Um Probleme der adversen Selektion und der ineffizienten Kontrolle von Geschäftsführern aus der Familie zu vermeiden, schlägt der deutsche Governance Kodex für Familienunternehmen vor: „Potenzielle Führungskräfte aus der Familie sollten den gleichen Anforderungskriterien und dem gleichen Auswahlverfahren unterliegen wie externe Bewerber" (Kommission Governance Kodex für Familienunternehmen 2004, Ziffer 3.2.1). Zu ähnlichen Empfehlungen kommt eine Analyse mehrerer Fallstudien der Nachfolgeprozesse in deutschen Familienunternehmen (FINANCE 2005, S. 46).

Empirisch zeigt sich, dass Familienangehörige bei vielen Nachfolgen tatsächlich bevorzugt werden (PriceWaterhouseCoopers 2006, S. 27-29). So kommen für 44 % der Familienunternehmen in Deutschland, welche die Nachfolge in der Geschäftsführung schon aktiv planen, ausschließlich Familienangehörige in Frage. In den anderen europäischen Ländern sind es sogar durchschnittlich 50 %. Interessanterweise beginnen die Familienunternehmen, die nur Familienangehörige als Nachfolger in der Geschäftsführung zulassen, später mit der Vorbereitung der Nachfolge als Familienunternehmen, bei denen auch Fremdgeschäftsführer in Frage kommen. Dieser empirische Befund spricht zum einen dafür, dass die Auswahl eines externen Geschäftsführers als aufwändiger und zeitintensiver angesehen wird als die Auswahl eines familieninternen Geschäftsführers. Zum anderen könnte er aber auch ein Zeichen dafür sein, dass die Bereitschaft zur Nachfolge in der Geschäftsführung bei den eigenen Kindern stillschweigend vorausgesetzt und daher nicht frühzeitig geplant oder vorbereitet wird.

IV. Nutzung von Beiräten

In einer umfassenden empirischen Untersuchung aus dem Jahr 2000 hat Klein (2000, S. 132-144) festgestellt, dass nur ein Drittel der deutschen Familienunternehmen über ein Kontrollgremium (Aufsichtsrat oder Beirat) verfügen.[7] In der jüngsten empirischen Untersuchung deutscher Familienunternehmen aus dem Jahr 2006 lag der Anteil der Unternehmen, die ein Kontrollgremium eingerichtet hatten, zwar höher, aber immer noch bei nur 50 % (May/Lehmann-Tolkmitt/Eiben 2006, S. 8). Der Anteil der Unternehmen ohne Kontrollgremium ist in beiden empirischen Studien unabhängig von der gewählten Rechtsform. Aus theoretischer Sicht ist das Fehlen eines Aufsichtsrats oder Beirats dann ein Nachteil, wenn dem Unternehmen so fachliche Beratung und wirksame Kontrolle der Geschäftsführung fehlen, die auf anderem Wege nicht oder nur zu höheren Kosten zu erhalten sind. Empirische Untersuchungen zu den Kosten und Nutzen von Beiräten bzw. Aufsichtsräten in Familienunternehmen liegen zwar bisher nicht vor, aber die bisherigen qualitativen Studien legen die Vermutung nahe, dass ein Kontrollgremium die Wettbewerbsfähigkeit von Familienunternehmen erhöht (Hennerkes 2004, S. 267, Klein 2005). Auch der Governance Kodex für Familienunternehmen (Kommission Governance Kodex für Familienunternehmen 2004, S. 7, Ziffern 4.1 und 4.2) empfiehlt allen Familienunternehmen, die mehrere Gesellschafter haben, die Einrichtung eines Kontrollgremiums, in dem familienfremde Mitglieder vertreten sein sollten.

Die Befugnisse eines Kontrollgremiums sind für eine effektive Corporate Governance-Struktur ebenso wichtig wie die Existenz eines Kontrollgremiums. Während in der Rechtsform der AG vergleichsweise wenige Freiheitsgrade bei der Festlegung der Befugnisse des Aufsichtsrats bestehen, können die Befugnisse eines Beirats oder Aufsichtsrats in Unternehmen mit der Rechtsform der GmbH weitgehend frei von der Satzung festgelegt werden. Insofern ist insbesondere bei Familienunternehmen in der Rechtsform der GmbH zu prüfen, welche Funktionen und Verantwortlichkeiten der Beirat bzw. Aufsichtsrat übernimmt. So nutzen die meisten deutschen Familienunternehmen in der Rechtsform der GmbH, die ein Kontrollgremium eingerichtet haben, einen Beirat und keinen Aufsichtsrat. Ein Beirat stellt je nach Gestaltung der Satzung keine kontrollierende Institution im Sinne der Principal-Agent-Theorie dar. Er kann durchaus der Geschäftsführung untergeordnet und nicht übergeordnet sein. So übernimmt ein beratender Beirat beispielsweise die Aufgaben eines Schlichters bei Streitigkeiten zwischen den geschäftsführenden Anteilseignern, er überwacht aber nicht die Geschäftsführung im Auftrag der passiven Gesellschafter. Während die Beratungsleistungen durchaus wertvoll für das Unternehmen sein mögen, kann ein solcherart gestalteter Beirat doch nicht zur Senkung der Agency-Kosten eines Familienunternehmens beitragen.

Die bisher vorliegenden empirischen Befunde (Klein 2000, S. 141-142, Klein 2005; May/Lehmann-Tolkmitt/Eiben 2006, S. 8-9) bestätigen die theoretische Sorge einer unzureichenden Nutzung von Kontrollgremien in deutschen Familienunternehmen. So erkennen die Unternehmen, die einen Beirat haben, diesen überwiegend nicht als ein der Geschäftsführung übergeordnetes Organ an, obwohl der Governance Kodex für Familienunternehmen (Kommission Governance Kodex für Familienunternehmen 2004, S. 7, Ziffern 4.3) das explizit empfiehlt. Häufig finden sich Entsendungsrechte einzelner Gesellschafter oder Gesellschafterstämme. Nur ein Drittel der Beiräte in deutschen Familienunternehmen verfügt über Personalkompetenz gegenüber der Geschäftsführung, obwohl das die theoretisch wichtigste Kontrollfunktion ist. Ohne einen Beirat oder Aufsichtsrat, der das Recht zur Auswahl und zur Abberufung von Geschäftsführern hat, ist eine wirksame Sanktionierung schlechter Leistungen der Geschäftsführung sehr schwierig: „Ein Familienmitglied aus der Geschäftsführung abzuberufen, ist konfliktträchtig. Die Gesellschafter stehen dann nicht vor der Frage, ob sie das Unternehmen allmählich zugrunde gehen lassen wollen, sondern nur vor der Frage, wie sie es zugrunde gehen lassen wollen: durch eine unfähige Geschäftsführung oder durch die Rechtsanwälte der streitenden Familiengruppen" (Albach 1995, S. 56).

D. Offene Forschungsfragen zur Verbesserung der Corporate Governance in Familienunternehmen

I. Verbesserung der Organisation von Leitung und Kontrolle im Unternehmen

Zu den spezifischen Governance-Problemen „Nachfolge" und „Exit von Familiengesellschaftern" liegen bereits umfassende Verbesserungsvorschläge bzw. Gestaltungsempfehlungen vor, die auf theoriegeleiteten, empirischen Untersuchungen beruhen und weitgehend einheitliche Handlungsempfehlungen für entsprechende Verbesserungen der Governance in Familienunternehmen abgeben.[8] Insofern bestehen in diesen beiden Bereichen vergleichsweise wenige offene Forschungsfragen.

Deutlich mehr offene Forschungsfragen stellen sich zu den Governance-Problemen „Nutzung von Beiräten" und „Auswahl der Geschäftsführer". Zwar sind einige Studie vorgelegt worden, die sich auf empirische Untersuchungen stützen und klare Handlungsempfehlungen geben. So hat sich Albach (1995, S. 56-57) für eine radikale Öffnung von Familienunternehmen zum Managermarkt ausgesprochen. Er sieht Familienunternehmen mit 300-400 Mitarbeitern und solche mit 500-850 Mitarbeitern als besonders gefährdet an, wegen eines Festhaltens an Geschäftsführern aus der Familie Führungskrisen und dann Wachstumskrisen zu erleben. Koeberle-Schmid und Nützel (2005) haben einen umfangreichen Katalog an Instrumenten aufgestellt, mit denen Familienunternehmen ihre spezifischen Corporate Governance-Herausforderungen bewältigen können. In diesem Katalog finden sich auch Instrumente, welche die Auswahl der Geschäftsführer und Beiräte bzw. Aufsichtsräte betreffen. Die Bewertung der Effektivität bzw. Effizienz dieser Instrumente, die Autoren sprechen von „Nützlichkeit" (Koeberle-Schmid/Nützel 2005, z.B. S. 77), stützt sich jedoch vornehmlich auf empirische Arbeiten aus den USA und kann auch nicht zu allen Nützlichkeitsbewertungen auf empirische Studien verweisen.

Ansonsten liegen zu den Governance-Problemen „Nutzung von Beiräten" und „Auswahl der Geschäftsführer" nur Empfehlungen vor, die sich auf praktische Erfahrungen in Einzelfällen und nicht auf systematische wissenschaftliche Untersuchungen stützen. Ein typisches Beispiel ist das Problem der geeigneten Auswahl von Geschäftsführern und Beiratsmitgliedern. Zwar ist es intuitiv plausibel, dass Geschäftsführer und Beiratsmitglieder frei von Interessenkonflikten, fachlich kompetent und von „unternehmerischem Format" sein sollten (Hennerkes 2004, S. 272). Unklar ist jedoch, wie ein Familienunternehmen den theoretischen Idealtypus des integren und hoch qualifizierten „Stewards" finden und die entsprechende Person dann für eine Beiratstätigkeit gewinnen kann. Das scheint keine leichte Aufgabe zu sein. In der Praxis arbeiten in den Beiräten von deutschen Familienunternehmen jedenfalls sehr häufig Personen, die in einer geschäftlichen Beziehung zum Unternehmen oder zur Unternehmerfamilie stehen und daher nicht als unabhängig gelten können, z.B. Rechtsanwälte, Steuerberater oder Bankvertreter (Klein 2000, S. 144).

Ein anderes Beispiel ist die Forderung des Governance Kodex für Familienunternehmen (Kommission Governance Kodex für Familienunternehmen 2004, S. 9, Ziffer 4.4.1), Geschäftsführung und Kontrollorgan sollten „vertrauensvoll und organisiert zusammenarbeiten". Das klingt intuitiv plausibel, lässt aber die theoretische Kernfrage der Corporate Governance offen, ob und unter welchen Umständen Vertrauen überhaupt als Substitut für Kontrolle genutzt werden kann. Zudem müsste wissenschaftlich näher untersucht werden, welche Art „organisierter Zusammenarbeit" denn effizient ist, d.h. für ein Familienunternehmen die günstigste Kosten-Nutzen-Relation bereit stellt. Konkret geht es um so wichtige Fragen wie Berichtsumfang, Berichtsinhalte, Kataloge zustimmungspflichtiger Geschäfte oder die Beteiligung des Beirats an der strategischen Unternehmensplanung. Schließlich wäre es interessant, den Einfluss der Unternehmensstrategie und der Mitbestimmung auf die Organisation der Zusammenarbeit zwischen Geschäftsführung und Kontrollgremium in Familienunternehmen zu untersuchen (Gerum 1995). Die theoretische Vermutung lautet, dass die Verpflichtung zur Einrichtung eines mitbestimmten Aufsichtsrats, die faktisch alle Familienunternehmen ab 500 Mitarbeitern trifft und sich ab 2.000 Mitarbeitern zur paritätischen Mitbestimmung im Aufsichtsrat verschärft, die Organisation der Zusammenarbeit zwischen Geschäftsführung und Aufsichtsrat deutlich verändert und eher zu einer Reduktion der Befugnisse des Aufsichtsrats gegenüber der Geschäftsführung beiträgt.

Eine weitere offene Forschungsfrage zur Corporate Governance in Familienunternehmen betrifft die durchschnittliche Verweildauer, die Vergütung und den wirtschaftlichen Erfolg von Fremdmanagern. Aus der Sicht der Stewardship-Theorie würde man vermuten, dass Fremdmamanager in Familienunternehmen häufiger Stewards sind, während ihre Kollegen in Publikumsgesellschaften häufiger dem Typ des Agent entsprechen. Folglich müssten Fremdmanager in Familienunternehmen ihr Amt durchschnittlich länger ausüben, einen geringeren Anteil ihres Gehalts in Form leistungsabhängiger Bezüge beziehen und langfristig mehr Wert für die Anteilseigner schaffen als Manager von Publikumsgesellschaften. Die Principal-Agent-Theorie bietet dagegen keine Erklärung für Unterschiede in der Amtszeit oder der Vergütung von Fremdmanagern in Familienunternehmen und Publikumsgesellschaften. Entsprechende empirische Untersuchungen sind aber bisher nicht durchgeführt worden.

Forschungsbedarf besteht auch bei der Frage nach den wesentlichen Zielen und Motiven von Fremdmanagern in Familienunternehmen. Aus der Sicht der Stewardship-Theorie wäre zu erwarten, dass Fremdmanager vom Typ eines Stewards deshalb lieber in Familienunternehmen als in Publikumsgesellschaften arbeiten, weil sie dort mehr unternehmerische Verantwortung bzw. mehr Macht haben und sich besser selbst verwirklichen können. Aus der Sicht der Principal-Agent-Theorie würde man dagegen eher vermuten, dass bessere Karriereaussichten oder höhere Vergütungen Fremdmanager dazu bewegen, in Familienunternehmen zu arbeiten. Auch hier fehlt es bislang an empirischen Studien.

II. Verbesserung der Organisation der Familie

In Familienunternehmen ist Corporate Governance nicht nur eine Frage der geeigneten Organisation von Leitung und Kontrolle im Unternehmen, sondern auch eine Frage der geeigneten Organisation der Familie, der „Family Governance".[9] Dabei geht es um die Beziehungen der Gesellschafter untereinander, aber auch um die Beziehungen zwischen Gesellschaftern und Nicht-Gesellschaftern. Je nach Generation des Unternehmens, Größe und Verzweigung der Familie wird das Management dieser Beziehungen zunehmend schwieriger, weil die Interessen der Familienmitglieder zunehmend voneinander abweichen können und die emotionale Bindung an das Familienunternehmen tendenziell abnimmt. „Jeder, der aus einer Unternehmerfamilie kommt, weiß, wie schwer es ist, sich dauerhaft als Interessengemeinschaft zu verstehen. Wie oft schon unter den Kindern des Gründers, aber spätestens in der dritten Generation heizen Rivalitäten und Egoismen die Entfremdung an. Unternehmerfamilien sind tendenziell instabile Gebilde" (Baus 2003, S. 14). Die bisherige Literatur zu Familienunternehmen hat diese Einschätzung bestätigt und durchweg Konflikte in der Familie als wichtigste Gefahr für den wirtschaftlichen Erfolg von Familienunternehmen identifiziert (Albach 1995, S. 58-59; Klein 2000, S. 87-92; Redlefsen 2004, S. 34-38; May/Lehmann/Tolkmitt/Eiben 2006, S. 2). Dem steht der empirische Befund gegenüber, dass 83 % der deutschen Familienunternehmen bisher kein Konfliktlösungsverfahren für die Familie etabliert haben, weder für Konflikte zwischen Gesellschaftern noch für Konflikte zwischen aktiv im Unternehmen tätigen Familienmitgliedern (PriceWaterhouseCoopers 2006, S. 33). Hinzu kommt das Problem, das Institutionen zur Gestaltung der Family Governance bisher nur selten Gegenstand wirtschaftswissenschaftlicher Untersuchungen waren, die meisten Verbesserungsvorschläge kommen von Praktikern.[10]

Ein erstes Instrument zur Organisation der Familie und damit zur Vermeidung und Lösung von Konflikten innerhalb der Familie ist eine Familienverfassung bzw. eine Familienstrategie. Die Familienverfassung ist typischerweise das Ergebnis der familieninternen Diskussion und Beantwortung von Grundfragen zur Familie selbst und zum Verhältnis der Familie zu ihrem Unternehmen (Ward 1987, S. 137-150; Redlefsen 2004, S. 81-83). Die Familienstrategie legt dabei zunächst die Werte und Ziele der Familie fest und bestimmt dann Regeln für den Umgang der Familienmitglieder miteinander. Dabei sind auch schwierige Fragen zu beantworten, beispielsweise zum Umgang mit angeheirateten Familienmitgliedern, zum Auftreten in der Öffentlichkeit und zum Management des Privatvermögens der Familie. Anschließend werden wichtige Regeln des Verhältnisses zwischen Familie und Unternehmen festgelegt, beispielsweise wer Anteile am Unternehmen halten darf, wer im Unternehmen arbeiten darf, wie Gewinnausschüttungen bestimmt werden oder wie sich die Familie in der Öffentlichkeit verhalten will (Baus 2003).

Zur Verhinderung und Lösung von Konflikten zwischen den Gesellschaftern eines Familienunternehmens sind in der Praxis auch Kommunikations- und Diskussionsforen eingerichtet worden. Je nach Anzahl der teilnehmenden Familienangehörigen bezeichnet man ein solches Forum als Familienkonferenz oder als Familienrat (Redlefsen 2004, S. 77-79). Eine Befragung europäischer Familienunternehmen durch das Beratungsunternehmen PriceWaterhouseCoopers (2006, S. 31) ergab, dass Familienräte in den Augen vieler Unternehmerfamilien ein „ideales Instrument zur Umsetzung einer Family Governance" darstellen, weil sie Diskussionen über die Strategie, die Dividendenpolitik und die Tätigkeit von Gesellschaftern im Unternehmen ermöglichen, bevor es zu Konflikten zwischen Gesellschaftern kommt. Zudem geben sie passiven Gesellschaftern die Möglichkeit, sich zu Fragen der Unternehmenspolitik zu äußern und erhöhen so das Gefühl der Verbundenheit mit dem Familienunternehmen. Einer empirischen Untersuchung von Redlefsen/Witt (2006, S. 19) zufolge verringert die Einrichtung einer Familienkonferenz oder eines Familienrats die Häufigkeit und die Belastungswirkungen eines Gesellschafterausstiegs in Familienunternehmen deutlich. Ob sie allerdings auch andere Arten von Gesellschafterkonflikten effektiv und effizient verhindern bzw. beilegen können, wurde bisher nicht wissenschaftlich untersucht. Auch Fragen der optimalen Gestaltung einer Familienkonferenz bzw. eines Familienrats, z.B. die Anzahl der Teilnehmer, die Abstimmungsmodi oder die Themenauswahl wurden bisher nur vereinzelt behandelt.[11]

Ein Familienrat ist ein Forum, das sich explizit nicht um das Familienunternehmen, sondern um die Belange der Familie kümmert (Redlefsen 2004, S. 78). Dabei geht es um Fragen der familiären Traditionen und Werte, aber auch um die Stärkung des Zusammenhalts aller Familienmitglieder. Anders als in Familienkonferenzen wirken in einem Familienrat nicht alle Familienangehörigen mit, sondern nur eine kleinere Gruppe von Personen, die dazu von der Familie ausgewählt wurde. Die Mitglieder des Familienrats müssen nicht unbedingt Gesellschafter des Familienunternehmens sein. Die im Familienrat zu diskutierenden Fragen können das Familienunternehmen betreffen, sind aber primär an den Interessen der Familie ausgerichtet. Es wird aus diesem Grund auch in der Literatur empfohlen, die Aufgaben des Familienrats nicht dem Beirat des Familienunternehmens zu übertragen (Neubauer/Lank 1998, S. 78). Empirisch betrachtet verfügt bisher nur ein Drittel der deutschen Familienunternehmen über einen Familienrat (PriceWaterhouseCoopers 2006, S. 32 und S. 42), einer anderen Untersuchung zufolge sind es sogar nur 22 % (Redlefsen 2004, S. 159). Wie der Familienrat gebildet werden sollte und welche Funktion er gegenüber dem Familienunternehmen oder dessen Gesellschafterversammlung einzunehmen hat, wurde jedoch bisher nicht erforscht. Insgesamt gesehen besteht also nicht nur Handlungsbedarf bei der Erforschung von Konfliktlösungsinstrumenten in Unternehmerfamilien. Es besteht auch Handlungsbedarf bei deutschen Familienunternehmen, die Organisation der Familie als ebenso wichtig anzuerkennen wie die Organisation von Leitung und Kontrolle im Unternehmen.

Anmerkungen

* Ich danke zwei anonymen Gutachtern der ZfB für wertvolle Verbesserungsvorschläge.
1 Diese Agency-Sichtweise auf Fragen der Zusammenarbeit von Anteilseignern und Managern findet sich schon bei Adam Smith (1776). Sie wurde dann vor allem durch die Arbeiten von Berle/Means (1932), Jensen/Meckling (1976) und Fama (1980) zur dominierenden theoretischen Grundlage der Corporate Governance-Forschung.
2 Einzelne betriebswirtschaftlichen Arbeiten (z.B. Klein/Astrachan/Smyrnios 2005) definieren Familienunternehmen in vergleichsweise aufwändigen Punktbewertungsmodellen anhand der Kriterien Anteilseigentum und Teilnahme an der Geschäftsführung durch Familienmitglieder. Interessant ist das nur aus theoretischer Sicht und auch nur zur richtigen Klassifikation sehr spezieller Fälle, z.B. Gesellschaften mit Minderheitsanteilen einer Familie und Mehrheitsanteilen von Nicht-Familienangehörigen oder Unternehmen mit ausschließlicher Fremdgeschäftsführung.
3 Der von May/Lehmann/Tolkmitt/Eiben (2006, S. 5, Ziffer 2.5) festgestellte kausale Zusammenhang zwischen einer Befolgung der Kodex-Empfehlungen und Erfolg bzw. Unternehmenswachstum ist jedoch aus ihrer empirischen Studie heraus nicht belegbar. Die Korrelation zwischen Unternehmensgröße und Befolgung der Kodex-Empfehlungen könnte einfach daran liegen, dass sich der Kodex an mittelgroße und große Familienunternehmen richtet (Kommission Governance Kodex für Familienunternehmen 2004, S. 4) und daher für große Unternehmen auch leichter umzusetzen ist als für kleine.
4 Natürlich könnten Principal Agent-Probleme zwischen dem Unternehmen und Kreditgebern (Jensen/Meckling 1976, S. 333–343) sowie zwischen der Geschäftsführung und den Mitarbeitern bzw. dem mittleren Management fortbestehen. Schulze/Lubatkin/Dino (2003) untersuchen beispielsweise den interessanten Fall, dass der CEO eines Familienunternehmens der Unternehmerfamilie angehört und dabei Verwandten, die ebenfalls Anteile des Unternehmens halten, aber auf niedrigeren Hierarchieebenen des Unternehmen arbeiten, vorgesetzt ist. Die Autoren zeigen, dass die klassischen Principal-Agent-Probleme der adversen Selektion und des Moral Hazard zwischen Geschäftsführung und Mitarbeiter nicht dadurch verschwinden, dass beide Parteien in diesem Fall derselben Familie angehören.
5 Fraglich ist natürlich, ob man ein Unternehmen mit einem einzigen Gesellschafter und Geschäftsführer schon als Familienunternehmen bezeichnen will.
6 Zu einem ganz anderen Ergebnis, zumindest bei der Beurteilung des Verhältnisses von Eltern zu ihren Kindern, kommt Bergstrom (1989, S. 1156). Seiner Ansicht nach ist es bei Informationsasymmetrie sehr wahrscheinlich, dass sich Kinder gegenüber ihren Eltern opportunistisch verhalten: „We are more likely to observe children shirking than working".
7 In der Rechtsform der deutschen Aktiengesellschaft ist ein Aufsichtsrat zwingend vorgeschrieben. In der Rechtsform der deutschen Gesellschaft mit beschränkter Haftung ist die Bildung eines Beirats ab einer Größenordnung von 500 Mitarbeitern nach Betriebsverfassungsgesetz zwingend erforderlich. Ob Aufsichtsräte wirklich die Effizienz von Unternehmen erhöhen, ist immer wieder bezweifelt worden. Eine frühe und sehr deutliche Kritik an der Funktion von Aufsichtsräten äußert Steinitzer (1908, S. 157): „Der Aufsichtsrat ist – soweit er funktionell überhaupt etwas ist – ein die Verwaltung in seinem eigenen Interesse beeinflussendes Organ. Weiter nichts." Eine jüngere Studie von Bernhardt (1994) kommt zu ähnlich kritischen Ergebnissen und steht unter der Überschrift: „Keine Aufsicht und schlechter Rat?"

8 Vgl. Albach/Freund (1989), Freund/Kayser/Schröer (1995), Freund (2000) und FINANCE (2005). Zur rechtlichen und prozessualen Gestaltung der Nachfolge vgl. Koblenzer (2004) und Olbrich (2005). Zu den Möglichkeiten der Verbesserung des Exits von Familiengesellschaftern vgl. Redlefsen (2004) und Redlefsen/Witt (2006).
9 Dieser Ansicht war offenbar auch die Kommission Governance Kodex für Familienunternehmen (2004, S. 12), die im Kodex von „Family Governance" spricht und empfiehlt, eine Familienstrategie zu erarbeiten und diese in einer Familienverfassung oder einem Familienvertrag festzuhalten.
10 Eine der wenigen wirtschaftswissenschaftlichen Arbeiten zum Konfliktmanagement in Familienunternehmen ist Terberger (1998).
11 Neubauer/Lank (1998, S. 81) haben die optimale Anzahl der Teilnehmer einer Familienkonferenz erforscht und sehen 30 bis 40 Personen als Obergrenze an.

Literatur

Albach, H. (1995): Öffnungsmanagement – Vom Familienunternehmen zur Unternehmensfamilie, in: Albach, Horst/Delfmann, Werner (Hrsg.): Dynamik und Risikofreude in der Unternehmensführung, Wiesbaden, 51–69.
Albach, H. (1997): Gutenberg und die Zukunft der Betriebswirtschaftslehre, in: Zeitschrift für Betriebswirtschaft, 67, 1257–1283.
Albach, H./Freund, W. (1989): Generationswechsel und Unternehmenskontinuität – Chancen, Risiken, Maßnahmen, eine empirische Untersuchung bei Mittel- und Großunternehmen, Gütersloh.
Astrachan, J. H./Klein, S. B./Smyrnios, K. X. (2002): The F-PEC Scale of Family Influence: A Proposal for Solving the Family Business Definition Problem, in: Family Business Review, 15, 45–58.
Baus, K. (2003): Die Familienstrategie. Wie Familien ihr Unternehmen über Generationen sichern, Wiesbaden.
Becker, G. S. (1974): A theory of social interaction, in: Journal of Political Economy, 82, 1063–1093.
Bergstrom, T. C. (1989): A fresh look at the rotten kid theorem and other household mysteries, in: Journal of Political Economy, 97, 1138–1159.
Bernhardt, W. (1994): Keine Aufsicht und schlechter Rat? Zum Meinungsstreit um deutsche Aufsichtsräte, in: Zeitschrift für Betriebswirtschaft, 64, 1341–1350.
Berle, A. A./Means, G. C. (1932): The Modern Corporation and Private Property, New York.
Chrisman, J./Chua, J./Litz, R. (2004): Comparing the Agency Costs in Family and Non-Family Firms: Conceptual Issues and Exploratory Evidence, in: Entrepreneurship Theory & Practice, 28, 335–354.
Davis, J./Schoorman, F./Donaldson, L. (1997): Toward a Stewardship Theory of Management, in: Academy of Management Review, 22, 20–47.
Doucouliagos, C. (1994): A note on the evolution of Homo Oeconomicus, in: Journal of Economic Issues, 28, 877–883.
Fama, E. F. (1980): Agency Problems and the Theory of the Firm, in: Journal of Political Economy, 88, 288–307.
FINANCE (Hrsg.) (2005): Interne und externe Nachfolgelösungen im Mittelstand, Frankfurt.
Freund, W. (2000): Familieninterne Nachfolge, Wiesbaden.
Freund, W./Kayser, G./Schröer, E. (1995): Generationenwechsel im Mittelstand: Unternehmensübertragungen und -übernahmen, Bonn.
Gerum, E. (1995): Führungsorganisation, Eigentümerstruktur und Unternehmensstrategie, in: Die Betriebswirtschaft, 55, 359–379.
Hart, O. (1995): Corporate Governance: Some Theory and Implications, in: The Economic Journal, 105, 678–689.
Hennerkes, B.-H. (2004): Die Familie und ihr Unternehmen. Strategie, Liquidität, Kontrolle, Frankfurt.
Hirsch, P./Michaels, S./Friedman, R. (1987): „Dirty Hands" versus „Clean Models", in: Theory and Society, 16, 317–336.
Jensen, M. C./Meckling, W. H. (1976): Theory of the firm: managerial behavior, agency costs and ownership structure, in: Journal of Financial Economics, 3, 305–360.
Klein, S. (2000): Familienunternehmen. Theoretische und empirische Grundlagen, Wiesbaden.
Klein, S. (2005): Beiräte in Familienunternehmen – Zwischen Kontrolle und Beratung, in: Zeitschrift für KMU und Entrepreneurship, 53, 185–207.

Klein, S./Astrachan, J. H./Smyrnios, K.X. (2005): The F-PEC scale of family influence: Construction, validation, and further implication for theory, in: Entrepreneurship Theory & Practice, 29, 321 - 340.
Koblenzer, T. (2004): Familienunternehmen vor dem Generationswechsel, Herne/Berlin.
Koeberle-Schmid, A./Nützel, O. (2005): Family Business Governance. Herausforderungen und Mechanismen, Forschungspapier Nr. 1 des INTES Zentrums für Familienunternehmen an der WHU, Vallendar.
Kommission Governance Kodex für Familienunternehmen (Hrsg.) (2004): Governance Kodex für Familienunternehmen, Bonn.
May, P. (2004): Lernen von den Champions. Fünf Bausteine für unternehmerischen Erfolg, 2. Auflage, Bonn.
May, P./Lehmann-Tolkmitt, A./Eiben, J. (2006): Good Governance in Familienunternehmen. Studie im Auftrag der Kommission Governance Kodex für Familienunternehmen, Bonn.
Neubauer, F./Lank, A. G. (1998): The Family Businesses – Its Governance for Sustainability, London.
Olbrich, M. (2005): Unternehmungsnachfolge durch Unternehmungsverkauf, Wiesbaden.
PriceWaterhouseCoopers (Hrsg.) (2006): Familienunternehmen Deutschland 2006, Frankfurt.
Rapp, M. J. (1996): Die funktionalistische Unternehmensverfassung in Familienunternehmen des verarbeitenden Gewerbes, Frankfurt.
Redlefsen, M. (2004): Der Ausstieg von Gesellschaftern aus großen Familienunternehmen, Wiesbaden.
Redlefsen, M./Witt, P. (2006): Gesellschafterausstieg in großen Familienunternehmen, in: Zeitschrift für Betriebswirtschaft, 76, 7–27.
Schulze, W./Lubatkin, M./Dino, R. (2003): Toward a Theory of Agency and Altruism in Family Firms, in: Journal of Business Venturing, 18, 473–490.
Shleifer, A./Vishny, R. W. (1997): A Survey of Corporate Governance, in: Journal of Finance, 52, 737–783.
Simon, F. B./Wimmer, R./Groth, T. (2005): Mehr-Generationen-Familienunternehmen. Erfolgsgeheimnisse von Oetker, Merck, Haniel u.a., Heidelberg.
Smith, A. (1776): The Wealth of Nations, 1. Auflage, Glasgow.
Steinitzer, E. (1908): Ökonomische Theorie der Aktiengesellschaft, Leipzig.
Stewart, A. (2003): Help one another, use one another: Toward an anthropology of family business, in: Entrepreneurship Theory & Practice, 27, 383–396.
Terberger, D. (1998): Konfliktmanagement in Familienunternehmen – Ein eignerorientiertes Konzept zur professionellen Konfliktbewältigung in Familienunternehmen, Bamberg.
Tirole, J. (2001): Corporate Governance, in: Econometrica, 69, 1–35.
Ward, J. L. (1987): Keeping the Family Business Healthy: How to Plan for Continuous Growth, Profitability, and Family Leadership, San Francisco.

Corporate Governance in Familienunternehmen

Zusammenfassung

Viele der Corporate Governance-Probleme, die für börsennotierte Unternehmen (Publikumsgesellschaften) typisch sind, treten in Familienunternehmen nicht auf. Vor allem fehlt es häufig an der Trennung von Leitung und Kontrolle, die das zentrale Prinicipal-Agent-Problem der Corporate Governance in Publikumsgesellschaften darstellt. Insofern haben Familienunternehmen im Vergleich zu Publikumsgesellschaften potenziell geringere Agency-Kosten und damit Wettbewerbsvorteile. Andererseits haben Familienunternehmen jedoch auch spezifische Governance-Probleme. Beispiele sind familienbedingte Gesellschafterkonflikte, Ausstiege von Gesellschaftern, Nachfolge- und Fremdmanagementregelungen sowie eine unzureichende Nutzung von Beiräten. Zur Behebung der spezifischen Corporate Governance-Schwächen können Institutionen wie Familienräte, Familienbörsen oder unabhängige Beiräte eingesetzt werden, deren empirische Erforschung in Deutschland jedoch noch verstärkt werden muss.

Corporate governance in family owned businesses

Summary

Many of the corporate governance problems of large stock listed companies (public companies) do not occur in family businesses. Most importantly, there may not be a separation of ownership and control which is the core principal agent problem of governance structures in public companies. Potentially, family businesses if compared to public companies have lower agency costs and thus competitive advantages. On the other hand, family businesses are plagued with specific governance problems. Examples are conflicts between shareholders originating from family affairs, exits of family members as shareholders, succession and external management as well as an insufficient utilization of advisory boards. To cope with these specific governance problems, family businesses can create institutions like family councils, family exchanges, or independent directors. In Germany, these family business specific institutions need more empirical research.

Marketing Review St. Gallen | Die neue Thexis – Marketingfachzeitschrift für Theorie und Praxis | www.marketingreview.ch |  Universität St.Gallen

Lesen Sie sich in Führung

Marketing Review St. Gallen ist der Marketingberater für erfolgreiche Führungskräfte. Das Besondere daran: Top-Manager berichten über konkrete Erfahrungen und Strategien aus dem Unternehmensalltag. Und Professoren der führenden europäischen Universitäten publizieren ihre neuesten Erkenntnisse für Praktiker gut lesbar aufbereitet.

Profitieren Sie vom Wissen der Vordenker und eröffnen Sie sich neue Perspektiven für erfolgreiches Marketing. Bestellen Sie jetzt Ihr persönliches Leseexemplar im Internet unter **www.readtolead.de** oder per Telefon: +49 (0) 52 41 . 80 19 68

Agency and Creditor Relationships in SMEs – An empirical analysis of German SMEs

Klaus Flacke, Klaus Segbers

Abstract

- The relationship between small and medium-sized enterprises (SME) and banks is changing greatly due to reinforced banking supervision (e.g. Basel II). This leads to changing requirements for the companies' communication towards their creditors.
- This study examines whether German SMEs are communicating appropriately and to what extent contextual variables are affecting the intensity of this communication. In this context, one aspect is the companies' management accounting system (MAS).
- A sample consisting of 175 German SMEs surveyed in 2004 is analysed.
- Cluster analyses was conducted to create ordinal variables for the communication intensity and for three MAS variables: value orientation, information availability, and internal reporting culture. Then, using bivariate tests and ordinal regression, several hypotheses on the influence of contextual variables were tested.
- In general, only a limited number of companies could meet the communication needs. The research results indicate the influence of several variables tested, such as the equity ratio, the use of external consultants, or the motivation of entrepreneurs. There is also evidence for the influence of MAS variables, especially information availability.

Keywords Small and Medium Enterprises (SME) · Creditor Reporting · Management Accounting · Relationship Banking · Empirical Analysis

JEL: G21, G39, M40

Dr. Klaus Flacke (✉)
(klaus.flacke@gmx.de) ist seit dem Jahr 2007 im Controlling der LBS Westdeutsche Landesbausparkasse, Münster, tätig. Zuvor war er wissenschaftlicher Mitarbeiter am Lehrstuhl für Controlling der Westfälischen Wilhelms-Universität in Münster. Sein wissenschaftlicher Schwerpunkt liegt im Bereich des Controllings und der BWL der Banken, insbesondere jeweils im mittelständischen Kontext sowie dem externen Rechnungswesen. In seiner Dissertation untersuchte er Einflussfaktoren auf die Ausgestaltung des Controllings in mittelständischen Unternehmen sowie den Einfluss des Controllings auf das Kommunikationsverhalten gegenüber kreditgebenden Banken.

Dr. Klaus Segbers (✉)
(segbers@bms-consulting.de) ist seit dem Jahr 2006 als Unternehmensberater bei der BMS Consulting GmbH, Düsseldorf, beschäftigt. Er betreut dort primär Banken im Rahmen von Vertriebs- und Controllingthemenstellungen. Zuvor war er wissenschaftlicher Mitarbeiter am Lehrstuhl für Controlling der Westfälischen Wilhelms-Universität in Münster. Er promovierte dort zum Thema der besonderen Rolle von Vertrauen im Kontext von Hausbankbeziehungen mittelständischer Unternehmen. Seine wissenschaftlichen Forschungsgebiete sind im Bereich Controlling, Banken und Finanzierung angesiedelt.

Introduction

Corporate governance in the German *Mittelstand* has a structural deficit due to the unity of management and ownership. Thus, no or only limited corrective of the management by the owners is given, and instead, the creditor plays an important role. The housebank as the essential financier gains in importance, especially in context of the growing information obligations by the companies following from Basel II. The resulting monitoring of the SME by the bank can be regarded as a substantial element of corporate governance. This aspect is subject to our paper as it examines how the SMEs inform their banks and which factors influence the information behavior.

Small and medium-sized enterprises (SMEs) in Germany extensively use bank credits to fund their operations (Segbers/Siemes 2005). This goes along with the fact that many SMEs only do business with a very limited number of banks. Thus, they often have a close relationship with their bank, which is also called housebank in this context (Elsas 2001). This relationship is currently undergoing a deep structural change (Berens/Högemann/Segbers 2005). Due to diverse external and internal impacts like regulatory changes (e.g. Basel II) or market forces (bank mergers and low margins), the previously stable relationships between SMEs and their housebanks are currently being redefined. Consequently, these developments partially lead to a "depersonalisation" of that interface.

In checking the creditworthiness of a debtor, banks will rely more heavily on hard information in the future, such as quantifiable facts that can be stored and processed independently from the person who collects them (Petersen 2004). Such hard information also contains more data on aspects concerning the company's future business like information on strategy or competition. This results in higher demand for the amount and quality of the information that must be provided to the banks by SMEs. Accordingly, it must be asked whether SMEs actually provide information with the required quality and timeliness, since the quality of management accounting systems in SMEs is often relatively low (Flacke/Siemes 2005). The quality of the management accounting system, however, is a crucial enabler for adequate financial reporting to the bank.

As MAS is not considered in previous studies on the creditor relationship, this paper – amongst other factors – investigates the relationship between the sophistication of management accounting systems and the amount and quality of financial reporting to banks. The remainder of the paper is structured as follows. First, a brief review is given of the existing literature with regard to relationship banking, bank communication, and the outcomes of management accounting systems (MAS) in SMEs. Second, the variables used within the empirical investigation are defined, and hypotheses are derived. And then, the methodology and results of the empirical study are presented. Finally, a brief conclusion is drawn.

A. Literature Review

Our study can be embedded into two different bodies of literature. The first one, concerning finance, deals with relationship banking. The central points here are the specific problems that arise from an asymmetric distribution of information between a better informed agent (i.e. the company) and a less well informed principal (i.e. the bank) (see for an overview Boot 2000 and Ongena/Smith 2000). The second strand of literature investigates the outcomes of separate MAS on different dependent variables (see for an overview Chenhall 2003).

In the context of finance, different sources of funding are often interpreted in terms of their ability to overcome problems of information asymmetry between creditor and debitor. First, these asymmetries exist ex ante with regard to the quality of the debitor; they exist second ex interim and ex post with regard to the debitor's behaviour. In consequence, this may lead to the problems of adverse selection or moral hazard (Stiglitz/Weiss 1981). Sources of funding are often distinguished into relationship banking (also called relationship lending or inside financing) and transaction banking (transaction lending or outside financing) (Rajan 1992). While in the first case the creditor receives private information throughout the duration of the entire relationship, in the latter one it is assumed that outside creditors only obtain public information.

The paradigmatic core of relationship banking in economic literature can be seen in regarding it as a concept of dealing with incomplete contracts (Aoki/Dinc 1997 and Rajan 1998). This means that in a complex and uncertain world not all future states can be covered in a contingent contract. This leads to behavioural leeways for both partners. The special role of a bank as financier arises from its specific ability to deal with this incompleteness. Reasons for that are, for example, the need of reputation from the side of the bank or the entrepreneur (Diamond 1989 and Boot/Greenbaum/Thakor 1993) or the development of personal relationships between the loan officer and the entrepreneur (Diamond/Rajan 2001). These mechanisms help to overcome the described problems in a long term context.

The access to private information in theoretical models is often assumed but not explicitly modelled (Sharpe 1990 and Petersen/Rajan 1995). In empirical studies, however, it is considered with the help of different variables. Many studies assume that private information is obtained nearly automatically within such relationships. Therefore, the duration of the relationship is used as an independent variable, often in the form of its logarithm to model a decreasing function (Petersen/Rajan 1994, 1995, Berger/Udell 1995 and Angelini/Di Salvo/Ferri 1998). In contrast, specialised studies have shown that duration only slightly contributes to the explanation of private information (Elsas 2005).

It seems more important for a bank having a large share of individual company's financing or payment transactions (Cole 1998, Elsas/Krahnen 1998 and Elsas 2001). From this relatively powerful position, banks can extract private information that is not accessible through the market (Berlandi 2000 and Mester/Nakamura/Renault 2001).

Only a few studies explicitly deal with the exchange of information between a company and its (house-)bank (for exceptions see Burghof 2000, Fischer 2000, Segbers/Siemes 2005, and Siemes/Segbers 2005). Burghof examines the bank's use of information in different contexts (e.g., financial distress) by examining six case studies. He shows that banks normally use standardised hard information from previous years, such as annual financial statements. In the event of financial distress, however, they demand future-oriented soft information (for this distinction see Petersen 2004). The quantity of information used is larger if the bank faces less competition (Fischer 2000). The reason for this is the higher probability for a bank to extract future rents from cost-intensive information if competition is less fierce.

The supply of information by SMEs can be characterised by a rather passive behaviour. Standardised data, such as annual financial statements, is submitted by almost all companies without further demand by the bank. Contrarily, most of the companies only transfer future-oriented soft information if the bank explicitly requests it (Segbers/Siemes 2005). Little work has been done regarding the relationship of the availability of information within the company and its transmission. Apparently, only Siemes/Segbers (2005) were able to show by cluster analysis that higher availability of information is correlated with more extensive communication, while there is no bivariate impact of the company's size. Unfortunately, their work does not contain multivariate analysis confirming this interrelation.

The second body of literature into which our study fits deals primarily with outcomes of the MAS design on several dependent variables. Constructs such as the use and usefulness of produced information (Abernethy/Guthrie 1994, Anderson/Young 1999, and Guilding 1999), the impact of aspects of management accounting on job satisfaction (Banker/Potter/Schroeder 1993), or pressure (Hopwood (1972) and Shields/Deng/Kato (2000)) serve as dependent variables.

Furthermore, studies investigating the relationship between MAS design and corporate value are of similar design to this paper. Larcker (1983) shows an increase in capital expenditure and an abnormal stock price increase after the announcement of the introduction of a performance incentive system. In contrast, Gordon/Silvester (1999), for example, failed to show significant influence of the introduction of Activity Based Costing on stock prices. This brief review of the results of other studies shows that there is no clear evidence of the impact of management accounting activities on economic profit measures. The economic consequences of management accounting continue to be an open field to be studied.

B. Definition of Variables and Hypotheses

I. Basic research design and variables used

Our research goal is to test various hypotheses concerning the influence of different independent context variables on the intensity of SME communication of information to their banks. The communication intensity (COMM) is used as the dependent variable, which is created by cluster analysis with eight variables on the contents of financial communication. Based on previous research, a closer look is taken at the influence of management accounting on COMM. The variables used can be grouped into eight categories. Figure 1 gives a brief overview of the basic design of the research and the categories of variables used.

Most of the eight groups categorize different variables used to operationalize the hypotheses created below. The variables are described in Table 1. The clustering processes and description as well as the interpretation of COMM and the MAS variables are specified in the following two chapters.

We calculate the natural logarithm of the company's age because the postulated relationship between COMM and company age assumes that the effect is not linear but de-

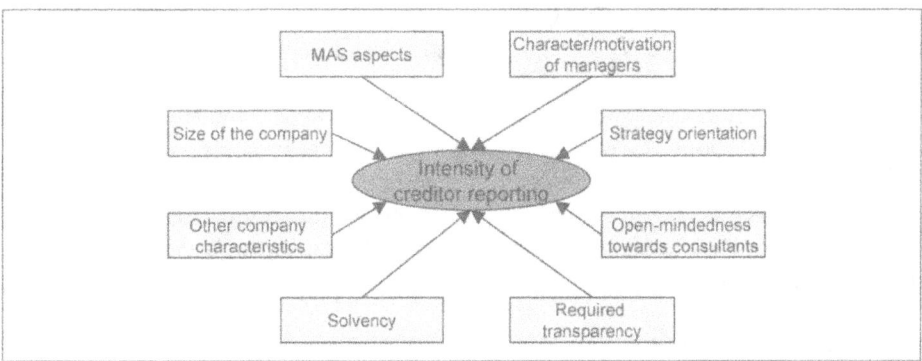

Fig. 1. Basic research design

Tab. 1. Definition of variables

Categories	Variable	Description	Scale
Dependent variable	COMM	Communication intensity: 3 cluster solution with 8 input variables. See C.II. for details.	ordinal
Management accounting aspects	VALUE	Value orientation of management accounting: 3 cluster solution with 16 input variables. See C.III. for details.	ordinal
	INFO	Information availability: 3 cluster solution with 8 input variables. See C.III. for details.	ordinal
	REPO	Internal reporting culture: 3 cluster solution with 9 input variables. See C.III. for details.	ordinal
Size of the company	SIZE 1	Total assets	metric
	SIZE 2	Number of employees	metric
	SIZE 3	Sales volume	metric
Other company characteristics	COMPAGE	Logarithm of company age	metric
	LEGAL	Legal form: limited or unlimited liability	nominal
Solvency	EQUITY	Equity ratio	metric
Required transparency	INTINV	Intensity of investments (Fixed assets to total assets)	metric
Open-mindedness towards external consulting	CONTAX	Intensity of tax consultant use	4-point-scale (metric)
	CONBANK	Intensity of loan officer use	4-point-scale (metric)
	CONSULT	Intensity of management consultant use	4-point-scale (metric)
Strategy orientation	STRAT1	Degree of existence of written strategy	6-point-scale (metric)
	STRAT2	Intensity of checking and renewing strategy	6-point-scale (metric)
	STRAT3	Logarithm of (1+ number of strategy meetings)	6-point-scale (metric)
Characteristics/ motivation of managers	STAKE	Percentage of managers with a stake in the company	metric
	EDU	Do any of the managers have a degree in business administration?	nominal
	GRvsIND	Thesis: "I would refrain from growth to ensure the independence of the company." (The higher the value of the variable, the higher the agreement)	6-point-scale (metric)
	TRUST	Rank of the financial goal: "Create culture of trust/openness with creditors" (Ranks 1-6)	ordinal

creasing (see hypothesis 3b). The same is true for STRAT3. As there were a number of companies not arranging any meetings, "1" had to be added to the total number of meetings in order to calculate the logarithm.

The need for information transparency is operationalised by the intensity of the investments ratio. This is because a company with a higher ratio has relatively more fixed assets and therefore is assumed to have higher fixed costs. This causes a larger need for higher profit margins and results in higher risk for the profitability of operational business. In consequence, the bank needs more information about the company's actual performance in order to judge its solvency.

II. Clusters and description of variable communication intensity

As mentioned previously, COMM is an aggregated variable of items concerning the intensity of communication with the bank. It consists of eight different items: operating profit statement, liquidity planning, investment planning, capital needs planning, existing business model and changes, industry sector information, and strategic and operative ratios.[1] The available categories of communication intensity in the survey were "regularly," "on demand," and "never," implying an ordinal scale. The goal was to combine all eight items into one variable. Due to the scale level, it was not possible to create one metric variable. Therefore, a cluster analysis using all eight items was conducted.

To determine the optimal clusters, several hierarchic fusion algorithms were used as well as a Two-Step clustering (TS clustering).[2] Referring to the increased difference between the coefficient and the optimal solution of the TS clustering, a three-cluster solution was chosen. Based on the homogeneity of the clusters using the F-scores of all variables in all clusters and the interpretability, TS clustering offered the best solution.

The first cluster, comprising 65[3] cases, represents the companies with a sophisticated or highly sophisticated financial communication. Most companies communicate all relevant information on a regular basis but at least on demand. Thus, the eight information items are communicated almost completely proactively.

The second cluster covers 53 companies with an average up to a sophisticated communication. Though the communication is less proactive, as most information is provided on demand, the amount of data provided is as high as and in some cases even higher than in Cluster 1.

57 companies are combined in the last cluster, which represents poor communication. Both, the proactivity and the amount of data provided, are worse than in Clusters 1 and 2. Whereas the obligatory (operational profit statement, 80%) and some quantitative information (liquidity planning, 51% and investment planning, 47%) are communicated on demand by an acceptable number of companies, most of the other data are hardly made available. The financial reporting of the companies in the last cluster will not meet the demands of most banks.

Taking a closer look at the clustering results for COMM outlined in Table 2, it is obvious that the clusters can be ordered according to their quality of communication. Hence, COMM is ordinal-scaled. In the following analysis, the clusters are ordered as described and assigned values from three (sophisticated) to one (poor).

Tab. 2. Cluster description of communication intensity (COMM)

Total companies		COMM3 (high) 65	COMM2 (medium) 53	COMM1 (poor) 57	Sum 175
Operating profit statement	regularly	**95.4%**	77.4%	50.9%	75.4%
	on demand	3.1%	**22.6%**	29.8%	17.7%
	never	1.5%	0.0%	**19.3%**	6.9%
Liquidity planning	regularly	**83.1%**	22.6%	8.8%	40.6%
	on demand	13.8%	**71.7%**	42.1%	40.6%
	never	3.1%	5.7%	**49.1%**	18.9%
Investment planning	regularly	**75.4%**	1.9%	1.8%	29.1%
	on demand	15.4%	**92.5%**	45.6%	48.6%
	never	9.2%	5.7%	**52.6%**	22.3%
Capital needs planning	regularly	**44.6%**	0.0%	0.0%	16.6%
	on demand	43.1%	**96.2%**	19.3%	51.4%
	never	12.3%	3.8%	**80.7%**	32.0%
Business model	regularly	**47.7%**	1.9%	5.3%	20.0%
	on demand	36.9%	**96.2%**	26.3%	51.4%
	never	15.4%	1.9%	**68.4%**	28.6%
Industry sector information	regularly	**35.4%**	5.7%	1.8%	15.4%
	on demand	53.8%	**90.6%**	19.3%	53.7%
	never	10.8%	3.8%	**78.9%**	30.9%
Strategic ratios	regularly	**53.8%**	0.0%	1.8%	20.6%
	on demand	43.1%	**83.0%**	35.1%	52.6%
	never	3.1%	17.0%	**63.2%**	26.9%
Operative ratios	regularly	**67.7%**	9.4%	8.8%	30.9%
	on demand	30.8%	**81.1%**	35.1%	47.4%
	never	1.5%	9.4%	**56.1%**	21.7%

III. Clusters and description of different management accounting variables

One focus of our research is to investigate the influence of the companies' MAS on their financial reporting to banks. MAS is separated into the following three dimensions: value orientation of MAS, availability of data for the eight different communication aspects, and internal reporting culture. All three dimensions are aggregated from several variables concerning the companies' MAS. As for COMM, the intention was to build one variable for each of the three dimensions. Because the input variables have a non-metric scale level (information availability) or a principal components analysis did not lead to sufficient explanation of overall variance (value orientation and internal reporting culture, both < 50%), cluster analysis was used to calculate the variables as well.

A set of four sub-categories consisting of risk management (factor derived from five variables)[4], decision preparation (five variables), use of strategic management tools (five variables), and management of operative value drivers (five variables) was used to create the VALUE variable. Using the same criteria as described for the clustering process for COMM, a three-cluster solution created by TS clustering was chosen. The details of the clusters are illustrated in table 3.

Tab. 3. Cluster description of value orientation of MAS (VALUE)

			Total companies	VALUE3 (high) 59	VALUE2 (medium) 76	VALUE1 (poor) 40	Sum 175
Risk management	Factor Risk assessment (Table A-1)	mean		0.738511	−0.329737	−0.462805	0
		stddev		1.37	0.47	0.00	1.00
Investment decision planning	Investment decision by experience (higher value = lower value orientation)[a]	mean		3.10	3.01	3.50	3.15
		stddev		0.88	0.77	0.60	0.80
	Investment decision by present value[a]	mean		3.08	2.53	2.23	2.65
		stddev		0.93	0.94	1.19	1.05
	Post hoc investment evaluation	mean		4.63	4.24	3.20	4.13
		stddev		1.26	1.11	1.24	1.30
	Ongoing monitoring of investment profitability	mean		3.75	3.14	1.90	3.98
		stddev		1.65	1.45	1.13	1.39
	Use of individual calculation interest[°]	mean		4.37	4.20	2.98	3.06
		stddev		1.50	1.06	1.31	1.60
Strategic management accounting[a]	Portfolio analysis	mean		2.47	1.43	1.13	1.71
		stddev		0.95	0.64	0.40	0.91
	Scenario analysis	mean		2.53	1.55	1.18	1.79
		stddev		0.99	0.82	0.38	0.97
	SWOT	mean		2.80	2.16	1.40	2.20
		stddev		0.94	0.94	0.71	1.03
	Benchmarking	mean		2.68	1.95	1.15	2.01
		stddev		0.92	0.94	0.36	1.01
	BSC	mean		1.90	1.05	1.05	1.34
		stddev		0.94	0.22	0.22	0.70
Operational management of value drivers	Ratio: Return on Investment[a]	mean		3.32	2.51	2.23	2.72
		stddev		0.78	0.93	0.97	0.99
	Ratio: "Shareholder" Value[a]	mean		2.15	1.63	1.18	1.70
		stddev		1.05	0.76	0.45	0.89
	Ratio: Cash Flow[a]	mean		3.47	3.16	2.18	3.04
		stddev		0.68	0.78	0.96	0.93
	Number of value-oriented plans used*	mean		5.37	5.53	3.25	4.95
		stddev		1.34	0.79	2.05	1.64
	Use of target/actual comparison[°]	mean		4.90	4.63	3.73	4.51
		stddev		1.32	1.23	1.66	1.43

[a] Variable scaled from 4 (constantly) to 1 (never)
[°] Variable scaled from 6 (very intensive use) to 1 (no use)
* Count of 6 plans used: Investment planning, budgeted P&L and balance sheet, sales planning, employee planning, capital requirement planning.

The first cluster (VALUE3), comprising 59 companies, features a relatively high value orientation. The categories of risk and strategy orientation show higher values than the other clusters, although the absolute values for the input variables only represent average values. In contrast, the preparation of investment decisions and management of operative value drivers can be regarded as high. It can be stated that value orientation is present, though only on an average to good level.

The average values of all input variables of the 76 companies in the second cluster are smaller than those in Cluster 1. Thus, the enterprises from this cluster can be interpreted as less value-oriented in their MASs.

Unlike the companies in the second cluster, the 40 companies in the third cluster give almost no indication of value-orientation in most of the variables. Thereby, it can be stated that this cluster shows almost no value orientation in the MAS. This also leads to a clear ordering of the clusters, though Cluster 2 is positioned closer to Cluster 1 than to Cluster 3.

To create INFO, we examined all of the eight communication matters used in COMM. To do so, we investigated whether the information needed to communicate is actually produced within the MAS. A liquidity plan, for example, can only be reported to creditors if the company uses some kind of liquidity planning. Therefore, one or more instruments or plans were assigned to each of the eight components. It was only recorded whether or not the instrument is used, so eight binary variables were taken as input for the following cluster analysis. In this case a Ward cluster analysis with size difference as distance measure was performed, and it led to a three-cluster solution. Detailed cluster results are described in table 4.

Tab. 4. Cluster description of information availability (INFO)

Total companies Regular calculation of information basis of:	INFO3 (high) 77 % of companies with information available	INFO2 (medium) 70 % of companies with information available	INFO1 (poor) 28 % of companies with information available	Sum 175 % of companies with information available
Operating profit statement	92.20%	64.30%	28.60%	70.90%
Liquidity planning	93.50%	60.00%	10.70%	66.90%
Investment planning	100.00%	84.30%	57.10%	86.90%
Capital requirement planning	96.10%	82.90%	46.40%	82.90%
Business model	67.50%	28.60%	0.00%	41.10%
Industry sector information	88.30%	64.30%	17.90%	67.40%
Strategic ratios	97.40%	95.70%	50.00%	89.10%
Operative ratios	100.00%	40.00%	85.70%	73.70%

The first cluster (INFO3) comprises 77 companies showing high information availability. An average of about 90% of the companies in this cluster generates the data for each of the communication items. The second cluster, with 70 cases, combines companies with average data availability. An average of about 2/3 of the enterprises in this cluster produces information on the eight items. The 28 companies in the last cluster have a very poor data basis for creditor communication. They generate hardly any relevant information: For liquidity planning, business model, and industry information, none of the companies generates the relevant data. Thus, the ordering can be accomplished as before so that INFO can also be regarded as ordinal.

The last dimension of MAS concerns the internal reporting culture (REPO). To construct this variable, the method of communication (three variables) and the type of

Tab. 5. Cluster description of internal reporting culture (REPO)

			Total companies	REPO3 (high) 74	REPO2 (medium) 58	REPO1 (poor) 43	Sum 175
Medium of reporting[a]	Mouth to mouth	mean		3.7	3.03	3.23	3.37
		stddev		0.54	1.04	0.92	0.88
	Standardised written	mean		3.51	2.74	2.51	3.01
		stddev		0.62	1.16	0.88	0.99
	Electronically decentralised	mean		3.42	2.69	2.47	2.94
		stddev		0.95	1.23	1.12	1.16
Contents of reporting[a]	Cost information	mean		3.93	3.59	2.79	3.54
		stddev		0.25	0.7	0.83	0.75
	Liquidity information	mean		3.99	3.91	2.93	3.7
		stddev		0.12	0.28	0.77	0.61
	Sales information	mean		3.91	3.95	2.95	3.69
		stddev		0.29	0.22	0.69	0.59
	Risk information	mean		3.66	2.24	2.23	2.84
		stddev		0.5	0.92	0.68	1
	Quality information	mean		3.5	2.95	2.63	3.1
		stddev		0.69	0.96	0.72	0.87
	Competitor information	mean		3.61	2.72	2.37	3.01
		stddev		0.54	0.87	0.72	0.88

reported information were used. In this case, the best solution was generated by a TS clustering forming three clusters. The detailed clustering results are presented in table 5.

The first cluster (REPO3), with 74 cases, combines the companies that have a high standardisation and software-based reporting as well as substantial information reporting. The 58 companies in Cluster 2 use a less standardised and software-based reporting and do not report all information constantly. Comprising 43 companies, the third cluster is the smallest and shows the lowest internal reporting culture. These companies report less information than the ones in the other two clusters do, and they mainly use oral reporting.

According to this grouping, REPO is also ordinal, so all three MAS variables represent ordinal scale level. As was done for COMM, values from three (best cluster) to one (worst cluster) were assigned to the variables.

IV. Hypotheses

1. Basic hypotheses

A central aim of the study, as mentioned above, concerns the relationship between MAS design and financial reporting to the bank. For this purpose, it is postulated that a more sophisticated MAS leads to a more intense communication. The system is thereby operationalized by the three different cluster solutions described. Thus, we assume that the greater the availability of information, the more data is reported to the bank. Additionally, we indirectly assume a positive relationship between the sophistication of internal and external reporting:

H. 1a: The greater the availability of information, the more information is communicated to the bank. (Assigned variable: INFO)

H. 1b: The more sophisticated the internal reporting, the more information is communicated to the bank. (Assigned variable: REPO)

A high data availability on its own is a necessary but insufficient condition for intense bank reporting. In addition, the company must also be aware of the (changed) informational needs of the bank. Furthermore, a culture of value orientation in the company might be helpful in that sense. Such a culture goes along with the goal of achieving an optimal risk-adjusted return in all parts of the company. As a result, it is also necessary to make the company more transparent to investors to reduce the cost of capital. This leads to the following hypothesis:

H. 1c: The more value-oriented the company's MAS, the more information is transmitted to the bank. (Assigned variable: VALUE)

Value orientation usually goes along with a management of the company that is tied to long-term goals. In this vein, it can be assumed that a strategic management approach also favours a more intense communication towards the bank. On the other hand, there is an opposing influence in that SMEs might fear that the bank would transmit relevant strategic information to competitors (Yosha 1995, Bhattcharya/Chiesa 1995 and von Rheinbaben/ Ruckes 2004). We assume the first effect to outweigh the second one. This leads to the following hypothesis:

H. 1d: The amount of strategic orientation in a company has a positive influence on the financial reporting to the bank. (Assigned variable: STRAT1-STRAT3)

Finally, two hypotheses are derived on the relationship between financial goals of an SME and the communication to the bank. If a company has a strong intention to maintain its autonomy in comparison to potential company growth, it can be assumed that this leads to less bank credit and, in consequence, to less communication. On the other hand, some SMEs might plan to develop a relationship with their investors that is based more heavily on trust. For these companies we expect a more extensive reporting to the bank. This leads us to the final two basic hypotheses:

H. 1e: The more SMEs prefer autonomy in comparison to growth, the less intense is their communication to the bank. (Assigned variable: GRvsIND)

H. 1f: The more an SME intends to base relationships with its creditors on trust, the more information is communicated to the bank. (Assigned variable: TRUST)

2. Additional Hypotheses

Characteristics of the entrepreneur

A specific feature of SMEs is the unity of property and management within the same (circle of) person(s).[5] As a result, the entrepreneur exerts a strong influence on all relevant decisions concerning the company. This also refers to communication with the bank. It can be proposed that specific characteristics of the entrepreneur favour the amount of transmitted information. These characteristics include factors such as education or the degree of open-mindedness. If the entrepreneur possesses an economic education, the company might report to its bank more intensively. Furthermore, the degree to which the advice of external consultants like a loan officer or a tax or management consultant is used might indicate the open-mindedness of the entrepreneur. This might also increase the intensity of bank communication. An opposing effect might occur if a large share of the company is owned by the actual managing directors. This might be another indicator for the above-mentioned goal of autonomy. The following three hypotheses on the influence of personal characteristics on bank communication are derived:

H. 2a: *The better the economic education of the entrepreneur, the more intense the bank communication of the SME.* (Assigned variable: EDU)

H. 2b: *The more open-minded the entrepreneur to the advice of external consultants, the more intense the bank communication of the company.* (Assigned variables: CONTAX, CONBANK, CONSULT)

H. 2c: *The less external managers are employed in the company, the less intense is its bank reporting.* (Assigned variable: STAKE)

Characteristics of the company

A confounding effect can be assumed by the size of the company. On the one hand, a larger company usually has more resources to produce and communicate the needed information, and the MAS is more sophisticated. This favours a more intense bank communication. On the other hand, larger companies have more power with respect to banks, so they cannot be easily forced to transmit more information. Additionally, more testified public information exists in the context of a larger company, which might make the transmission of additional soft information optional. We assume the first effect to outweigh the second one. As a conclusion, the following hypothesis is derived:

H. 3a: *The size of the company has a positive influence on the intensity of bank communication.* (Assigned variables: SIZE1-SIZE3)

The amount of public information available about a company is usually assumed to rise with the age of the firm (Berger/Udell 1995 or Cole 1998). This might lead to a lower need for information by the bank. The increase in public information should be a subproportional function of the firm age:

H. 3b: *The older the company, the less intensive its communications to the bank. This influence is decreasing over time.* (Assigned variable: COMPAGE)

The bank's need for information might be higher if the company is more at risk to economic changes. This is the fact if the company has relatively high fixed expenses so that even little changes in sales might have large impacts on profits. An indicator for fixed expenses might be the ratio of fixed assets to total assets. For that we assume that the higher this ratio is, the more information has to be communicated to the bank.

H. 3c: *The higher the investments intensity of a company, the more communication to the bank is needed.* (Assigned variable: INTINV)

At the same time, we propose that especially those companies with a relatively bad solvency have to communicate more intensively (Burghof 2000). In this case, banks ask for more information in order to be able to make an accurate decision about extending credit. Furthermore, those companies have a weaker bargaining position. Both factors favour a more intense bank communication. A central measure for the solvency of a firm by banks is the equity ratio. This leads to the following hypothesis:

H. 3d: The lower the equity ratio of a company, the larger the amount of transmitted information to the bank. (Assigned variable: EQUITY)

As a final factor, the legal form of a company is kept in perspective. Mainly, two alternative forms of a firm, a corporation and a partnership, can be distinguished. We assume a larger need for communication by corporations. This concerns the fact that in partnerships partners are personally liable to the creditors of the firm so that there are less incentives to misbehave and therefore less need for monitoring:

H. 3e: Corporations communicate more intensively to banks than partnerships do. (Assigned variable: LEGAL)

C. Empirical Analysis

I. Sample description

The results of the empirical analysis are based on a written survey conducted from June to August 2004. Gaining information about all functions and parts of the companies was the subject of this survey. One part of the questionnaire extensively dealt with different matters of management accounting, and another part dealt with different aspects of financial communication. Before conducting the survey, the completeness and understandability of the questionnaire were tested with the help of 12 companies of different sizes and from different industries. It was then modified to resolve weaknesses.

The companies, based in the federal states of Northrhine-Westfalia and Rhineland-Palatinate, were contacted after the pre-test. The contact was established via a representative of the companies' cooperative bank. A total of 211 questionnaires were sent back, representing a rate of return of about 7%.[6] 21 cases were excluded because they contained no answers or insufficient answers to the relevant questions. Due to the common definition of SMEs in German literature, all subsidiaries were also excluded. Thus, another 15 questionnaires were eliminated. In the end a sample of 175 companies was used for the analysis. Table 6 summarizes the basic characteristics of the companies in our sample.

Although the majority of the firms are incorporated, they mostly fulfill the qualitative criterion of unity of ownership and management. This is shown by the fact that in 80.6% of the sampled firms the management has a stake of 90 or more percent in the equity of the company. Compared to the German industry structure, the sample is clearly concentrated in the industrial sector and underrepresented in the service sector. This is mainly a result of the design of the questionnaire, which excluded certain branches, especially from the service sector.

Tab. 6. Basic sample information

Characteristic		Value/Percentage
Sales	Mean	20.2 m Euro
	Median	6 m Euro
Employees	Mean	108
	Median	40
Age	Mean	54 y
	Median	32 y
Legal form	Corporation	83.40 %
	Partnership	16.60 %
Industry sector	Manufacturing companies	42.30 %
	Wholesaling and Retailing	30.30 %
	Building and construction	12.60 %
	Service and others	14.80 %

II. Methodology

According to the goals of our research, adequate statistical methods had to be chosen to test the significance, strength, and direction of relationships between the dependent, endogenous variable COMM and the various independent, exogenous context variables. This led to a two-staged process for testing the hypotheses. In the first step, each context variable was tested with a bivariate statistical test. The kind of test applied depended on the scale level of the particular variable. For metric variables a one-way ANOVA was applied. If the assumptions of ANOVA were not met, the Welch-Test, which reacts robustly to the violation of the basic assumptions, was used except for those variables that were quasi-metric (rating scale measured). Those variables and all ordinal variables were tested with a Kruskal-Wallis-H-Test. All variables on a nominal scale level were tested by a Chi^2-Test. To determine the strength and direction of the relationship to COMM, Spearmans Rho correlation coefficient was calculated for all variables except those that are scaled nominally.

The second step aimed to determine the joined influence of all variables on COMM. As COMM is measured on an ordinal scale level, we conducted an ordinal regression using a logit linking function with COMM as the dependent variable.[7] The context variables are used as independent variables. Because of the high collinearity, only one of the variables from company size and strategy orientation is included, respectively. SIZE3 and STRAT3 are chosen, as both lead to the highest contribution to R^2. A total of three regressions with different input of the MAS variables were calculated to gain further insight into the influence of the different parts of MAS.

III. Results

The aim of the bivariate analysis is to test the influence of each independent variable on COMM.[8] Depending on the scale of the variable, a different kind of bivariate test was performed as described above. Furthermore, the Spearman rank correlation was calculated to indicate the direction and strength of possible connections. The results of this analysis are outlined in Table 7.

Tab. 7. Summary of bivariate tests

Category	Variable	Test	Significance	Correlation/ coefficient	Hypothetic direction
Management accounting aspects	VALUE**	Kruskal-Wallis	0.015	0.22	+
	INFO**	Kruskal-Wallis	0.017	0.217	+
	REPO*	Kruskal-Wallis	0.086	0.164	+
Size of the company	SIZE1**	Welch	0.035	0.158	+
	SIZE2*	Welch	0.084	0.057	+
	SIZE3**	Welch	0.019	0.143	+
Other characteristics of the company	COMPAGE	ANOVA	0.785	0.047	–
	LEGAL	χ^2	0.512	+/–	+
Solvency	EQUITY***	Welch	0.005	–0.173	–
Required transparency	INTINV*	ANOVA	0.065	0.172	+
Use of external consultants	CONTAX*	Kruskal-Wallis	0.085	0.165	+
	CONBANK***	Kruskal-Wallis	0.001	0.272	+
	CONSULT**	Kruskal-Wallis	0.045	0.187	+
Strategy orientation	STRAT1***	Kruskal-Wallis	0.006	0.239	+
	STRAT2*	Kruskal-Wallis	0.054	0.131	+
	STRAT3***	ANOVA	0.006	0.215	+
Characteristics/motivation of managers	STAKE	ANOVA	0.143	–0.17	–
	EDU	χ^2	0.726	+	+
	GRvsIND**	Kruskal-Wallis	0.037	–0.185	–
	TRUST**	Kruskal-Wallis	0.015	0.081	+

***, ** and * indicate significance on 1%, 5% and 10% level, respectively.

As expected, VALUE and INFO are highly significant (nearly on 1% level). Both are positively correlated to COMM, as is REPO, which is less significant than the two others. This indicates that the intensity of creditor communication is higher for companies with a higher value-oriented management accounting, a higher internal reporting culture, or a higher level of information availability for financial reporting. It has to be noted that the correlation is not very strong; however, compared to the following variables, it is correlated more strongly than many others. Nevertheless, the hypothesis that the use and design of *management accounting* has a positive influence on the creditor communication is slightly supported.

The *Company size* shows significant correlation to COMM for all three tested variables. As expected, the correlation is weakly positive. COMPAGE and LEGAL do not show any significant correlation. EQUITY in turn shows a very highly significant negative relationship. INTINV is only weakly significant, but the correlation shows the expected direction.

The use of both *external consultants* and the *strategy orientation* shows significant results in the bivariate tests. Both signal that the greater the use of external consulting or the higher the companies' strategy orientation, the higher the intensity of creditor communication. The results of the variables connected to *management* are insignificant for STAKE and EDU, although the confirmation of the expected negative correlation between COMM and STAKE is interesting. It shows that the companies with a lower rate of managers having stakes in the company tend to communicate more intensively to their creditors. The two variables on the company's goals are both significant on the 5% level. GRvsIND indicates that companies with a higher motivation for being independent communicate less intensively with their creditors. TRUST indicates that companies that try to establish a trustful relationship with their creditors consequently communicate more intensively, although the correlation is weak.

After the bivariate analysis an *ordinal regression* is performed with a logit link function and COMM as the dependent variable. Because of similarity and collinearity, only one variable out of strategy orientation (STRAT3) and company size (SIZE3) is used for the analysis. CONTAX was excluded, as it did not lead to any additional R^2 and was highly correlated with CONBANK. VALUE, INFO, and REPO were coded into three dummy variables, respectively. For each variable the cluster with the lowest sophistication (e.g., VALUE1) was used as a reference category. As TRUST is scaled ordinally, it is coded binarily with "1" for average and above-average rank and "0" for below-average rank to include it in the regression. Three different regressions are conducted. The first one includes all variables except the ones mentioned above. The second one is the result of an alternating use of the three MAS variables. The third regression without the MAS variables is conducted to gain some insight into the additional explanation given by the MAS variables.

In the following, the results presented in Table 8 relating to MAS variables, size, and other characteristics of the company, solvency, required transparency, open-mindedness, strategy orientation, and characteristics and motivation of managers are discussed. Using all variables for the first ordinal regression, 30.4%[9] of the variance of COMM can be explained.

MAS aspects: None of the MAS variables are significant in the first regression. Thus, none seems to be relevant in a multivariate context. In the second regression, INFO becomes significant on the 10% level by the exclusion of VALUE. This results in a loss of R^2 of only .005. This might be due to collinearity of VALUE and INFO[10]. In a multivariate context INFO seems to be the MAS variable with the highest influence on COMM. The regression coefficients of INFO3 and INFO2 indicate that financial reporting is conducted more intensively if the company has an average (INFO2) or high (INFO3) information basis. The exclusion of all MAS variables results in a loss of R^2 of .034. Another regression only using the three MAS variables led to a R^2 of .093. This results in the overall conclusion that MAS variables have an influence on COMM, though it is not very high in the multivariate context. The information availability seems to be the most influential variable. Considering both the bivariate and multivariate analysis, hypothesis 1a is slightly supported, whereas 1b and c will need further research.

Tab. 8. Results of the ordinal regressions

Variable	All MAS variables included	Without VALUE	MAS variables excluded
VALUE3	0.330		
VALUE2	0.434		
INFO3	0.761	0.927*	
INFO2	0.780	0.888*	
REPO3	0.235	0.303	
REPO2	0.567	0.647	
COMPAGE	0.070	0.057	0.013
LEGAL	0.420	0.395	0.276
SIZE3	0.012*	0.012*	0.012*
EQUITY	–0.016**	–0.015**	–0.017**
INTINV	0.010	0.011	0.012*
CONBANK	0.637***	0.639***	0.602***
CONSULT	0.287*	0.284*	0.366**
STRAT3	0.196	0.226	0.277*
STAKE	0.019	0.038	–0.011
EDU	0.146	0.156	0.218
GRvsIND	–0.227**	–0.269**	–0.265**
TRUST	–0.577*	–0.541	–0.409
Pseudo-R^2	0.304	0.299	0.270

***, ** and * indicate significance on 1%, 5% and 10% level, respectively.
Dependent variable: Assignment to cluster COMM (ordinal scale). Regression coefficients with p-values in parentheses.

Size and other characteristics: SIZE3 is slightly significant with a positive relationship in all three regressions, meaning that financial reporting increases with company size. As within the bivariate analysis, there is a positive relationship; thus, the resource component of hypothesis 3a seems to slightly prevail over the aspect of more publicly available information. LEGAL and COMPAGE do not show any significance, neither in the three regressions nor in the bivariate analyses. Thus, hypotheses 3b and 3e are not supported.

Solvency: EQUITY shows a significant negative relation to the financial reporting intensity. It is significant on the 5% level in all three regressions. This finding is consistent with the bivariate findings, which even resulted in significance on the 1% level. This seems to support the assumption that the better the creditworthiness and bargaining position of the company, the less information is communicated. These results support hypothesis 3d regarding the negative influence of the companies' solvency on the amount of information reported to the bank.

Required transparency: The results of the regressions for INTINV are ambiguous. As INTINV is insignificant in the first two regressions, it gains significance (10% level) in the regression excluding all MAS variables. Therefore, a distinct interpretation is impossible. This might be due to imprecise modelling of the term "required transparency" and hypothesis 3c, respectively. Forthcoming research might have to choose different measures for this aspect.

Open-mindedness: CONBANK shows the highest significance of all variables used. In addition, CONSULT is significant as well with rising significance in regression three. CONTAX shows the weakest relationship to COMM but is slightly significant in the bivariate analysis.[11] This corresponds to the results of the bivariate analysis so that hypothesis 2b regarding openness to external advice is supported. Furthermore, CONBANK leads to the conclusion that beneath the open-mindedness the closeness of the bank relationship determines the communication as well. This is underlined by the results of EQUITY, indicating that higher dependence on debt, and thus a presumably closer relationship with the bank, improves the communication intensity.

Strategy orientation: As stated for INTINV, the multivariate findings for STRAT3[12] are ambiguous. STRAT3 does only become significant (10% level) after excluding the MAS variables. Thus, it seems to correspond in some way with those variables, although the correlations tested before the regression were not very high.[13] Therefore, these findings can be interpreted as weak support for hypothesis 1d.

Tab. 9. Concluding overview of hypothesis assessment

Hypo-thesis	Assigned Variable	Bivariate analysis		Multivariate analysis		Summary
		Direction	Signif.	Direction	Signif.	
1a	INFO	Positive	5%	Positive	Weakly	Hyp. supported, caution necessary due to interchanging effects with VALUE, STRAT3!
1b	REPO	Positive	5%	Positive	None	Ambiguous: further research worthwhile.
1c	VALUE	Positive	10%	Positive	None	Ambiguous: further research worthwhile.
1d	STRAT1–3	Positive	1/10/1 %	Positive	Very weakly	Ambiguous: further research worthwhile
1e	GRvsIND	Negative	5%	Negative	5%	Hyp. clearly supported
1f	TRUST	Positive	5%	Negative –> may be due to binary coding	Very weakly	Weakly significant influence, direction ambiguous, and thus unclear. Rejection of assumed direction of interrelationship; further research worthwhile.
2a	EDU	Positive	None	Positive	None	Hyp. clearly supported
2b	CONTAX CONBANK CONSULT	Positive	10% 1% 5%	Positive	– 1% 5–10%	Hypothesis supported. Possible cross-influence of quality of bank-company relationship (CONBANK)!
2c	STAKE	Negative	None	Positive	None	Hyp. not supported.
3a	SIZE1–3	Positive	5/10/5 %	Positive	10%	Weak support for hyp. Positive direction of interrelation supported.
3b	COMPAGE	Positive	None	Positive	None	Hyp. clearly supported.
3c	INTINV	Positive	10%	Positive	Very weakly	Weak support for hyp. May be due to insufficient operationalisation.
3d	EQUITY	Negative	1%	Negative	5%	Hyp. clearly supported
3e	LEGAL	None	None	Positive	None	Hyp. not supported. Assumed direction of interrelation slightly supported

Characteristics and motivation of managers: TRUST is slightly significant but negatively correlated to COMM. The significance is aligned with the bivariate findings, although TRUST becomes insignificant in regressions two and three. In contrast, the direction of the interrelation differs. Thus, no clear statement on the influence of the variable can be made, although the negative relation may be due to binary coding for the regressions. These findings only partially support hypothesis 1f; the assumed direction is not proven. GRvsIND is significant on the 5% level and negatively connected to COMM, as expected. Thus, all findings strongly support hypothesis 1e. In contrast, we could not find any support for the assumptions of the influence of managers' education (EDU) and their stakes in the company (STAKE). Consequently, there is no support for hypotheses 2a and 2c.

In conclusion, some of our hypotheses were strongly supported, while others were not. Table 9 gives a concluding overview of the results of the bivariate and multivariate tests of all hypotheses with a brief summary.

IV. Study limitations

Several limitations are inherent in our study and give indications for further research. The limitations arise from the areas of choice of variables, statistical methods, and data collection.

Choice of variables: In other empirical studies other variables are used such as the duration and scope of the relationship, the share of the bank in financing and payment transactions with the specific company, or the situation of competition in the local banking market. These missing factors might alter the results in two ways. First, they might capture some of the informational content of the variables used in this study, so the results might be weakened or altered. Second, these measures might have additional informational content, so their consideration could lead to a higher explanation of COMM's variance in communication standards. These factors could not be included in our study due to imposed restrictions of the banks involved in this survey.

Another limitation might be the neglection of interaction variables. By integrating these variables, the process of interaction between the entrepreneur and the loan officer could be modelled more explicitly in order to gain a better understanding of factors affecting the process of communication.

Statistical limitations: Limitations arise from the aggregation of the dependent variable COMM and the three independent MAS variables. The assignment of each company to one cluster leads to a variable value for each company. As the clusters could be ranked with regard to the intensity of the communication or use of management accounting instruments, respectively, the variables are scaled ordinally. They are not scaled metrically, as no distances between the clusters are measurable. Therefore, ordinal regressions had to be used. This implies a discrete measurement of relations so that continuous interrelations could not be revealed. The ordinal scale level of the three MAS variables led to a dummy coding for the ordinal regressions downsizing the level of measurement.

Data collection: Establishing contact to the companies in the data sample used via their cooperative banks creates limitations concerning the reliability of the answers given in the questionnaire. Although anonymous treatment of the answers given was guaranteed, a number of companies might have worried about this. If they worried that their banks would receive their answers, this might have biased their answers and thus certain results of our study. This limitation could put the findings on the relationship between CONBANK or EQUITY with COMM into perspective, as both independent variables indicate the dependence on bank debt. Companies with higher dependence on bank debt could have answered more euphemistically to make the bank think more highly of them.

Implications for further research: Future research could try to overcome some of the limitations in our study. A first step could be an integration of the variables missing in our study mentioned above. Additionally, a dyadic research design combining both the views of the company/entrepreneur and the loan officer of the companies' (house)bank could result in a more comprehensive understanding of the bank-company interrelation.

Furthermore, the operationalization of the MAS variables on a metric scale level could bring forth more detailed results. To get deeper insight into the causality of the interrelationships, it could be worthwhile to use a research design building on the use of structural equation models. Therefore, the different dimensions of the MAS constructs used must be derived from theory-based research and tested empirically to gain more valid measures of the MAS system's sophistication.

Concerning the data collection, it could furthermore be valuable to use personal interviews instead of questionnaire-based field work. This could lead to more detailed and in-depth results, especially on the role and intensity of MAS use.

Additionally, the influence of bank communication on independent variables like credit availability, interest rates, or the need for collateral could be examined. The communication clusters in the study would thus become independent variables so that the economic impact of communication could be tested. This might lead to a comprehensive understanding of bank communication and might also show the advantages SMEs gain by pursuing a more sophisticated financial reporting to banks.

D. Conclusions

The goal of this study was to investigate the influence of several context factors on the degree of financial communication by SMEs to their banks. A special focus was given to the impact of the extent and quality of the implemented MAS on companies' financial reporting.

Due to the results of the empirical investigation, two main conclusions can be drawn. First, several communication patterns among SMEs can be seen. There is a large diversity of amount and proactivity of bank communication, so SMEs cannot be regarded as a homogenous group in this respect.

The second conclusion concerns the determinants of this diversity, showing that the sophistication of the internally-oriented MAS has a slight but less than expected influence on the degree of financial reporting; thus, it can be stated that variances in the internal MAS are of minor importance for explaining different external communication standards. Much stronger influencing factors seem to be financial goals (growth vs. autonomy), characteristics of the entrepreneur (open-mindedness), or external pressures (power of bank due to weak solvency).

Nevertheless, there must be other important influencing factors that have to be considered when examining bank reporting of SMEs because about 70% of the variance of the communication patterns remains unexplained in the study. Particularly, a detailed analysis of the quality of the relationship and the interaction processes within it could be a promising field for further research.

Appendix

Tab. A-1. Factor risk assessment

Variable	Factor loading
Sales risks	0.96757
Strategic risks	0.96786
Process risks	0.94856
Financial risks	0.95415
Risk of account default	0.90656
Explanation of total variance: 90.1%	

Tab. A-2. Average values/ frequencies of context variables by COMM clusters

	COMM3 (high)	COMM2 (medium)	COMM1 (poor)	Whole sample
Total companies	65	53	57	175
Variable	Mean/Median/%	Mean/Median/%	Mean/Median/%	Mean/Median/%
VALUE1	12.30%	24.50%	33.30%	22.90%
VALUE2	44.60%	43.40%	42.10%	43.40%
VALUE3	43.10%	32.10%	24.60%	33.70%
INFO1	9.20%	11.30%	28.10%	16.00%
INFO2	35.40%	49.10%	36.80%	40.00%
INFO3	55.40%	39.60%	35.10%	44.00%
REPO1	49.20%	41.50%	35.10%	42.30%
REPO2	36.90%	28.30%	33.30%	33.10%
REPO3	13.80%	30.20%	31.60%	24.60%
SIZE1	13.47	10.73	6.02	10.21
SIZE2	165.65	75.98	71.47	107.82
SIZE3	28.1	20.69	10.64	20.17
COMPAGE (before Ln)	44.92	76.66	42.11	53.62
LEGAL: Corp	80.00%	86.79%	84.21%	81.71%
EQUITY	0.2265	0.2302	0.3634	0.2722
INTINV	0.3529	0.3437	0.2655	0.3217
CONTAX	3.48	3.3	3.21	3.34
CONBANK	2.55	2.23	2.09	2.3
CONSULT	1.97	1.66	1.53	1.73
STRAT1	3.94	3.36	3.05	3.47
STRAT2	4.77	4.25	4.28	4.45
STRAT3 (before Ln)	6.32	6.47	3	5.29
STAKE	93.79%	98.40%	84.81%	91.79%
EDU: Bus.grade	43.08%	35.85%	40.35%	40.00%
GRvsIND	3.91	4.28	4.33	4.16
TRUST (Median)	3	3	4	3

Endnotes

1. In the survey we asked for the communication intensity of annual accounts information as well. Because there were hardly any differences between companies we exclude this item from the analysis.
2. The Two-Step clustering is a method provided by SPSS. This method is able to use categorial and metric variables simultaneously.
3. A total of 175 companies were part of our data sample. For details of the sample see chapter 4.a.
4. The factor explains more than 90% of total variance.
5. In the following an entrepreneur is referred to as a single person.
6. As we did not receive exact information concerning the number of contacted companies, the rate of return could only be estimated.
7. This method follows the approach developed by McCullagh. See McCullagh (1980). We used the Logit linking function because the clusters contained almost the same number of companies.
8. Table A-2 in the appendix summarises the characteristics of the three clusters of COMM concerning the independent variables.
9. The Pseudo R^2 by Nagelkerke measures the percentage of overall variance explained by the ordinal regression.
10. Spearmans Rho of 0.555, significant on the 1% level indicates this collinearity.
11. This might be due to the fact that almost all German SMEs work together very closely with their tax consultant because of the complex German taxation system. A ratio of 87.4% of all companies working with a tax consultant intensively underlines this assumption.
12. The findings for STRAT1 and 2 were very similar.
13. This is underlined by excluding STRAT3 from regression two: The significance for INFO3 gets significant on the 5% level with Pseudo-R^2 being .288.

References

Abernethy, M.A.; Guthrie, C.H. (1994). An empirical assessment of the fit between strategy and management information systems design, Accounting and Finance, 33, 49–66.

Anderson, S.W.; Young, M.S. (1999). The impact of contextual and process factors on the evaluation of activity-based costing systems, Accounting Organizations and Society, 24, 525–559.

Angelini, P.; Di Salvo, R.; Ferri, G. (1998). Availability and cost of credit for small businesses: Customer relationships and credit cooperations, Journal of Banking and Finance, 22, 925–954.

Aoki, M.; Dinc, S. (1997). Relational Financing as an Institution and its Viability under Competition, Working Paper No. 97011, Stanford University, Department of Economic.

Banker, R.D.; Potter, G.; Schroeder, R.G. (1993). Reporting manufacturing performance measures to workers: an empirical investigation, Journal of Management Accounting Research, 3, 34–55.

Berens, W.; Högemann, B.; Segbers, K. (2005). Das mittelständische Unternehmen – Status Quo und Perspektiven in der Finanzierung, in: Unternehmensentwicklung mit Finanzinvestoren, Berens, W.; Brauner, H.U; Frodermann, J. (Eds.), Stuttgart, 7–30.

Berger, A. N.; Udell, G. F. (1995). Relationship lending and lines of credit in small firm finance, The Journal of Business, 68, 351–382.

Berlandi, P. (2000). Kontodaten-Analyse für die Bonitätsprüfung im Firmenkundenkreditgeschäft, Wiesbaden.

Bhattacharya, S.; Chiesa, G. (1995). Proprietary information, financial intermediation and research incentives, Journal of Financial Intermediation, 4, 328–357.

Boot, A.W.A. (2000). Relationship banking: What do we know?, Journal of Financial Intermediation, 9, 7–25.

Boot, A.W.A.; Greenbaum, S.I.; Thakor, A.V. (1993). Reputation and Discretion in Financial Contracting, American Economic Review, 83, 1165–1183.

Burghof, H.-P. (2000). Credit and information in universal banking, Schmalenbach Business Review, 52, 282–309.

Chenhall, R. H. (2003). "Management Control Systems Design within its Organizational Context: Findings from Contingency-Based Research and Directions for the Future," Accounting, Organizations and Society, 28, 127–168.

Cole, R. A. (1998). The importance of relationships to the availability of credit, Journal of Banking and Finance, 22, 959–977.

Diamond, D. W. (1989). Reputation acquisition in debt markets, Journal of Political Economy, 97, 828–862.
Diamond, D.W.; Rajan, R. (2001). Liquidity Risk, Liquidity Creation, and Financial Fragility: A Theory of Banking, Journal of Political Economy, 109, 287–327.
Elsas, R. (2001). Die Bedeutung der Hausbank, Wiesbaden.
Elsas, R. (2005). Empirical Determinants of Relationship Lending, Journal of Financial Intermediation, 14, pp 32–57.
Elsas, R.; Krahnen, J. P. (1998). Is relationship lending special? Evidence from credit-file data in Germany, Journal of Banking and Finance, 22, 1283–1316.
Fischer, K.-H. (2000): Acquisition of information in loan markets and bank market power – an empirical investigation, Working Paper, Universität Frankfurt.
Flacke, K.; Siemes, A. (2005). Veränderte Finanzierungsrahmenbedingungen für den Mittelstand und dessen Unternehmenscontrolling – Theoretische Betrachtung und empirische Erkenntnisse über den Stand der Umsetzung, Controlling, 17, 251–259.
Gordon, L.A.; Silvester, K.J. (1999). Stock market reactions to activity-based costing adoption, Journal of Accounting and Public Policy, 18, 229–251.
Guilding, C. (1999). Competitor-focused accounting: an exploratory note, Accounting Organizations and Society, 24, 583–595.
Hopwood, A. (1972). An empirical study of the role of accounting data in performance evaluation, Journal of Accounting Research, Supplement, 156–182.
Larcker, D.F. (1983). The association between performance plan adoption and corporate capital investment, Journal of Accounting and Economics 5, 3–30.
McCullagh, P. (1980). Regression Models for Ordinal Data (with Discussion), Journal of the Royal Statistical Society B, 42, 109–142.
Mester, L. J.; Nakamura, L. I.; Renault, M. (2001). Checking accounts and bank monitoring, Working Paper, Federal Reserve Bank of Philadelphia.
Ongena, S.; Smith, D. C. (2000). Bank relationships: A review, P. T. Harker, S. A. Zenios (Eds.), Performance of financial institutions, Cambridge, 221–258.
Petersen, M. A. (2004). Information: Hard and soft, Working Paper, Northwestern University.
Petersen, M.; Rajan, R. (1994). The benefits of lending relationships: Evidence from small business data, The Journal of Finance, 49, 3–37.
Petersen, M. A.; Rajan, R. G. (1995). The effect of credit market competition on lending relationships, The Quarterly Journal of Economics, 110, 407–443.
Rajan, R. G. (1992). Insiders and outsiders: The choice between informed and arm's-length debt, The Journal of Finance, 47, 1367–1400.
Rajan, R. G. (1998). The past and future of commercial banking viewed through an incomplete contract lens, Journal of Money, Credit and Banking, 30, 524–550.
Rheinbaben, von J.; Ruckes, M. (2004). The number and the closeness of bank relationships, Journal of Banking and Finance, 28, 1597–1615.
Segbers, K.; Siemes, A. (2005). Mittelständische Unternehmen und ihr Kommunikationsverhalten gegenüber der Bank, Finanzbetrieb, 7, 229–237.
Sharpe, S. A. (1990). Asymmetric information, bank lending, and implicit contracts: A stylized model of customer relationships, The Journal of Finance, 45, 1069–1087.
Siemes, A.; Segbers, K. (2005). Mittelständische Unternehmen und ihr Kommunikationsverhalten gegenüber der Bank (II), Finanzbetrieb, 7, 311–320.
Shields, M.D.; Deng, F.J.; Kato, Y. (2000). The design and effects of control systems: tests of direct and indirect-effects models, Accounting Organizations and Society, 25, 185–202.
Stiglitz, J.; Weiss, A. (1981). Credit rationing in markets with imperfect information, The American Economic Review, 71, 393–410.
Yosha, O. (1995). Information disclosure costs and the choice of financing source, Journal of Financial Intermediation, 4, 3–20.

Agency and Creditor Relationships in SMEs – An empirical analysis of German SMEs

Summary

The basic motivation of the study is the greatly changing relationship between SMEs and banks which leads to rising importance of the communication behavior towards companies' creditors. Based on a sample of 175 German SMEs, it became obvious that only some of the interviewed companies communicate proactively and comprehensively with their creditors. Further analyses revealed systematic factors influencing the intensity of the creditor communication. Indications were found that the dependence on debt financing of the bank and the intensity of cooperation with its loan officers, the amount of information available in the companies' management accounting as well as the weight of independence among the companies' goals influence the type of creditor communication behavior.

Kreditnehmer-Kreditgeber-Beziehungen in KMU – eine empirische Analyse deutscher KMU

Zusammenfassung

Ausgangspunkt der vorliegenden Untersuchung war die Feststellung, dass die Beziehung zwischen KMU und kreditgebenden Banken einem strukturellen Wandel unterliegt und dadurch das Kommunikationsverhalten der Unternehmen an Bedeutung gewinnt. Auf Basis eines Datensatzes von 175 deutschen KMU zeigte sich, dass nur ein Teil der befragten Unternehmen eine umfassende und proaktive Kommunikation gegenüber kreditgebenden Banken betreibt. Die weiterführenden Analysen konnten Hinweise darauf liefern, dass einige Faktoren die Intensität der Kommunikation gegenüber kreditgebenden Banken systematisch beeinflussen. Dadurch ergaben sich insbesondere Hinweise darauf, dass die Stärke der Abhängigkeit von der Bank und die Zusammenarbeit mit deren Firmenkundenbetreuer, die durch das Controlling verantwortete Informationsverfügbarkeit sowie die individuelle Gewichtung der Unabhängigkeit als Unternehmensziel die Art der Bankkommunikation beeinflussen.

Corporate Governance und gerichtliche Sanierung – dargestellt am Bundesland Oberösterreich

Birgit Feldbauer-Durstmüller, Christine Mitter

Überblick

- Unternehmensinsolvenzen befinden sich in Österreich auf Rekordniveau. Basierend auf einer empirischen Erhebung[1] wurde das Insolvenzgeschehen im Bundesland Oberösterreich, insbesondere die Sanierungsmöglichkeiten kleiner und mittlerer Unternehmen analysiert.
- Als bevorzugtes Sanierungsinstrument v.a. für Kleinstunternehmen erwies sich dabei die Unternehmensfortführung im Konkurs, während die Bedeutung der Auffanggesellschaften mit der Unternehmensgröße zunimmt.
- Haupthindernisse für die Sanierung eines insolventen Unternehmens stellen deren mangelnde Finanzierbarkeit sowie die zu späte Eröffnung des Insolvenzverfahrens dar.

Keywords Bankruptcy · reorganization · small and medium-sized enterprises

JEL: G33, G34, L25, M20

Univ.-Prof. Dr. Birgit Feldbauer-Durstmüller (✉)
Vorstand des Instituts für Controlling und Consulting der Johannes Kepler Universität Linz,
Altenberger Straße 69, A-4040 Linz , Tel.: +43 (0)732 2468-9485, Fax: +43 (0)732 2468-9482
e-mail: birgit.feldbauer@jku.at
Arbeitsgebiete: Krisenmanagement, Handels-Controlling, Familienunternehmen

Dr. Christine Mitter (✉)
Fachbereichsleitung Controlling & Finance an der Fachhochschule Salzburg,
Lektorin am Institut für Controlling und Consulting der Johannes Kepler Universität Linz,
Urstein Süd 1, A-5412 Puch/Salzburg, Tel.: +43 (0)50 2211-1111, Fax: +43 (0)50 2211-1149
e-mail: christine.mitter@fh-salzburg.ac.at
Arbeitsgebiete: Krisenmanagement, Unternehmenssanierung in den USA und Österreich, Sanierungsfinanzierung

A. Einleitung

Corporate Governance[2] steht für das gesamte System interner und externer Leitungs- und Kontrollmechanismen eines Unternehmens und für einen fairen Interessenausgleich zwischen den diversen Bezugsgruppen eines Unternehmens (Anteilseigner, Arbeitnehmer, Lieferanten, Kreditgeber und sonstige Gläubiger sowie die Öffentlichkeit). Da geschlossene Verträge bis zu einem gewissen Grad unvollständig sind und die Interessen der Stakeholder eines Unternehmens teils divergieren, können diese die Unvollständigkeit der Verträge zu ihren Gunsten – und damit zu Lasten anderer Interessengruppen – ausnutzen. Die Lösung derartiger Corporate-Governance-Probleme[3] kann prinzipiell entweder über den Markt erfolgen oder Gegenstand gezielter Regelungen (Gesetze, Richtlinien oder Empfehlungen) sein. Da gerade im Fall von Krisen- oder Konkursunternehmen marktorientierte Verfahren versagen oder zu Ineffizienzen führen, spielt das Insolvenzrecht hier eine bedeutende Rolle zur Lösung von Corporate-Governance-Problemen.[4] Das Insolvenzrecht und die darin vorgesehenen gerichtlichen Verfahren sollen einen Rechtsrahmen bereitstellen, der Interessen bündeln, Einigungsprozesse beschleunigen und Verfahrenskosten minimieren kann.[5] Mit dem Insolvenzgericht und der Person des Insolvenzverwalters sieht das Insolvenzrecht vertrauensbildende Institutionen vor. Ihre Aufgabe im Sinne der Corporate Governance ist es, durch die Herstellung von Transparenz und den Abbau von Informationsasymmetrien sowie die Sicherung einer fairen und gerechten Abwicklung der Sanierung das Vertrauen und damit letztendlich die für die Existenz des Unternehmens notwendige Unterstützung der relevanten Stakeholder zu gewinnen und zu festigen. Die Analyse gerichtlicher Sanierungen von kleinen und mittleren Unternehmen ist Inhalt dieses Beitrages.

Mit über 7.000 Unternehmensinsolvenzen verzeichnete Österreich 2005 einen neuen Insolvenzrekord. Während international (v.a. Japan, Skandinavien, auch Deutschland) die Insolvenzzahlen zurückgehen, stagnieren sie in Österreich auf hohem Niveau. Die Insolvenzrate (Anzahl Insolvenzen pro 100 aktiven Unternehmen) ist auf 2,0 gestiegen und bedeutet die höchste Ausfallsquote in Europa. Westeuropa weist im Durchschnitt eine Insolvenzrate von 0,6 auf, in Deutschland liegt sie bei 1,3.[6]

Während Großinsolvenzen und Insolvenzverbindlichkeiten in Österreich zurückgehen, sind v.a. kleine und mittlere Unternehmen von Insolvenzen betroffen. Unternehmen mit weniger als 100 Mitarbeitern machen mehr als 99% aller Insolvenzfälle aus und bestimmen daher die österreichische Insolvenzlandschaft.[7]

Das österreichische Insolvenzrecht sieht zwei Verfahrenstypen zur Bereinigung der Illiquidität bzw. Überschuldung insolventer Unternehmen vor: Ausgleich und Konkurs. Den Insolvenzstatistiken ist zu entnehmen, dass die Zahl der Ausgleiche und damit dessen Bedeutung als gesetzliches Sanierungsinstrument immer mehr zurückgeht. Dies führt zur Fragestellung einer Unternehmenssanierung durch das Konkursverfahren (Unternehmensfortführung im Konkurs).

Da der Gesetzgeber den in zahlreichen Bestimmungen der Ausgleichs- und Konkursordnung vorkommenden Begriff der Unternehmensfortführung nicht genau bestimmt hat, ist es nötig, die Unternehmensfortführung gegenüber bloßen Liquidierungshandlungen abzugrenzen. Die Unternehmensfortführung im Konkurs ist durch folgende Merkmale[8] gekennzeichnet. Es handelt sich

- um eine Tätigkeit zur Aufrechterhaltung der Leistungsbereitschaft des Unternehmens
- zur Gläubigerbefriedigung
- im Wege der Sanierung oder durch Gesamtveräußerung
- durch Beseitigung von Schwachstellen im Zuge von Sanierungsmaßnahmen.

Anfang und Ende der 1990er Jahre durchgeführte empirische Studien[9] im Bundesland Oberösterreich zeigten, dass die Unternehmensfortführung im Konkurs praktische Bedeutung erlangt hat und v.a. als Sanierungsinstrument bei Unternehmen mit einer Betriebsgröße bis zu 20 Mitarbeitern durchgeführt wird.

Zum Themengebiet Sanierung liegen in Österreich bis auf die Studie von *Klikovits*[10] keine weiteren aktuellen Untersuchungen vor. In dieser Erhebung wurden Konkurse und Zwangsausgleiche in Österreich im Zeitraum 1.1.1994 bis 31.12.2003 analysiert. Die Untersuchungsergebnisse weisen darauf hin, dass der Zwangsausgleich von großer Bedeutung für die österreichische Unternehmenssanierung ist. Allerdings wurden lediglich die Anzahl der angebotenen, abgeschlossenen und erfüllten Zwangsausgleiche sowie die bezahlten Quoten quantitativ erhoben. Zusammenhänge und Einflussfaktoren auf die Sanierung wurden nicht näher statistisch analysiert. Ebenso wurde die Frage außer Acht gelassen, wie viele durch Zwangsausgleich entschuldete Unternehmen tatsächlich fortgeführt wurden.

Basierend auf einer Nachfolgestudie versucht dieser Beitrag, Einblick in die österreichische Insolvenzpraxis am Beispiel des Bundeslandes Oberösterreich, insbesondere die Möglichkeiten zur Sanierung kleiner und mittlerer Unternehmen, zu geben. Darüber hinaus wird die Beantwortung der Frage angestrebt, ob und inwieweit die Unternehmensfortführung im Konkurs weiterhin praktische Bedeutung als Sanierungsinstrument von kleinen Unternehmen besitzt. Im Rahmen einer näheren Betrachtung der Insolvenzursachen und Gründe für das Scheitern der Fortführung werden Vorschläge für eine effizientere Nutzung der gerichtlichen Sanierungsmöglichkeiten versucht.

Der Beitrag ist wie folgt aufgebaut: In Abschnitt B wird der Sachverhalt „Sanierung" kurz erläutert. In Abschnitt C werden die rechtlichen Grundlagen zum Ablauf von Insolvenzverfahren in Österreich dargestellt. Abschnitt D führt zuerst die wichtigsten Details zur Datenerhebung an und geht anschließend auf die Ergebnisse der empirischen Untersuchung ein. Abschnitt E umfasst einen kurzen Vergleich mit Deutschland und den USA. In Abschnitt F werden die Ergebnisse diskutiert und zusammengefasst.

B. Sanierung

Der Begriff „Sanierung"[11] hat seine etymologischen Wurzeln im lateinischen *sanare* und bedeutet im weitesten Sinne Heilung. Die Sanierung eines Unternehmens umfasst „alle Maßnahmen zur Beseitigung von Schäden, die im Gefüge eines Unternehmens entstanden sind und seine Existenz in Frage stellen"[12]. Dies beinhaltet die Sicherung einer gefährdeten bzw. die Wiedererlangung einer verlorenen Lebensfähigkeit eines Unternehmens durch Maßnahmen, die auf eine vollständige Beseitigung von Gefährdungstatbeständen ausgerichtet sind. Unter Sanierung wird folglich nicht allein die kurzfristige Verlustbeseitigung, sondern ein Bündel von außergewöhnlichen Maßnahmen verstanden, die einem in Schwierigkeiten geratenen Unternehmen bei der Überwindung der Probleme helfen sollen.

Im Stadium der akuten Krise geht es um den Untergang oder die Weiterführung des Unternehmens. Wenn die akute Krise als beherrschbar angesehen wird, kann eine Sanierung eingeleitet werden.

Bezüglich Sanierungsmaßnahmen wird zwischen formeller und materieller Sanierung unterschieden. Die formelle Sanierung beinhaltet Maßnahmen, die entstandene Verluste lediglich buchtechnisch beseitigen (z.B. Kapitalherabsetzungen oder Auflösung von Rücklagen). Im Rahmen der materiellen Sanierung wird weiter in finanzwirtschaftliche und leistungswirtschaftliche Sanierung differenziert. Die finanzwirtschaftliche Sanierung umfasst die Summe aller finanziellen Maßnahmen zur Wiederherstellung der Zahlungs- und Ertragsfähigkeit des Unternehmens. Eine einseitige Konzentration auf die Bekämpfung finanzwirtschaftlicher Probleme wird jedoch nur in den seltensten Fällen zur Sicherung der Lebensfähigkeit genügen. Daher ist auch eine Neuausrichtung im Rahmen leistungswirtschaftlicher Sanierungsmaßnahmen erforderlich. Diese entsprechen einer Strukturverbesserung des Unternehmens z.B. durch Desinvestition, Neuinvestition, Organisationsänderung, Implementierung von Controlling-Instrumenten, Umfinanzierung etc.

C. Ablauf von Insolvenzverfahren

I. Österreichisches Insolvenzrecht

Zentrale Rechtsquellen des österreichischen Insolvenzrechts sind die mit einer kaiserlichen Verordnung von 1914 eingeführte Konkursordnung (KO), Ausgleichsordnung (AO) und Anfechtungsordnung, die zuletzt mit der Gebühren- und Insolvenzrechts-Novelle (GIN) 2006 geändert wurden. Österreichischen Unternehmen stehen grundsätzlich zwei gerichtliche Insolvenzverfahren offen. Während das Ausgleichsverfahren vom Gesetzgeber als primäres Sanierungsinstrument konzipiert wurde, kennt das Konkursverfahren zwei alternative Ausgänge: Sanierung oder Liquidation des betroffenen Unternehmens.

II. Gerichtlicher Ausgleich

Ein Ausgleichsverfahren[13] kann nur über Schuldnerantrag bei Vorliegen der Insolvenzauslösetatbestände Zahlungsunfähigkeit, Überschuldung oder drohende Zahlungsunfähigkeit eröffnet werden. Der Schuldner behält während des gesamten Verfahrens seine zivil- und prozessrechtliche Handlungsfähigkeit; allerdings sind Beschränkungen vorgesehen. Einerseits ist die Schließung oder Wiedereröffnung des Unternehmens an die Bewilligung des Ausgleichsgerichts gebunden (§ 8 Abs 2 AO), andererseits wird mit Eröffnung des Verfahrens ein Ausgleichsverwalter zur Überwachung des Schuldners bestellt (§§ 29 u. 30 AO).

Das Ziel des Ausgleichsverfahrens liegt in der Erhaltung der wirtschaftlichen Existenz des Schuldners. Die Gläubiger tragen durch einen Teilverzicht auf ihre Forderungen zur

Sanierung bei. Die gesetzliche Mindestquote (§ 3 AO) beträgt für die Ausgleichsforderungen 40% und ist innerhalb von zwei Jahren vom Tag der Annahme des Ausgleichsvorschlags zu befriedigen. Zur Annahme des Ausgleichsvorschlags ist eine absolute Kopfmehrheit und eine Drei-Viertel-Betragsmehrheit der anwesenden Gläubiger notwendig (§ 42 Abs 1 AO). Ab Verfahrenseröffnung hat der Schuldner nur 90 Tage Zeit, eine Annahme zu erreichen. Wird die Frist überschritten, ist das Verfahren einzustellen (§ 67 Abs 1 Z 2 AO). Eine Ausnahme gilt nur für Unternehmen von wirtschaftlicher Bedeutung. Hier kann die Frist im öffentlichen Interesse mehrmals, jedoch maximal auf insgesamt 18 Monate erstreckt werden (§ 68 AO).

In den letzten Jahrzehnten hat der gerichtliche Ausgleich erheblich an Bedeutung verloren. Vor dem Insolvenzrechtsänderungsgesetz (IRÄG) 1982 waren ca. 20% aller Insolvenzverfahren Ausgleiche,[14] seit Ende der 1990er Jahre beträgt der Anteil der Ausgleiche nur mehr wenige Prozent, 2005 gar nur mehr 1,19% aller gerichtlichen Insolvenzverfahren.[15] Die Zwangsausgleiche (siehe dazu C.III.) sind im gleichen Maß gestiegen. Als Gründe für die mangelnde Beliebtheit des Ausgleichs[16] sind die kurze Zeitspanne von 90 Tagen, in denen eine nachhaltige Sanierung kaum möglich ist, sowie die Unerfüllbarkeit der Mindestquote zu nennen. Das Aufbringen der 40%-Quote wird zunehmend schwieriger, da einerseits die Erlöse aus der Unternehmensfortführung nicht ausreichen und sich andererseits die Erträge aus Vermögensverkäufen aufgrund der rascheren Veralterung von Waren und Vorräten reduzieren. Mit dem IRÄG 1982 wurde der Sanierungsgedanke auch im Konkurs verankert. Dies reduzierte die Anreize für ein Ausgleichsverfahren deutlich.

III. Konkursverfahren

Bei Vorliegen der Insolvenztatbestände Zahlungsunfähigkeit und/oder Überschuldung ist der Schuldner verpflichtet, sofort, spätestens aber innerhalb von 60 Tagen einen Konkursantrag (Schuldnerantrag) zu stellen. Die Konkurseröffnung kann auch durch einen Gläubiger beantragt werden. In Österreich überwiegen Gläubigeranträge mit durchschnittlich um die 70% aller Anträge sogar deutlich.[17] Nach gescheiterten Ausgleichsverfahren kann auch eine Konkurseröffnung von Amts wegen erfolgen. Nur wenn der Schuldner über kostendeckendes Vermögen verfügt, eröffnet das Konkursgericht das Verfahren. Ansonsten erfolgt die Abweisung mangels Masse.

Mit der Konkurseröffnung werden dem Schuldner Handlungsfähigkeit und Verfügungsrechte über die Masse entzogen. Es wird ein Masseverwalter (§§ 80 u. 81a KO) bestellt, der die Unternehmensführung übernimmt und auch das unternehmerische Risiko trägt. Unmittelbar nach Konkurseröffnung hat der Masseverwalter zu prüfen, ob das Unternehmen fortgeführt oder im Fall einer zwischenzeitlichen Schließung wiedereröffnet werden kann. Bis 1981 war das Konkursverfahren auf Liquidation, also auf Zerschlagung und Verwertung des insolventen Unternehmens gerichtet. Mit dem IRÄG 1982 wollte der Gesetzgeber die Wertzerstörung durch automatische Liquidation verhindern. Gemäß §§ 114 und 115 KO darf das Konkursgericht die Schließung nur dann anordnen oder bewilligen, wenn eine Erhöhung des Ausfalls für die Konkursgläubiger nicht vermeidbar ist.

Spätestens 90 Tage nach der Konkurseröffnung hat die Berichtstagsatzung (§ 91a KO) stattzufinden. In dieser Tagsatzung entscheidet das Gericht basierend auf dem Bericht des Masseverwalters und nach Anhörung der Konkursgläubiger, des Schuldners und sonstiger Beteiligter, ob das Unternehmen sofort geschlossen oder fortgeführt wird. Neben den Chancen einer Fortführung hat der Masseverwalter in der Berichtstagsatzung auch darzulegen, ob ein Zwangsausgleich im gemeinsamen Interesse der Konkursgläubiger und voraussichtlich erfüllbar wäre. Der Zwangsausgleich ist „die eigentliche verfahrensrechtliche Variante der Sanierung im Konkurs"[18]. Obwohl ein mit einem Zwangsausgleich abgeschlossenes Konkursverfahren in der Praxis mitunter auch zur Liquidation des Unternehmens führt,[19] bietet die Unternehmensfortführung im Konkurs mit Beendigung durch Zwangsausgleich vielen Unternehmen die letzte Chance zur Sanierung. Die Voraussetzungen zur Annahme eines Zwangsausgleichs entsprechen jenen im Ausgleichsverfahren. Wesentlichster Unterschied ist eine nur halb so hohe Mindestquote von 20% (§ 141 KO).

Kann das Konkursverfahren nicht durch einen Zwangsausgleich abgeschlossen werden, hat der Masseverwalter die Konkursmasse zu verwerten und die Erlöse an die Konkursgläubiger zu verteilen. In diesem Fall wird das Unternehmen liquidiert und der Konkurs nach Verteilung des Massevermögens aufgehoben (§ 139 KO). Alternativ sind auch eine Aufhebung mangels Vermögens (§ 166 KO), wenn sich herausstellt, dass kein Vermögen zur Erfüllung der Masseforderungen vorhanden ist (Masseunzulänglichkeit), und eine Aufhebung mit Einverständnis aller Gläubiger (§ 167 KO) denkbar.

D. Empirische Untersuchung

I. Sample und Datenerhebung

Die empirische Untersuchung umfasst eine Vollerhebung sämtlicher Insolvenzen, die im Jahr 2004[20] in Oberösterreich eröffnet wurden und basiert auf einer Auswertung der jeweiligen Insolvenzakte in der österreichischen Ediktsdatei,[21] der Masseverwalterberichte sowie des Datenmaterials des Alpenländischen Kreditorenverbands (AKV).[22]

Für Unternehmen in der Rechtsform einer GmbH & Co KG wird nach österreichischem Recht sowohl über die GmbH als auch über die KG ein Konkursverfahren eröffnet. Um Doppelzählungen zu vermeiden, wurden daher jeweils nur die insolventen KGs in die Untersuchung einbezogen. Aus demselben Grund wurden zwei Unternehmen, für die 2004 zuerst ein Ausgleichsverfahren durchgeführt und nach Scheitern des Ausgleichs ein Anschlusskonkurs eröffnet wurde, nur einmal bei den Konkursen erfasst. Insgesamt wurden somit 393 Unternehmen in die Untersuchung einbezogen.

Die Datenerhebung wurde in den Monaten Juli und August 2006 durchgeführt, wobei alle Vorkommnisse bis zum 30.6.2006 erfasst sind. Vorkommnisse im Zeitraum 1.7. – 15.8.2006 können, müssen aber nicht berücksichtigt sein, da es sich bei einigen Fällen noch um schwebende Verfahren handelte, deren laufende Veränderung nicht verfolgt werden konnte.

Ziel der empirischen Untersuchung ist ein Einblick in die Insolvenzpraxis am Beispiel Oberösterreich, der über die von den Gläubigerschutzverbänden publizierten Insolvenzstatistiken hinausgeht. Insbesondere die Möglichkeiten zur Sanierung kleiner und mittlerer Unternehmen sollten näher untersucht werden. Die Unternehmensgröße wird dabei anhand der Mitarbeiter gemessen. Die Einteilung der Unternehmen in Klassen orientiert sich an der Empfehlung der EU-Kommission aus dem Jahr 2003, die Kleinstunternehmen mit weniger als 10 Beschäftigten, Kleinunternehmen mit 10 bis weniger als 50 Mitarbeitern und Mittelunternehmen mit 50 bis weniger als 250 Beschäftigten definiert.

II. Ergebnisse der empirischen Untersuchung

1. Insolvenzen in Oberösterreich

Insgesamt wurden in Oberösterreich 2004 393 Insolvenzverfahren eröffnet. Acht Ausgleichen (2%) stehen 385 Konkurse (98%) gegenüber. Zum Untersuchungsstichtag (15.8.2006) wurden bereits 331 Verfahren abgeschlossen (84%).

2. Anzahl der betroffenen Mitarbeiter

Die österreichische Insolvenzlandschaft wird von kleinen und mittleren Unternehmen dominiert. Auch für Oberösterreich zeigt sich ein ähnliches Bild (siehe Abb. 1). Der Großteil der Insolvenzen (77%) betrifft Kleinstunternehmen mit weniger als 10 Beschäftigten.[23] 116 Unternehmen bzw. 30% der insolventen Unternehmen beschäftigen überhaupt keine Mitarbeiter. 96% fallen in die Kategorie Klein- und Kleinstunternehmen mit weniger als 50 Beschäftigten. 16 insolvente Unternehmen (4,1%) sind Mittelunternehmen. Kein einziges Großunternehmen hat im Jahr 2004 in Oberösterreich Konkurs angemeldet. Das größte insolvente Unternehmen wies 180 Mitarbeiter auf.

Eröffnete Insolvenzen nach Größenklassen in Oberösterreich (2004)			
Anzahl Mitarbeiter	Anzahl	Prozent	kumulierte Prozent
0 - 9	304	77,4%	77,4%
10 - 20	48	12,2%	89,6%
21 - 49	25	6,4%	95,9%
50 - 99	11	2,8%	98,7%
100 - 249	5	1,3%	100,0%
Summe	393	100%	

Abb. 1. Eröffnete Insolvenzen nach Anzahl der Mitarbeiter in Oberösterreich

3. Gerichtliche Ausgleiche

2004 wurden in Oberösterreich zehn Ausgleichsverfahren eröffnet. Zwei Ausgleiche scheiterten und endeten in einem Anschlusskonkurs, weshalb sie in den folgenden Statistiken unter den Konkursen erfasst wurden. Von den bereinigten Ausgleichen konnten fünf mit der gerichtlichen Bestätigung des Ausgleiches abgeschlossen werden. Die durchschnittliche Verfahrensdauer betrug bei erfolgreichen Ausgleichsverfahren 106 Tage (siehe auch D.II.6). In vier der fünf erfolgreich abgeschlossenen Ausgleiche erhielten die Gläubiger die Mindestquote von 40%, lediglich in einem Fall wurde eine Quote von 51% vereinbart.

Zwei der bereinigten Ausgleiche wurden eingestellt: Ein Verfahren endete mit einer Quote von 10% im Privatkonkurs des Unternehmers; bei einem anderen wurde der Anschlusskonkurs mangels kostendeckenden Vermögens nicht eröffnet. Ein Ausgleichsverfahren war zum Untersuchungszeitpunkt noch nicht abgeschlossen, hier wurde das Unternehmen allerdings bereits geschlossen.

4. Konkursverfahren

Aufgrund des Bedeutungsverlusts des gerichtlichen Ausgleichs stellt sich die Frage einer Unternehmenssanierung im Konkurs durch Unternehmensfortführung mit abschließendem Zwangsausgleich. Für eine realistische Einschätzung der Bedeutung der Unternehmensfortführung ist zu überprüfen, ob das Unternehmen vor der Konkurseröffnung noch tätig war. Hier zeigt sich, dass bereits bei Konkurseröffnung etwas mehr als ein Drittel aller Konkursunternehmen (34,5%) geschlossen waren, nur eines dieser Unternehmen wurde im Laufe des Konkursverfahrens wiedereröffnet.

Weitere 92 Unternehmen (23,9%) wurden bis zur Berichtstagsatzung geschlossen, für 21 Unternehmen (5,5%) wurde in der Berichtstagsatzung die Schließung angeordnet und weitere 60 Unternehmen (15,6%) wurden im weiteren Verlauf des Konkursverfahrens ganz oder teilweise geschlossen. Damit ist lediglich ein Fünftel aller Konkursunternehmen auch zum Untersuchungsstichtag noch offen. Inklusive der im Laufe des Konkursverfahrens wiedereröffneten Unternehmen ergibt sich eine Fortführungsquote von 21,3% (siehe Abb. 2). Werden die bereits bei Konkurseröffnung liquidierten Unternehmen ausgeklammert, zeigt sich, dass immerhin fast ein Drittel (32,1% bzw. 32,5% inkl. dem wiedereröffneten Unternehmen) der bei Verfahrenseröffnung noch tätigen 252 Unternehmen erhalten bleibt.[24]

Unternehmenskonkurse in Oberösterreich			davon zum Untersuchungsstichtag offen	
	Anzahl	Prozent	Anzahl	Prozent
vor Konkurseröffnung geschlossen	133	34,5%	1	0,3%
vor Berichtstagsatzung geschlossen	92	23,9%	0	0,0%
in Berichtstagsatzung Schließung angeordnet	21	5,5%	1	0,3%
sonst. Teil-/Gesamtschließung im Konkursverfahren	60	15,6%	1	0,3%
während des gesamten Verfahrens offen	79	20,5%	79	20,5%
Summe	385		82	21,3%

Abb. 2. Unternehmenskonkurse in Oberösterreich

Im Regelfall wird die Unternehmensfortführung im Konkurs durch einen Zwangsausgleich abgeschlossen. Es sind jedoch auch Sonderfälle wie eine Aufhebung mit Einverständnis der Gläubiger oder ein Privatkonkurs des Unternehmers denkbar (siehe Abb. 3).

Zusätzlich zu Unternehmensfortführungen sind auch Betriebsfortführungen in Form von Auffanggesellschaften möglich. Bei dieser übertragenden Sanierung[25] kommt es zur Loslösung eines Unternehmens, Betriebs oder Betriebsteils von seinem bisherigen Träger und Übertragung auf einen anderen Rechtsträger, eine Auffanggesellschaft,[26] der ursprüngliche Rechtsträger bleibt als leere Hülle zurück. In der Untersuchung wurden bei

Unternehmensfortführungen in Oberösterreich		
	Anzahl	Prozent
Verfahren noch nicht abgeschlossen	1	1,2%
Aufhebung mit Einverständnis der Gläubiger	1	1,2%
Privatkonkurs des Unternehmers	2	2,4%
Aufhebung nach Abschluss eines Zwangsausgleichs	78	95,1%
Summe	82	

Abb. 3. Unternehmensfortführungen in Oberösterreich aufgeschlüsselt nach Zustand zum Untersuchungsstichtag

14 der geschlossenen Unternehmen (3,6% aller Konkursunternehmen) Auffanggesellschaften gebildet. Werden die aufgefangenen Unternehmen miteinbezogen, beträgt die Fortführungsquote aller Konkursunternehmen rund ein Viertel (24,9%).

5. Unternehmensfortführung versus Auffanggesellschaften

Frühere empirische Studien[27] zeigten, dass die Unternehmensfortführung im Konkurs hauptsächlich ein Sanierungsinstrument für kleine Unternehmen mit bis zu 20 Mitarbeitern darstellt. Für die Fortführung großer Unternehmen reicht die Managementkapazität des Masseverwalters meist nicht aus. Zudem trägt der Masseverwalter das unternehmerische Risiko und haftet allen Beteiligten gegenüber für Verluste aus der Unternehmensfortführung (§ 81 Abs 3 KO). Je größer ein Insolvenzfall, umso komplexer ist in der Regel die Sanierung, sodass mit zunehmender Unternehmensgröße auch das Fortführungsrisiko steigt. Schließlich ist die Sanierungsfinanzierung ein wesentliches Kriterium jeder erfolgreichen Restrukturierung. Mit der Größe des Insolvenzfalls dürfte häufig auch der Finanzierungsbedarf zunehmen, sodass der Masseverwalter hier rasch an Finanzierungsgrenzen stößt. Aus diesen Gründen scheint für größere Unternehmen die übertragende Sanierung mittels Auffanggesellschaften besser geeignet zu sein.

Auch die vorliegende Untersuchung bestätigt den Zusammenhang zwischen Unternehmensfortführung[28] und Anzahl der Mitarbeiter (siehe Abb. 4). Während der Anteil der Kleinstunternehmen (< 10 Mitarbeiter) in der Klasse der fortgeführten Unternehmen deutlich höher ist als in der Vergleichsgruppe, sind (bei den fortgeführten Unternehmen)

Crosstabulation Unternehmensfortführung/Anzahl Mitarbeiter							
Unternehmen		Anzahl Mitarbeiter					
		0 - 9	10 - 20	21 - 49	50 - 99	100 - 249	Summe
fortgeführt (mit Zwangsausgleich)	Anzahl	69	7	1	1	0	78
	Prozent	88,5%	9,0%	1,3%	1,3%	0,0%	100,0%
nicht fortgeführt (inkl. Sonderfälle)	Anzahl	230	40	22	10	5	307
	Prozent	74,9%	13,0%	7,2%	3,3%	1,6%	100,0%
Summe	Anzahl	299	47	23	11	5	385
	Prozent	77,7%	12,2%	6,0%	2,9%	1,3%	100,0%
Cramer's V							0,144

Abb. 4. Zusammenhang zwischen Unternehmensfortführung im Konkurs und Anzahl der Mitarbeiter

Crosstabulation Auffanggesellschaft/Anzahl Mitarbeiter								
			Anzahl Mitarbeiter					
			0 - 9	10 - 20	21 - 49	50 - 99	100 - 249	Summe
Auffang-gesellschaft	Ja	Anzahl	3	5	3	2	1	14
		Prozent	1,0%	10,6%	13,0%	18,2%	20,0%	3,6%
	Nein	Anzahl	296	42	20	9	4	371
		Prozent	99,0%	89,4%	87,0%	81,8%	80,0%	96,4%
		Summe	299	47	23	11	5	385
Cramer's V								0,273

Abb. 5. Zusammenhang zwischen Auffanggesellschaft und Anzahl der Mitarbeiter

die restlichen Mitarbeiterkategorien (auch die Kategorie 10 – 20 Beschäftigte) deutlich unterrepräsentiert. Dies legt die Vermutung nahe, dass Unternehmensfortführungen aktuell hauptsächlich für Kleinstunternehmen als Sanierungsinstrument in Frage kommen.

Auffanggesellschaften sind dagegen hauptsächlich für größere Unternehmen relevant. Während Auffanggesellschaften in der Kategorie der Kleinstunternehmen unterrepräsentiert sind, weisen sie in allen anderen Mitarbeiterkategorien ein deutliches Übergewicht auf. Zudem wächst der Anteil der Auffanggesellschaften in der Grundgesamtheit mit der Anzahl der Beschäftigten (siehe Abb. 5).

6. Verfahrensdauer und Rückzahlungsquote

Die Dauer des Insolvenzverfahrens wurde in Abhängigkeit von der Art des Verfahrens bzw. Aufhebungsart ermittelt (siehe Abb. 6). Dabei zeigen sich deutliche Unterschiede. Während das Ausgleichsverfahren am kürzesten abgewickelt wird und die geringste Streuung in der Verfahrensdauer aufweist, sind Konkursverfahren, die mit der Verteilung des Massevermögens bzw. im Privatkonkurs des Unternehmers enden, tendenziell am längsten. Hier weisen die Daten auch eine starke Schwankungsbreite auf. Am stärksten streut die Verfahrensdauer allerdings bei jenen Fällen, die mit Einverständnis aller Gläubiger aufgehoben wurden.

Bei den Rückzahlungsquoten an die ungesicherten Gläubiger (Ausgleichs- und Konkursgläubiger) zeigt sich ein starker Zusammenhang mit der Art der Aufhebung (siehe Abb. 7). Dies lässt sich einerseits aus den gesetzlichen Vorgaben ableiten, die

Verfahrensdauer in Tagen							
Art der Aufhebung	Anzahl	Maximum	Minimum	Mittelwert	Median	Modus	Standardabw.
Ausgleich	5	126	90	106	105	90	16
Aufhebung mangels Vermögens	40	718	94	301	280	105	180
Aufhebung mit Einverständnis der Gläubiger	5	696	53	295	124	53	303
Aufhebung nach Verteilung des Massevermögens	127	868	87	426	430	162	194
Zwangsausgleich	118	776	79	254	211	117	147
Privatkonkurs des Unternehmers	36	733	159	446	452	378	164
Verfahren noch nicht abgeschlossen	62						
Summe	393						

Abb. 6. Verfahrensdauer der einzelnen Verfahrensarten

Rückzahlungsquoten an die ungesicherten Gläubiger							
Art der Aufhebung	Anzahl	Maximum	Minimum	Mittelwert	Median	Modus	Standard-abw.
Ausgleich	5	51,0%	40,0%	42,2%	40,0%	40,0%	4,9%
Aufhebung mangels Vermögens	40	0,0%	0,0%	0,0%	0,0%	0,0%	0,0%
Aufhebung mit Einverständnis der Gläubiger	5	k.A.	k.A.	k.A.	k.A.	k.A.	k.A.
Aufhebung nach Verteilung des Massevermögens	127	38,4%	0,0%	7,7%	5,0%	0,0%	7,9%
Zwangsausgleich	118	100,0%	20,0%	22,7%	20,0%	20,0%	11,5%
Privatkonkurs des Unternehmers	36	23,5%	1,4%	10,7%	10,4%	10,0%	4,5%
Verfahren noch nicht abgeschlossen	62						
Summe	393						

Abb. 7. *Rückzahlungsquoten der einzelnen Verfahrensarten*

beim Zwangsausgleich mind. 20% bzw. beim Ausgleich mind. 40% vorsehen, andererseits aus der Tatsache, dass bei einer Konkursaufhebung mangels Vermögens die Quote zwangsläufig 0% beträgt. Interessanterweise werden sowohl beim Ausgleich als auch beim Zwangsausgleich die Mindestquoten kaum überschritten. Von den 11,9% der Zwangsausgleiche (14 Fälle), deren Quote 20% überstieg, beinhaltete der Großteil (8 Fälle) Rückzahlungsquoten, die nur knapp über der Mindestquote lagen (20,5% – 30%). Von den restlichen Fällen sahen zwei 40%, zwei 55% und zwei 100% vor; diese hohen Quoten wurden großteils aus Verkäufen, Erbschaften oder von Bankenseite finanziert.

Die extremsten Schwankungen sind bei der Aufhebung nach Verteilung des Massevermögens zu finden. Die Bandbreite liegt bei Quoten von wenigen Promillen bis zu 38,4%. Die Hälfte aller Unternehmen dieser Kategorie konnte ihren Gläubigern lediglich Rückzahlungsquoten von bis zu 5% bieten.

In der Verfahrensdauer wird vielfach[29] ein guter Indikator für die Insolvenzkosten gesehen, da einerseits Berater häufig nach Stunden bezahlt werden und deren Honorare somit mit zunehmender Verfahrensdauer steigen und andererseits auch die negativen Auswirkungen auf Management, Mitarbeiter, Kunden und Lieferanten umso deutlicher spürbar werden, je länger sich das Verfahren hinzieht. Da die Konkurskosten auch auf die Rückzahlungsquote drücken, sollte ein negativer Zusammenhang zwischen Rückzahlungsquote und Verfahrensdauer bestehen, und die Quote daher mit der Länge des Verfahrens abnehmen. Ein solcher negativer Zusammenhang zeigte sich auch in der empirischen Untersuchung, allerdings war er nur schwach ausgeprägt (Pearson-R = –0,182).

Interessanterweise gilt diese Aussage für die Untergruppe der Unternehmensfortführungen, die mit Zwangsausgleich saniert wurden, jedoch nicht. Hier zeigt sich ein schwach positiver Zusammenhang zwischen Quote und Verfahrensdauer (Pearson-R = 0,134). Dies deutet darauf hin, dass in der Unternehmensfortführung Wert geschaffen wird. Mit dem Masseverwalter und gegebenenfalls den von ihm beauftragten Hilfspersonen (meist Wirtschaftstreuhänder/Steuerberater, seltener Unternehmensberater) gewinnt die Krisenbewältigung an Professionalität. Prozesse und Abläufe werden klarer und strukturierter und die vom Masseverwalter eingeleiteten Restrukturierungsmaßnahmen beginnen zu greifen. Darüber hinaus kann durch Kommunikation des Turnarounds sowie weitere positive Signale für die Überwindung der Krise das Vertrauen der Kunden, Lieferanten und nicht zuletzt der Mitarbeiter wieder gewonnen werden.

7. Insolvenzursachen

Im Zuge der Untersuchung wurden auch die von den Masseverwaltern in den Berichten angeführten Konkursgründe bzw. die vom AKV vermuteten Insolvenzursachen erfasst.[30] Dabei zeigte sich folgendes Bild (siehe Abb. 8).

Ebenso wie in einer Untersuchung für Gesamtösterreich[31] und früheren empirischen Studien für Oberösterreich[32] nehmen innerbetriebliche Krisenursachen (z.B. mangelnder bzw. fehlerhafter Einsatz betriebswirtschaftlicher Instrumente wie Planung, Kalkulationen, Marktbeobachtung) sowie eine unqualifizierte Geschäftsführung einen hohen Stellenwert ein. Darüber hinaus spielen der Wettbewerbsdruck und mangelndes Eigenkapital eine bedeutende Rolle.

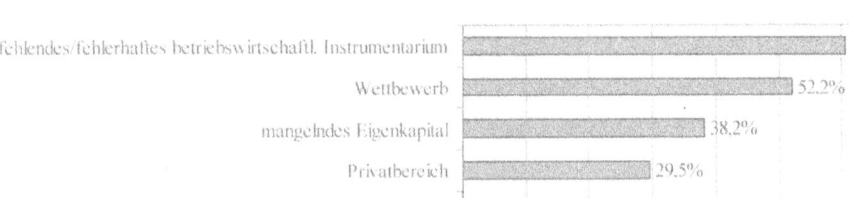

Abb. 8. Ursachen für die Insolvenzen in Oberösterreich

Im nächsten Schritt wurde analysiert, ob bestimmte Insolvenzursachen speziell für kleine und mittlere Unternehmen relevant sind. Zu diesem Zweck wurde die Häufigkeit der genannten Insolvenzursachen in den einzelnen zuvor definierten Mitarbeiterkategorien untersucht (siehe Abb. 9). Bei den meisten Ursachen zeigte sich kein oder nur ein sehr schwach ausgeprägter Zusammenhang mit der Anzahl der Mitarbeiter. Der fehlende Einsatz geeigneter betriebwirtschaftlicher Instrumente wie Planung oder Kalkulation hingegen scheint insbesondere bei Kleinstunternehmen überproportional häufig vorzukommen. 63,5% dieser Unternehmen nutzen solche Instrumente nicht oder nur fehlerhaft, im Gegensatz zu 36,4% (50 – 99 Mitarbeiter) bzw. 40% (100 – 249 Mitarbeiter) in der Kategorie der Mittelunternehmen. Allerdings ist der Zusammenhang eher schwach (Cramer's V = 0,131). Ein etwas stärkerer Zusammenhang mit der Mitarbeiterzahl ergab sich für die

Crosstabulation Insolvenzursachen/Anzahl Mitarbeiter								
		Anzahl Mitarbeiter						
Insolvenzursachen		0 - 9	10 - 20	21 - 49	50 - 99	100 - 249	Summe	Cramer's V
mangelndes Eigenkapital	Anzahl	114	19	12	4	1	150	0.068
	Prozent	37,5%	39,6%	48,0%	36,4%	20,0%	38,2%	
fehlendes/fehlerhaftes betriebswirt. Instrumentarium	Anzahl	193	27	12	4	2	238	0,131
	Prozent	63,5%	56,3%	48,0%	36,4%	40,0%	60,6%	
Wettbewerb	Anzahl	149	31	13	9	3	205	0,144
	Prozent	49,0%	64,6%	52,0%	81,8%	60,0%	52,2%	
schlechte Konjunktur	Anzahl	21	1	3	1	0	26	0,091
	Prozent	6,9%	2,1%	12,0%	9,1%	0,0%	6,6%	
unqualifizierte Geschäftsführung	Anzahl	86	13	7	3	2	111	0,031
	Prozent	28,3%	27,1%	28,3%	27,3%	40,0%	28,2%	
hohe Kostenbelastung	Anzahl	17	5	5	3	2	32	0,225
	Prozent	5,6%	10,4%	20,0%	27,4%	40,0%	8,1%	
Privatbereich	Anzahl	87	14	8	6	1	116	0,097
	Prozent	28,6%	29,2%	32,0%	54,5%	20,0%	29,5%	
Qualitätsmängel	Anzahl	9	6	2	1	2	20	0,235
	Prozent	3,0%	12,5%	8,0%	9,1%	40,0%	5,1%	
Kriminelle Motive	Anzahl	17	9	1	3	0	30	0,209
	Prozent	5,6%	18,8%	4,0%	27,3%	0,0%	7,6%	
Forderungsausfälle/ Wegfall Großkunde(rn)	Anzahl	30	4	4	0	0	38	0,087
	Prozent	9,9%	8,3%	16,0%	0,0%	0,0%	9,7%	
Naturkatastrophe	Anzahl	4	1	0	0	0	5	0,045
	Prozent	1,3%	2,1%	0,0%	0,0%	0,0%	1,3%	

Abb. 9. Zusammenhang zwischen Insolvenzursachen und Anzahl der Mitarbeiter[33]

Einflussfaktoren Wettbewerb, hohe Kostenbelastung und Qualitätsmängel, die mit steigender Unternehmensgröße an Bedeutung gewinnen. V.a. Mittelunternehmen sind bei diesen Insolvenzursachen überproportional vertreten. Allerdings sind die Ergebnisse vor dem Hintergrund oft sehr kleiner Unternehmenszahlen in den einzelnen Kategorien zu interpretieren.

8. Ursachen der Nichtfortführung

Die Masseverwalterberichte und das Datenmaterial des AKV wurden auch in Bezug auf die Ursachen der Nichtfortführung von Unternehmen analysiert (siehe Abb. 10).

Als bedeutendster Grund für die Schließung von Unternehmen erwies sich die mangelnde Finanzierbarkeit der Fortführung (81,7%). Diese ist oft Ausdruck des Unvermögens des Unternehmens, aus der laufenden Geschäftstätigkeit ausreichende Mittel zur Deckung der laufenden Kosten und zur Bezahlung der Konkursquote zu erwirtschaften. Die finanzielle Lage eines insolventen Unternehmens ist zudem durch Illiquidität gekennzeichnet. Die Substanz ist bei diesen Unternehmen bereits soweit ausgehöhlt, dass keine Reserven mehr für die Deckung der ersten Fortführungskosten vorhanden sind. Erschwert wird die Situation noch durch den Umstand, dass im Konkurs erhaltene Lieferungen und Leistungen in der Regel bar zu bezahlen sind. Während die Eigentümer des insolventen Unternehmens keine finanziellen Mittel mehr aufbringen können, sind weder neue Gesellschafter zur Zuführung liquider Mittel noch Banken aufgrund fehlender Si-

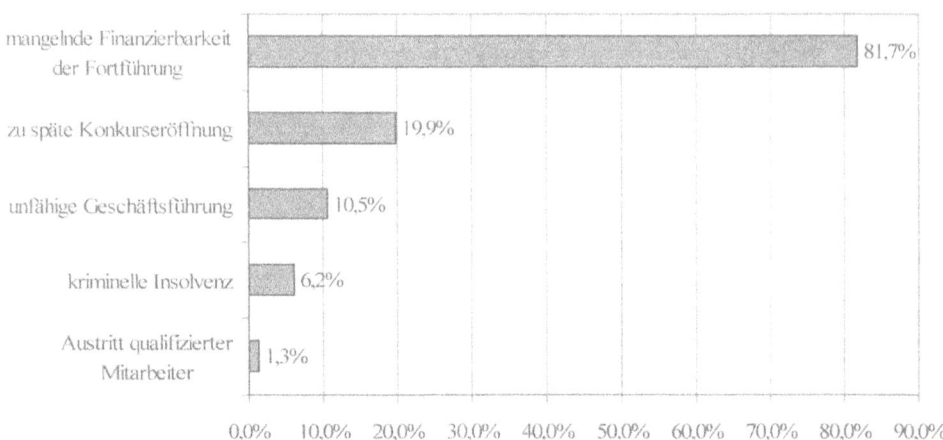

Abb. 10. Ursachen der Nichtfortführung in Oberösterreich

cherheiten bzw. mangelnder Erfolgspotentiale zur Gewährung von Fortführungskrediten bereit.

Ein weiterer wichtiger Grund liegt in sehr vielen Fällen in der zu späten Insolvenzeröffnung. Die Untersuchungsergebnisse zeigen, dass mehr als ein Drittel aller Unternehmen bei Verfahrenseröffnung schon geschlossen und gar nicht mehr tätig ist. Ein Indiz für die viel zu späte Konkurseröffnung ist auch der Anteil der masselosen Konkurse. Mehr als die Hälfte aller Konkursanträge wurden 2004 und 2005 mangels Masse abgewiesen.[34]

Unfähigkeit der Geschäftsführung kann die Fortführung ebenfalls verhindern. Dies traf bei immerhin 10,5% der nicht-fortgeführten Unternehmen zu. 6,2% der Unternehmen waren in eine kriminelle Insolvenz verwickelt, weshalb eine Fortführung außer Frage stand. Ein zu langes Zuwarten mit dem Konkursantrag kann auch bewirken, dass die Mitarbeiter wegen der Nichtbezahlung der Löhne und Gehälter aus dem Unternehmen austreten. Ein zusätzliches Hindernis besteht darin, dass im Sinne einer adverse selection häufig die qualifizierteren Mitarbeiter bei Krisenanzeichen das gefährdete Unternehmen verlassen, diese Mitarbeiter für eine erfolgreiche Sanierung aber unverzichtbar sind. Für die untersuchten Insolvenzfälle war dieser Grund allerdings nur in vier Fällen (1,3%) maßgeblich für die Nichtfortführung.

Zur Beantwortung der Frage, ob für Kleinst-, Klein- und Mittelunternehmen jeweils andere Gründe für die Nichtfortführung verantwortlich sind, wurden die einzelnen Ursachen der Nichtfortführung in Bezug auf die Mitarbeiterzahl untersucht. In den meisten Fällen konnte kein bzw. nur ein sehr schwacher Zusammenhang festgestellt werden. Lediglich zwischen der Zahl der Beschäftigten und dem Verlust qualifizierter Mitarbeiter bzw. krimineller Insolvenz konnte ein mittlerer Zusammenhang ermittelt werden (Cramer's V = 0,304 bzw. 0,244). So zeigte die Studie, dass in der Klasse der Mittelunternehmen (50 – 99 Beschäftigte) bei überproportional vielen Unternehmen der Austritt qualifizierter Mitarbeiter für die Nichtfortführung ausschlaggebend war. Auch kriminelle Insolvenzen waren in dieser Mitarbeiterkategorie klar überrepräsentiert. Allerdings ist zu beachten, dass diese Aussagen auf sehr kleinen Datenmengen basieren.

E. Vergleich mit Deutschland und den USA

Im Folgenden werden Gemeinsamkeiten und Unterschiede im Insolvenzrecht und der Insolvenzlandschaft zu Deutschland und den USA kurz dargestellt. Soweit zu den einzelnen analysierten Bereichen empirische Studien vorliegen, werden diese mit den Ergebnissen der hier vorgenommenen Untersuchung verglichen.

Gerichtliche Insolvenzverfahren in Deutschland können ebenfalls in der Sanierung oder alternativ in der Liquidation des Unternehmens enden. Allerdings sieht die deutsche Insolvenzordnung – im Gegensatz zum Ausgleich und Konkurs in Österreich – nur ein einziges gerichtliches Insolvenzverfahren vor, das für alle Verwertungsformen (Liquidation, übertragende Sanierung oder Reorganisation) offen ist.[35] Der US Bankruptcy Code kennt dagegen zwei komplett getrennte Verfahrensformen. Während Chapter 7 die Liquidation eines Unternehmens zum Ziel hat, ist Chapter 11 als Sanierungsverfahren ausgestaltet.[36]

Sowohl in den USA als auch in Deutschland dominieren KMU die Insolvenzlandschaft. In den USA beschäftigen viele insolvente Unternehmen (37%) überhaupt keine Mitarbeiter, 79% sind Kleinstunternehmen, 94,5% fallen in die Kategorie mit weniger als 50 Beschäftigten, und insgesamt 98,5% betreffen KMU (4% insolvente Mittelunternehmen).[37] Der große Unterschied zu Österreich besteht in den insolventen Großunternehmen. Während diese in Österreich nur selten mehr als 500 Mitarbeiter beschäftigen, sind in den USA auch große Konzerne mit mehreren Tausend oder gar Zehntausend Beschäftigten unter den Insolvenzen.[38] In Deutschland beschäftigen 87,8% der insolventen Unternehmen bis zu 10 Mitarbeiter, 94,2% bis zu 20 Mitarbeiter und 98,3% bis zu 50 Mitarbeiter. 99,5% weisen bis zu 100 Beschäftigte auf und lediglich 0,6% aller Insolvenzen betreffen Unternehmen mit mehr als 100 Mitarbeitern. Auch hier wächst der Anteil der insolventen KMU.[39]

Obwohl der US Bankruptcy Code den insolventen Unternehmen je nach verfolgter Zielsetzung ein Chapter 7 oder Chapter 11-Verfahren anbietet, hängt die Wahl des Verfahrens sehr stark von der Unternehmensgröße ab. Die meisten und v.a. die kleineren Unternehmen beantragen ein Verfahren nach Chapter 7, während große Unternehmen in der Regel immer einen Chapter 11-Antrag stellen. Auch wenn die Aufmerksamkeit der Öffentlichkeit meist den *mega-bankruptcies* gilt, machen große, börsenotierte Unternehmen nur einen Bruchteil aller Chapter 11-Fälle aus.[40]

Auch in den USA streut die Dauer von Insolvenzverfahren abhängig von der Verfahrensart stark (siehe Abb. 11). Während jedoch in Österreich die auf Sanierung ausgerichteten Verfahrensarten (Ausgleich und Zwangsausgleich) weniger Zeit in Anspruch nehmen (siehe Abb. 6), weisen Chapter 11-Verfahren in allen Studien eine längere Verfahrensdauer als Chapter 7-Fälle auf. Generell ist festzustellen, dass die Insolvenzverfahren in den USA mehr Zeit als in Österreich in Anspruch nehmen. Bezüglich des Einflusses der Unternehmensgröße auf die Verfahrensdauer divergieren die Ergebnisse: Die Studie

Verfahrensdauer in Tagen						
Lawless/Ferris (1997) bzw. Ferris/Lawless (2000)						
Stichprobe: hauptsächlich kleinere Unternehmensinsolvenzen aus fünf (Chapter 7-Fälle) bzw. sechs (Chapter 11-Fälle) Gerichtsbezirken						
Untersuchungszeitraum: 1991 - 1995 (Chapter 7) bzw. 1986 - 1993 (Chapter 11)						
Verfahrensart	Anzahl	Maximum	Minimum	Mittelwert	Median	Standard-abw.
Chapter 7	98	1146	91	392	335	
Chapter 11	118	1299	78	437	395	
Summe	216					
Denis/Rodgers (2005)						
Stichprobe: 224 Chapter 11-Verfahren, die in den SEC-Berichten aufschienen						
Untersuchungszeitraum: 1985 - 1994						
Verfahrensart	Anzahl	Maximum	Minimum	Mittelwert	Median	Standard-abw.
Chapter 11	203	2880	21	659	534	513
Bris et al. (2006)						
Stichprobe: sämtliche Unternehmensinsolvenzen der Bankruptcy Courts von Arizona und New York						
Untersuchungszeitraum: 1995 - 2001						
Verfahrensart	Anzahl	Maximum	Minimum	Mittelwert	Median	Standard-abw.
Chapter 7	116	1553	74	709	672	367
Chapter 11	257	2215	56	828	866	391
Summe	373					

Abb. 11. Dauer der Insolvenzverfahren in den USA[42]

von *Denis/Rodgers* ergab, dass die Unternehmen umso weniger Zeit in Chapter 11 verbrachten, je kleiner sie waren. *Bris et al.* dagegen konnten keinen statistisch signifikanten Einfluss der Unternehmensgröße feststellen.[41] Auch die Daten für Oberösterreich zeigten kaum einen Zusammenhang zwischen der Anzahl der Mitarbeiter und der Verfahrensdauer (Pearson-R = 0,093).

Abb. 12 zeigt die in US-Studien ermittelten Rückzahlungsquoten an die ungesicherten Gläubiger. Ähnlich wie in Deutschland ist in den USA eine Einteilung der Gläubiger in Klassen vorgesehen, sodass innerhalb der ungesicherten Gläubiger meist mehrere Klassen bestehen. Da das Paritätsprinzip nur innerhalb einer Klasse gilt, weichen auch die Rückzahlungsquoten zwischen den einzelnen ungesicherten Gläubigern (z.B. senior und junior debt) erheblich voneinander ab. Auffallend ist, dass die ungesicherten Gläubiger in einem Chapter 11-Verfahren durchwegs höhere Quoten erhalten als in Österreich. Jedoch endeten 95% der Insolvenzen nach Chapter 7 ohne jegliche Rückzahlung an die ungesicherten Gläubiger (bei den Chapter 11-Verfahren ergab sich nur in 5% aller Fälle eine Quote von 0%).[43] Insbesondere bei kleinen Unternehmen ist oft kaum mehr Vermögen zur Befriedigung der ungesicherten Gläubiger vorhanden.[44] In der Studie von *Bris et al.*[45] zeigt sich jedoch nur ein sehr schwacher Zusammenhang mit der Unternehmensgröße. Darüber hinaus ist der Zusammenhang nicht monoton, was darauf schließen lässt, dass ab einer bestimmten Schwelle kein Einfluss mehr besteht. Für die oberösterreichischen Insolvenzen konnte überhaupt kein Zusammenhang zwischen Mitarbeiterzahl und Rückzahlungsquote festgestellt werden (Pearson-R = 0,000).

Rückzahlungsquoten an die ungesicherten Gläubiger						
Franks / Torous (1994) Stichprobe: 82 große Unternehmen mit öffentlich gehandelten Anleihen (davon 37 Chapter 11-Fälle) Untersuchungszeitraum: 1983 - 1990						
Verfahrensart	Anzahl	Maximum	Minimum	Mittelwert	Median	Standard-abw.
Chapter 11 - Senior debt	37			47,0%		
Chapter 11 - Junior debt	37			28,9%		
Bris et al. (2006) Stichprobe: sämtliche Unternehmensinsolvenzen der Bankruptcy Courts von Arizona und New York Untersuchungszeitraum: 1995 - 2001						
Verfahrensart	Anzahl	Maximum	Minimum	Mittelwert	Median	Standard-abw.
Chapter 7	115	87,9%	0,0%	1,1%	0,0%	8,4%
Chapter 11	173	100,0%	0,0%	51,6%	40,0%	41,3%
Summe	288					

Abb. 12. Rückzahlungsquoten in den USA[46]

Zwei US-Studien[47] bestätigen, dass die Unternehmensfortführung in der Insolvenz Wert schafft, und somit eine längere Verfahrensdauer die Sanierung positiv beeinflusst (siehe D.II.6). Sie wiesen nach, dass die Gefahr einer Folgeinsolvenz umso geringer war, je länger die Unternehmen Chapter 11 zur Reorganisation in Anspruch nahmen.

Sowohl in Deutschland als auch in den USA[48] stehen der mangel- oder fehlerhafte Einsatz betriebswirtschaftlicher Instrumente gepaart mit Managementfehlern an der Spitze der Insolvenzursachen. In Deutschland ergab eine empirische Untersuchung,[49] dass in KMU (< 500 Beschäftige) betriebswirtschaftliche Instrumente, v.a. Controlling-Instrumente wie Planung oder Kostenrechnung zu Beginn der Krise als weitgehend unwichtig angesehen und dementsprechend vernachlässigt wurden. Die Situation wandelte sich aber bis zum Ende des Turnarounds. Dabei zeigte sich, dass die Bedeutung dieser Instrumente bei erfolgreichen Restrukturierungen größer war als bei gescheiterten Sanierungsbemühungen.

F. Zusammenfassung und Schlussfolgerungen

Die vorliegende Untersuchung des Insolvenzgeschehens im Bundesland Oberösterreich reflektiert den gesamtösterreichischen Trend, der durch ein massives Zurückdrängen des gerichtlichen Ausgleichs gekennzeichnet ist. Bevorzugtes Sanierungs- bzw. Schuldenregulierungsinstrument ist das Konkursverfahren mit abschließendem Zwangsausgleich. Diese Unternehmensfortführung im Konkurs wird auch zwei Jahrzehnte nach dem IRÄG 1982 immer noch gelebt. Immerhin ein Fünftel aller Konkurse können mit diesem Instrument saniert werden. In einigen Fällen wird die Sanierung auch in Form von Betriebsfortführungen durch die Gründung von Auffanggesellschaften realisiert, sodass insgesamt rund ein Viertel aller Konkursunternehmen fortgeführt werden kann.

Frühere empirische Untersuchungen zur Sanierungspraxis zeigten, dass die Unternehmensfortführung im Konkurs v.a. als Sanierungsinstrument bei Unternehmen mit einer

Betriebsgröße bis zu 20 Mitarbeitern durchgeführt wurde, während bei größeren Unternehmen mit über 20 Beschäftigten die Auffanggesellschaft als Instrument der übertragenden Sanierung genutzt wurde. Diese Grenze hat sich aktuell nach unten verschoben. Die Unternehmensfortführung im Konkurs ist derzeit hauptsächlich für Kleinstunternehmen mit weniger als zehn Mitarbeitern relevant. Auffanggesellschaften werden dagegen v.a. für Unternehmen mit zehn und mehr Beschäftigten interessant, wobei die Bedeutung der Auffanggesellschaften mit zunehmender Mitarbeiterzahl steigt.

Die wesentlichsten Voraussetzungen für eine Unternehmensfortführung bestehen darin, dass bei Konkurseröffnung noch ein leistungsfähiges Unternehmen vorhanden ist und dass der Konkurs rechtzeitig eröffnet wird. Sehr viele Unternehmen wollen die Krisensituation ihres Unternehmens nicht wahrhaben und warten mit der Beantragung eines Insolvenzverfahrens zu lange. Immer noch verfügen viele Unternehmen, insbesondere die Kleinstunternehmen, über kein bzw. nur ein mangelhaftes betriebswirtschaftliches Instrumentarium. Diese fehlenden betriebswirtschaftlichen Instrumente stehen auch mit Abstand an der Spitze der Insolvenzursachen und sind teilweise noch mit einer unqualifizierten Geschäftsführung gepaart. Darüber hinaus ist der Konkurs immer noch sehr stark negativ besetzt. Die Insolvenz, v.a. der Konkurs wird mit dem persönlichen Scheitern gleichgesetzt und als Stigma des Versagens empfunden.[50] Schließlich herrscht immer noch große Unkenntnis über die Chancen und Möglichkeiten, die eine Sanierung in der Insolvenz bieten kann und dass ein Konkurs nicht automatisch die Liquidation des Unternehmens bedeuten muss. All diese Gründe führen dazu, dass der Konkursantrag erst dann (und hier in der Regel auch nicht vom Unternehmer selbst, sondern von Gläubigerseite) eingebracht wird, wenn Erfolgspotentiale vernichtet, Chancen verpasst und die Masse bereits so aufgezehrt ist, dass eine Sanierung nicht mehr möglich ist.[51]

Von Unternehmerseite empfiehlt sich daher ein verstärkter Einsatz betriebswirtschaftlicher Instrumente zur Entscheidungsunterstützung der Geschäftsführung sowie zur Früherkennung von Krisen. Von Seiten der Behörden und Interessenverbände ist zu informieren und zu verdeutlichen, dass der Konkurs nicht zwangsläufig Liquidation bedeutet, sondern auch als letzte Möglichkeit zur Sanierung genutzt werden kann. Schließlich ist der mit dem Konkurs verbundenen Stigmatisierung entgegen zu wirken. Auf diese Weise lassen sich Insolvenzen zwar nicht verhindern, die genannten Maßnahmen könnten allerdings dazu beitragen, dass im Fall einer Krise zukünftig mehr Unternehmen ihren Konkursantrag frühzeitig stellen, solange noch Erfolgspotentiale und damit Chancen für eine erfolgreiche Restrukturierung vorhanden sind.

In Österreich wird die rechtliche Sichtweise der Sanierung sehr stark fokussiert. Rechtlich gelten Unternehmen als saniert, sobald sie entschuldet und/oder die Liquidität wiederhergestellt ist. Dies entspricht jedoch nur einer Umsetzung finanzwirtschaftlicher Sanierungsmaßnahmen. Verschärft wird die Situation noch dadurch, dass gerade im Zwangsausgleich die Quote oft von dritter Seite finanziert wird und das österreichische Insolvenzrecht für die Aufhebung der Insolvenz kein aus betriebswirtschaftlicher Sicht zweckmäßiges Sanierungskonzept voraussetzt.

Aus betriebswirtschaftlicher Sicht müssen neben der finanzwirtschaftlichen Sanierung auch aus einer Sanierungsprüfung, insbesondere einer Sanierungsfähigkeitsprüfung abgeleitete leistungswirtschaftliche Sanierungsinstrumente umgesetzt werden, um die Existenz des Unternehmens nachhaltig zu sichern. Erst dann scheint eine Sanierung auch aus betriebswirtschaftlicher Sicht geglückt. Wie die Studie gezeigt hat, schafft eine gelungene Unternehmensfortführung Wert, erhöht die Rückzahlungsquoten der Gläubiger und ist somit für alle Beteiligten vorteilhaft.

Anmerkungen

1 Die Autorinnen danken Dr. Franz Loizenbauer, dass er das Datenmaterial des Alpenländischen Kreditorenverbands (AKV) zur Verfügung gestellt und so die detaillierte Auswertung der oberösterreichischen Insolvenzen ermöglicht hat.
2 Vgl. Steiger, 2001, Sp. 530.
3 Vgl. Werder, 2006, S. 1138 u. 1140.
4 Vgl. Jackson, 1982, S. 860 ff.; Johnston, 1991, S. 256 ff.
5 Vgl. Drukarczyk, 1992, S. 164.
6 Vgl. Kantner, 2006b, S. 4; Zotter, 2006, S. 14.
7 Auskunft des Kreditschutzverbandes von 1870 (KSV).
8 Vgl. Chalupsky/Ennöckl, 1985, S. 39.
9 Vgl. Feldbauer-Durstmüller, 1993, S. 257 ff.; Feldbauer-Durstmüller et al., 2000, S. 20 ff.
10 Vgl. Klikovits, 2004, S. 12 ff.
11 Vgl. dazu in der Folge Feldbauer-Durstmüller et al., 2006, S. 5114 ff.
12 Gutenberg, 1938, S. 1774.
13 Vgl. Konecny, 1994, S. 234 f.; Feldbauer-Durstmüller et al., 2006, S. 5119 f.; Mitter, 2006, S. 228 ff.
14 Vgl. die Insolvenzstatistik bei Kantner, 2002, S. 1325 sowie Zotter, 2006, S. 14.
15 Vgl. Zotter, 2006, S. 14.
16 Vgl. Stiegler, 1998, S. 388.
17 Vgl. Mitter, 2006, S. 242 f.
18 Konecny, 1994, S. 233. Zum Zwangsausgleichsverfahren siehe Riel (2005).
19 Dies ist darauf zurückzuführen, dass der Zwangsausgleich im Gegensatz zu anderen Konkursaufhebungsarten eine Restschuldbefreiung vorsieht und den Schuldner damit von den die Quote übersteigenden Verbindlichkeiten befreit (vgl. Rechberger/Thurner, 2004, S. 95 u. 104; Feuchtinger/Lesigang, 2005, S. 90). In der vorliegenden Untersuchung wurden die Unternehmen nur bei zwei Drittel aller nach Abschluss eines Zwangsausgleichs aufgehobenen Konkurse fortgeführt. 28,0% wurden ganz und 5,9% teilweise geschlossen.
20 Auf eine Analyse aktuellerer Daten des Jahres 2005 bzw. des 1. Halbjahres 2006 wurde aus folgendem Grund verzichtet: Da ein Großteil dieser Insolvenzverfahren zum Untersuchungszeitpunkt schwebend und noch nicht abgeschlossen war, hätte dies zu einem Bias zugunsten rasch abgewickelter Verfahren geführt und das Untersuchungsergebnis in diese Richtung verfälscht.
21 Seit 1.1.2000 erfolgt die öffentliche Bekanntmachung einer Insolvenzeröffnung durch Aufnahme in die Insolvenzdatei. Diese ist unter http://www.edikte.justiz.gv.at abrufbar.
22 Da gemäß § 14 Insolvenzrechtseinführungsgesetz (IEG) bei nach §§ 139, 166 u. 167 KO aufgehobenen Verfahren nach einem Jahr bzw. bei Aufhebung nach § 157 KO nach zwei Jahren keine Einsicht mehr zu gewähren ist, und die Insolvenzdatei zum Untersuchungsstichtag daher nicht mehr alle 2004 eröffneten Insolvenzen beinhaltete, wurde ergänzend auf das Datenmaterial des AKV zurückgegriffen. Auch für einzelne Detailauswertungen (z.B. Insolvenzursachen, Ursachen der Nichtfortführung) enthielt die Insolvenzdatei nicht die benötigten Informationen. Hier wurden die Masseverwalterberichte bzw. die Einschätzung des AKV zur Analyse herangezogen.
23 Hierbei ist zu beachten, dass bei vielen Unternehmen im Zuge der Krisensituation bereits im Vorfeld der Insolvenz Personal abgebaut wurde bzw. Mitarbeiter das Unternehmen verlassen haben. Die bei Insolvenzeröffnung genannten Mitarbeiterzahlen sind demnach als Minimalwerte zu interpretieren. – Vgl. Pinkwart/Kolb, 2003, S. 46.
24 Dies liegt über den Anfang der 1990er Jahre festgestellten Quoten (siehe Feldbauer-Durstmüller, 1993, S. 265: 1990 – 22%, 1991 – 13% u. 1992 – 20%), aber deutlich unter dem für 1997/1998 ermittelten Wert von 55% aller bei Konkurseröffnung offenen Unternehmen (vgl. Feldbauer-Durstmüller et al., 2000, S. 23).
25 Der Begriff wurde von Schmidt, 1980, S. 336 f. geprägt. Für eine ausführliche Darstellung der übertragenden Sanierung in Österreich siehe Chalupsky/Duursma-Kepplinger, 2002, S. 373 ff.

26 Groß (1988), S. 131 ff. hat unter dem Oberbegriff Fortführungsgesellschaft eine Typologie von Gesellschaften (Sanierungsgesellschaft, Betriebsübernahmegesellschaft und Auffanggesellschaft mit weiteren Unterteilungen) entwickelt. In Literatur und Praxis wird diese differenzierte Unterscheidung allerdings meist nicht nachvollzogen, sondern vereinfachend von der Auffanggesellschaft gesprochen (u.a. Stiegler, 1998, S. 395 ff.; Chalupsky/Duursma-Kepplinger, 2002, S. 376 ff.). Dieser Vereinfachung soll auch hier gefolgt werden.
27 Vgl. Feldbauer-Durstmüller, 1993, S. 265 f.; Feldbauer-Durstmüller et al., 2000, S. 20 ff.
28 Hier wurden nur mehr die mit Zwangsausgleich beendeten Unternehmensfortführungen berücksichtigt. Die fortgeführten Sonderfälle wurden bei den nicht-fortgeführten Unternehmen erfasst.
29 Vgl. beispielhaft White, 1989, S. 147; Eidenmüller, 1999, S. 76; Bandopadhyaya/Jaggia, 2001, S. 205. Empirisch konnte dieser Zusammenhang in den USA für Chapter 7-Fälle statistisch signifikant (vgl. Lawless/ Ferris, 1997, S. 1230 ff.) und für Chapter 11 schwach ausgeprägt (vgl. Ferris/Lawless, 2000, S. 637) nachgewiesen werden.
30 Diese Vorgehensweise entspricht der qualitativen Insolvenzursachenforschung. Aus der Methodik, die verursachenden Faktoren aus den dokumentierten Begleitumständen von Insolvenzen abzuleiten, ergeben sich einige Problemfelder (vgl. dazu Günther/Scheipers, 1993, S. 448 u. 452 f.; Pinkwart/Kolb, 2003, S. 56 f.; Kihm, 2006, S. 36 f.) wie die Gefahr der Vermengung von Ursachen und Symptomen oder die Abgrenzung der Ursachen von meist multikausal induzierten und sich aus dem Zusammenspiel bestimmter Faktorkombinationen ergebenden Insolvenzen. Nicht zuletzt reflektieren die Erkenntnisse die subjektiven Einschätzungen des jeweiligen Massverwalters sowie des befragten AKV-Mitarbeiters. Trotz dieser Einschränkungen, die bei der Interpretation der Ergebnisse zu berücksichtigen sind, lassen sich auf diese Weise jedoch Faktoren identifizieren, die das Entstehen von Insolvenzen verursachen oder im Sinne eines Katalysators beschleunigen, und damit wichtige Rückschlüsse zur Insolvenzprophylaxe und Frühwarnung gewinnen.
31 Vgl. Kantner, 2006a, S. 9 ff.
32 Vgl. Feldbauer-Durstmüller et al., 2000, S. 23 u. 25.
33 Da bei den Insolvenzursachen Mehrfachnennungen möglich waren, summieren sich die Prozentzahlen in den einzelnen Mitarbeiterkategorien nicht auf 100%.
34 Vgl. Zotter, 2006, S. 14.
35 Vgl. Thoma/Wilke, 2006, S. 101 u. 105 f.
36 Vgl. Lawless/Ferris, 1997, S. 1209. Zum amerikanischen Insolvenzrecht siehe Baird, 1993 u. Roe, 2000.
37 Vgl. Warren/Westbrook, 1999, S. 545 f.
38 Dies lässt sich sowohl aus der empirischen Studie von Warren/Westbrook (1999, S. 546) als auch aus aktuellen Meldungen in den Medien ableiten.
39 Vgl. Creditreform, 2006, S. 13 ff.
40 Vgl. Warren/Westbrook, 1999, S. 519 ff.; Bris et al., 2006, S. 1257 ff.
41 Vgl. Denis/Rodgers, 2005, S. 2 u. 27; Bris et al., 2006, S. 1273. Hier ist anzumerken, dass beide Studien als Maß für die Unternehmensgröße auf das Vermögen und nicht auf die Mitarbeiterzahl zurückgriffen.
42 In den Studien von Ferris und Lawless fanden sich leider keine Angaben zur jeweiligen Standardabweichung. Denis/Rodgers ermittelten die Verfahrensdauer in Monaten, zur besseren Vergleichbarkeit wurden diese Monatswerte jeweils mit 30 multipliziert.
43 Vgl. Bris et al. (2006), S. 1288.
44 Vgl. Baird et al. (2005).
45 Vgl. Bris et al. (2006), S. 1290 ff.
46 Abbildung 12 enthält nur insoweit Werte, als diese in der jeweiligen Studie auch angegeben wurden.
47 Vgl. Bandopadhyaya/Jaggia, 2001, S. 212; Denis/Rodgers, 2005, S. 4.
48 Vgl. Datta/Iskandar-Datta, 1995, S. 17 f. u. Warren/Westbrook, 1999, S. 554 ff. für die USA; Hauschildt et al., 2006, S. 15 ff. sowie die in Kihm, 2006, S. 61 ff. angeführten Untersuchungen für Deutschland.
49 Vgl. Heinemann, 2006, S. 58 ff.
50 Vgl. Pinkwart/Kolb, 2003, S. 19; Kantner 2006a, S. 40.
51 Ähnliche Gründe führen Kötzle/Zirener (2006, S. 73 ff.) dafür an, dass in Deutschland die im Rahmen des Insolvenzplanverfahrens vorgesehenen Möglichkeiten nicht gezielter und bewusster zur gerichtlichen Sanierung genutzt werden.

Literatur

Baird, D. G. (1993): The elements of Bankruptcy, 2. Auflage, Westbury u. New York.
Baird, D. G./Bris, A./Zhu, N. (2005): The Dynamics of Large and Small Chapter 11 Cases: An Empirical Study, Yale ICF Working Paper No. 05–29.
Bandopadhyaya, A./Jaggia, S. (2001): An analysis of second time around bankruptcies using a split-population duration model, in: Journal of Empirical Finance, 8, 201–218.
Bris, A./Welch, I./Zhu, N. (2006): The Costs of Bankruptcy: Chapter 7 Liquidation versus Chapter 11 Reorganization, in: Journal of Finance, 61, 1253–1303.
Chalupsky, E./Duursma-Kepplinger, H. C. (2002): Die Fortführung des Unternehmens über Nachfolgegesellschaften im Konkurs, in: Feldbauer-Durstmüller, B./Schlager, J. (Hrsg.), Krisenmanagement – Sanierung – Insolvenz, Wien, 373–420.
Chalupsky, E./Ennöckl, W. (1985): Unternehmensfortführung im Konkurs, Wien.
Creditreform (2006): Insolvenzen, Neugründungen, Löschungen: Jahr 2006, Neuss.
Datta, S./Iskandar-Datta, M. E. (1995): Reorganization and Financial Distress: An Empirical Investigation, in: The Journal of Financial Research, 18, 15–32.
Denis, D. K./Rodgers, K. J. (2005): Chapter 11: Duration, Outcome and Post-Reorganization Performance, Working Paper, West Lafayette/Williamsburg.
Drukarczyk, J. (1992): Insolvenzrechtsreform: Reformkonzeptionen und aktueller Stand, in: DBW, 52, Heft 2, 161–183.
Eidenmüller, H. (1999): Unternehmenssanierung zwischen Markt und Gesetz: Mechanismen der Unternehmensreorganisation und Kooperationspflichten im Reorganisationsrecht, Köln.
Feldbauer-Durstmüller, B. (1993): Praktische Bedeutung der Unternehmensfortführung im Konkurs – dargestellt am Bundesland Oberösterreich, in: Seicht, G. (Hrsg.), Gläubigerschutz, Betriebswirtschaftslehre und Recht, Wien, 257–270.
Feldbauer-Durstmüller, B./Kartali, P./Reischl, D. (2000): Unternehmensfortführung im Konkurs – Ergebnisse einer empirischen Untersuchung, in: Der Wirtschaftstreuhänder, Heft 2-3, 20–25.
Feldbauer-Durstmüller, B./Stiegler, H./Mitter, C. (2006), Sanierung, in: Handelsblatt (Hrsg.), Wirtschafts-Lexikon, Band 10, Stuttgart, 5114 – 5121.
Ferris, S. P./Lawless, R. M. (2000): The Expenses of Financial Distress: The Direct Costs of Chapter 11, in: University of Pittsburgh Law Review, 61, 629–669.
Feuchtinger, G./Lesigang, M. (2005): Praxisleitfaden Insolvenzrecht, 2. Auflage, Wien.
Groß, P. J. (1988): Sanierung durch Fortführungsgesellschaften, 2. Auflage, Köln.
Günther, T./Scheipers. T. (2003): Insolvenzursachen – Zum Stand der empirischen Ursachenforschung, in: DStR, 31, Heft 12, 447–453.
Gutenberg, E. (1938): Finanzierung und Sanierung, in: Nicklisch, H. (Hrsg.), HWB, Bd. 1, 2. Auflage, Stuttgart, Sp. 1739–1786.
Hauschildt, J./Grape, C./Schindler, M. (2006): Typologien von Unternehmenskrisen im Wandel, in: DBW, 66, Heft 1, 7–25.
Heinemann, D. (2006): Krisenmanagement von kleinen und mittleren Unternehmen: Ergebnisse einer empirischen Untersuchung, Siegen.
Jackson, T. H. (1982): Bankruptcy, Non-Bankruptcy Entitlements, and the Creditors' Bargain, in: The Yale Law Journal, 91, 857–907.
Johnston, J. B. (1991): The Bankruptcy Bargain, in: American Bankruptcy Law Journal, 65, 213–309.
Kantner, H.-G. (2002): Die nationale und internationale Insolvenzentwicklung, in: Feldbauer-Durstmüller, B./Schlager, J. (Hrsg.), Krisenmanagement – Sanierung – Insolvenz, Wien, 1289–1327.
Kantner, H.-G. (2006a): Analyse der Unternehmensinsolvenzen 2005, in: forum.ksv, Heft 2, 8–11.
Kantner, H.-G. (2006b): Internationale Insolvenzanalyse 2005: Rückgang der Insolvenzen in Westeuropa, Pressemitteilung des KSV vom 22.06.2006.
Kihm, A. (2006): Ursachen von Unternehmenskrisen, in: Blöse, J./Kihm, A. (Hrsg.), Unternehmenskrisen, Berlin, 33–68.
Klikovits, A. (2004): Der Zwangsausgleich – eine österreichische Erfolgsstory, in: ZIK, 10, Heft 1, 12–18.
Konecny, A. (1994): Insolvenz und Sanierung in Österreich, in: DZWir, 4, Heft 6, 227–238.
Kötzle, A./Zirener, J. (2006): Erfolgreiche Sanierung in der Insolvenz aus Sicht des Schuldnerunternehmens, in: Zeitschrift für Planung, 17, Heft 1, 73–98.

Lawless, R. M./Ferris, S. P. (1997): Professional Fees and Other Direct Costs in Chapter 7 Business Liquidations, in: Washington University Law Quarterly, 75, 1207–1236.

Mitter, C .(2006): Distressed Investing und Unternehmenssanierung: Ein Vergleich zwischen den USA und Österreich unter besonderer Berücksichtigung der institutionellen Rahmenbedingungen, Wien.

Pinkwart, A./Kolb, S. (2003): Analyse des Insolvenzgeschehens: Entwicklung, Struktur und Ursachen aus regionaler Perspektive, Aachen.

Rechberger, W. H./Thurner, M. (2004): Insolvenzrecht, 2. Auflage, Wien.

Riel, F. (2005): Das Zwangsausgleichsverfahren, Wien.

Roe (2000): Corporate Reorganization and Bankruptcy: Legal and Financial Materials, New York.

Schmidt, K. (1980): Organverantwortlichkeit und Sanierung im Insolvenzrecht der Unternehmen, in: ZIP, 1, Heft 5, 328–337.

Steiger, M. (2001): Corporate Governance, in: Gerke, W./Steiner, M. (Hrsg.), HWF, 3. Auflage, Stuttgart, Sp. 530–540.

Stiegler, H. (1998): Sanierungsmanagement, in: Seicht, G. (Hrsg.), Jahrbuch für Controlling und Rechnungswesen '98, 1998, 385–404.

Thoma, G. F./Wilke, R. (2006): Rechtliche Grundlagen der Unternehmenssanierung: Ein internationaler Vergleich, in: Hommel, U./Knecht, T. C./Wohlenberg, H. (Hrsg.), Handbuch Unternehmensrestrukturierung, 99–128.

Warren, E./Westbrook, J. L. (1999): Financial Characteristics of Businesses in Bankruptcy, in: American Bankruptcy Law Journal, 73, 499–588.

White, M. J. (1989): The Corporate Bankruptcy Decision, in: Journal of Economic Perspectives, 3, 129–151.

Werder, A. v. (2006), Corporate Governance (Unternehmensverfassung), in: Handelsblatt (Hrsg.), Wirtschafts-Lexikon, Band 3, Stuttgart, 1137–1145.

Zotter, O. (2006): Insolvenzstatistik 2005 für Österreich, in: ZIK, 12, Heft 1, 14–15.

Corporate Governance und gerichtliche Sanierung – dargestellt am Bundesland Oberösterreich

Zusammenfassung

Basierend auf einer empirischen Untersuchung der Insolvenzen des Jahres 2004 in Oberösterreich wurde das Insolvenzgeschehen, insbesondere die Sanierungsmöglichkeiten kleiner und mittlerer Unternehmen analysiert. Dabei konnte ein Einfluss der Unternehmensgröße auf die Ausgestaltung der Sanierung festgestellt werden. Während die Unternehmensfortführung im Konkurs v.a. als Sanierungsinstrument für Kleinstunternehmen Relevanz besitzt, nimmt die Bedeutung der Auffanggesellschaften mit der Unternehmensgröße zu. In Bezug auf die Insolvenzursachen konnte meist kein Zusammenhang mit der Unternehmensgröße festgestellt werden. Lediglich das überproportionale Fehlen betriebswirtschaftlicher Instrumente in Kleinstunternehmen sowie die mit der Unternehmensgröße zunehmende Bedeutung der Einflussfaktoren Wettbewerb, hohe Kostenbelastung und Qualitätsmängel sind hier zu erwähnen. Das gleiche Bild zeigt sich bei den Gründen für gescheiterte Fortführungen, die meist alle Unternehmensgrößen gleichermaßen treffen. Insbesondere die mangelnde Finanzierbarkeit der Fortführung als auch die zu späte Verfahrenseröffnung gelten als bedeutendste Hemmnisse.

Corporate governance and reorganization under court supervision – an empirical study of medium and small insolvency cases in Upper Austria

Summary

Based on a survey of corporate bankruptcies in Upper Austria in 2004, this paper analyzes corporate restructuring, in particular the reorganization of small and medium-sized enterprises. The results indicate a correlation between firm size and reorganization instruments: While small firms (up to 10 employees) rely heavily on the *Unternehmensfortführung im Konkurs* (a reorganization in bankruptcy led by a private trustee and under court supervision), the importance of *Auffanggesellschaften* (restructuring methods that involve the sale of a distressed company's assets to a new legal entity and the liquidation of the remaining insolvent corporate body) increases with firm size. Factors causing bankruptcy generally did not differ between smaller and medium enterprises. Exceptions are the above average lack of appropriate management tools in the segment of the smallest firms and the disproportionately higher relevance of competition, cost pressure and quality defects for medium-sized companies.

MEFFERT MARKETING
DER KLASSIKER – NEU IN DER 10. AUFLAGE

WWW.GABLER.DE

Heribert Meffert | Christoph Burmann | Manfred Kirchgeorg
Marketing
Grundlagen marktorientierter Unternehmensführung
Konzepte - Instrumente - Praxisbeispiele

10., vollst. überarb. u. erw. Aufl. 2008. XX, 915 S.
Geb. EUR 39,90
ISBN 978-3-409-69018-8

Dieses bewährte Standardwerk liefert Studierenden im Bachelor- und Masterprogramm sowie Praktikern umfassende Grundlagen des Marketingmanagements aus einer entscheidungsorientierten Sicht.

Der Marketing-Klassiker erscheint in der 10. Auflage in völlig neu bearbeiteter Fassung. Alle Kapitel wurden inhaltlich und didaktisch überarbeitet, neue Entwicklungen wurden integriert. Die bewährte entscheidungsorientierte Strukturierung des Marketingmanagements wird durch markt- und kompetenzbasierte Ansätze inhaltlich erweitert. Darüber hinaus widmen sich die Autoren den heute wichtigen Fragen des Wertbeitrages des Marketing und bieten hiermit eine gelungene Synthese aus etabliertem und modernem Marketingverständnis.

Der Autor
Prof. Dr. Dr. h.c. mult. Heribert Meffert *ist Professor der Betriebswirtschaftslehre, insbesondere Marketing, und emeritierter Direktor des Instituts für Marketing am Marketing Centrum Münster (MCM) der Westfälischen Wilhelms-Universität Münster.*
Prof. Dr. Christoph Burmann *ist Inhaber des Lehrstuhls für innovatives Markenmanagement (LiM) an der Universität Bremen.*
Prof. Dr. Manfred Kirchgeorg *ist Inhaber des Lehrstuhls Marketingmanagement an der HHL - Leipzig Graduate School of Management.*

Einfach bestellen: kerstin.kuchta@gwv-fachverlage.de Telefon +49(0)611. 7878-626

KOMPETENZ IN SACHEN WIRTSCHAFT

Corporate Governance in der Erbfolge – der steuerlich optimale Übertragungszeitpunkt

Markus Diller

Überblick

- Insbesondere bei mittelständischen Unternehmen stellt sich das Problem der optimalen Gestaltung der Unternehmensnachfolge als essentiell für den Fortbestand des Unternehmens dar. Der vorausschauenden Planung der Erbschaft- und Schenkungsteuer ist daher besonderes Gewicht beizumessen.
- Jede unentgeltliche Vermögensübertragung löst grundsätzlich Erbschaft- bzw. Schenkungsteuer aus, welche es aus betriebswirtschaftlicher Sicht zu minimieren gilt. Zahlreiche Vorschläge zur steueroptimalen Gestaltung der Unternehmensübergabe existieren hierzu im Schrifttum. Ein Schattendasein fristet jedoch die Frage nach der zeitlichen Gestaltung der erbschaft- bzw. schenkungsteuerlichen Bemessungsgrundlage, insbesondere des Zeitpunkts der Übertragung.
- Der folgende Beitrag widmet sich dieser Problematik. Hierbei werden Parallelen gezogen zwischen dem relativ jungen Forschungsgebiet der Realoptionen und dem Problem des optimalen Übertragungszeitpunkts. Ähnlich einer Warteoption stellt sich nämlich auch hier die Frage, ob die Übertragung sofort vorgenommen werden soll, oder ob die stochastische Wertentwicklung des steuerlichen Vermögenswertes abgewartet werden soll.

Keywords Tax-optimal · Timing · Family Business Transition

JEL: H20; H24

StB Dr. Markus Diller
ist wissenschaftlicher Assistent am Lehrstuhl für betriebswirtschaftliche Steuerlehre der Universität Passau, Innstraße 27, 94030 Passau. Kontakt: Tel.: 0851/509-2443, Email: diller@uni-passau.de. Seine bevorzugten Forschungsgebiete sind u.a. steueroptimale Finanzierungsentscheidungen, Erbschaftsteuerplanung sowie Fragen des internationalen Steuerrechts, insb. die Berechnung effektiver Steuersätze.

A. Einleitung[1]

In Bezug auf Familienunternehmen ist die typische Corporate Governance Diskussion, welche meist im Rahmen eines Principal-Agent-Ansatzes geführt wird, mangels Trennung von Eigentum und Management nur beschränkt einschlägig. Es mehren sich jedoch in letzter Zeit die Stimmen in der Literatur, welche im Rahmen einer erweiterten Definition von Corporate Governance auch die speziellen Themenbereiche der Gestaltung von Prozessen und Strukturen familiengeführter Unternehmen einschließen.[2] Wie jüngst von Kellersmann/Winkeljohann beschrieben, gehört zu Corporate Governance im Mittelstand bzw. in Familienunternehmen insbesondere auch die Planung und erfolgreiche Durchführung einer Unternehmensübergabe.[3]

Die Planung der Unternehmensnachfolge ist ein äußerst komplexer Prozess, welcher sich insbesondere durch eine Vielzahl unterschiedlicher Perspektiven auszeichnet; dies spiegelt sich in der betriebswirtschaftlichen Forschung zu diesem Themengebiet wider, welche sich von der Beschäftigung mit den beteiligten Unternehmerpersönlichkeiten über den Prozess der Unternehmensnachfolge bis hin zu den Bestimmungsfaktoren einer erfolgreichen Nachfolge erstreckt.[4] Die Planung des Generationswechsels wird hierbei in der einschlägigen betriebswirtschaftlichen Literatur regelmäßig als kontinuierlicher, dynamischer Prozess aufgefasst, welcher in verschiedene Phasen eingeteilt werden kann.[5] Im Rahmen der so genannten Umsetzungs- oder Übergabephase findet eine Übertragung der Eigentumsrechte am Unternehmen statt. Da bei einem Generationswechsel von einer unentgeltlichen Übergabe ausgegangen werden kann, wird hierdurch der Anfall einer Erbschaft- bzw. Schenkungsteuer ausgelöst. Die Optimierung der steuerlichen Auswirkungen wird regelmäßig als integraler Bestandteil der Nachfolgeplanung gesehen.[6]

Aus rechtlicher Sicht werden Vermögensübertragungen zu Lebzeiten des künftigen Erblassers auf einen oder mehrere künftig erbberechtigte Personen, die im Vorgriff auf die Erbfolge vorgenommen werden, als vorweggenommene Erbfolge bezeichnet, deren tendenzielle Vorteilhaftigkeit sich auch empirisch andeutet.[7] Bisherige Arbeiten zur optimalen Gestaltung der vorweggenommenen Erbfolge aus steuerlicher Perspektive befassen sich hauptsächlich damit, Gestaltungswahlrechte im Bereich der Erbschaft- und Schenkungsteuer und/oder im Bereich der Einkommensteuer zu analysieren.[8] Meist geht es darum, diejenigen rechtlichen Gestaltungen für wirtschaftlich ähnliche Sachverhalte zu identifizieren, welche zu einer minimalen Steuerbelastung führen. Grundsätzlichere Überlegungen, z.B. wann eine Vermögensübertragung zu Lebzeiten vorgenommen werden sollte, existieren im Schrifttum bislang nur in Ansätzen.[9] Ziel des vorliegenden Beitrags ist die Behandlung der Frage, ob aus erbschaftsteuerlicher Perspektive ein optimaler Zeitpunkt der Vermögensübergabe bestimmt werden kann.

B. Erbschaft- und schenkungsteuerliche Grundlagen

Für das Verständnis des nachfolgenden Modells, insbesondere der stochastischen Entwicklung des Steuerwerts des Betriebsvermögens, ist es notwendig, Grundlagen der Erbschaft- und Schenkungsteuer kurz zu skizzieren.[10]

I. Bemessungsgrundlage

Dem Erbschaftsteuer- und Schenkungsteuergesetz unterliegen sowohl Erwerbe von Todes wegen als auch Schenkungen unter Lebenden. Die vorzeitige Übergabe von Vermögen an die nächste Generation löst somit die gleiche Steuerbelastung aus wie der Übergang von Vermögen im Rahmen einer Erbschaft. Während die Erbschaftsteuer mit dem Tode des Erblassers entsteht, ist die Schenkungsteuer mit dem Zeitpunkt der Ausführung der Zuwendung entstanden (§ 9 ErbStG). Bei einer Vermögensübergabe zu Lebzeiten handelt es sich somit um eine Schenkung, aufgrund des allgemeinen Sprachgebrauchs wird jedoch im Folgenden nicht weiter differenziert und stets von Erbschaftsteuer gesprochen.

Zur Ermittlung der erbschaftsteuerlichen Bemessungsgrundlage ist eine Bewertung des Vermögens notwendig; die Vorgehensweise der Bewertung ist abhängig von der Art des Vermögens. Für die wichtigsten Vermögensarten (Kapitalgesellschaftsanteile, Personengesellschaftsanteile bzw. Einzelunternehmen, Grundstücke) im Rahmen von Unternehmensnachfolgen werden im Folgenden die Bewertungsmethoden kurz skizziert:

Das Betriebsvermögen beinhaltet gem. § 12 Abs. 5 ErbStG i.V.m. § 95 BewG sämtliche Wirtschaftsgüter, die bei der steuerlichen Gewinnermittlung in der Steuerbilanz aktiviert oder passiviert werden. Diese Wirtschaftsgüter sind grundsätzlich mit dem Steuerbilanzwert anzusetzen. Ausnahmen gelten lediglich für Anteile an Kapitalgesellschaften sowie für Betriebsgrundstücke, welche nach den für sie einschlägigen Bewertungsverfahren bewertet werden.

Anteile an Kapitalgesellschaften werden stets mit ihrem gemeinen Wert nach § 9 BewG angesetzt; da bei mittelständischen Betrieben regelmäßig nicht davon auszugehen sein wird, dass ein Kurswert existiert (§ 11 Abs. 1 Satz 1 BewG) oder dass zeitnahe Verkäufe vorliegen (§ 11 Abs. 2 Satz 2 BewG), ist das Stuttgarter Verfahren anzuwenden, welches im Rahmen eines Mischverfahrens den gemeinen Wert anhand der bereinigten Gewinne der letzten drei Jahre sowie der Bilanzwerte berechnet (§ 12 Abs. 2 ErbStG i.V. mit § 11 Abs. 2 Satz 2 BewG).[11] Grundstückswerte werden im Rahmen der sog. Bedarfsbewertung ermittelt; unbebaute Grundstücke werden hierbei gem. § 145 BewG mit den ermäßigten Bodenrichtwerten angesetzt, bebaute Grundstücke gem. § 146 BewG mit dem 12,5-fachen der durchschnittlichen Jahresmiete der letzten drei Jahre.[12]

Gem. § 13a Abs. 1 ErbStG bleibt bei Betriebsvermögen sowie Anteilen an Kapitalgesellschaften ein Betrag i.H.v. 225.000 € außer Ansatz. Der Rest dieses Vermögens ist gem. § 13a Abs. 2 ErbStG nur zu 65 % anzusetzen. Für Kinder, von welchen im Rahmen einer Betriebsübergabe regelmäßig auszugehen sein wird, existiert gem. § 16 Abs. 1 Nr. 2 ErbStG zudem ein Freibetrag von 205.000 €.[13] Insgesamt bleibt somit bei Betriebsvermögen ein Betrag i.H.v. $225.000 + \dfrac{205.000}{0{,}65}$ steuerfrei. Da der Steuerwert des Betriebsvermögens aufgrund obiger Bewertungsverfahren deutlich unterhalb der Marktwerte liegt, können somit beträchtliche Werte steuerfrei übertragen werden, zumal der Kinderfreibetrag für jedes Kind gewährt wird.

II. Tarif

Die Erbschaftsteuer weist einen Stufentarif auf, welcher neben dem Vermögenswert abhängig ist vom Verwandtschaftsgrad des Übergebers zum Übernehmer. Bei Übergabe von Betriebsvermögen findet jedoch aufgrund des Entlastungsbetrags nach § 19a ErbStG grundsätzlich die günstige Steuerklasse I Anwendung – aufgrund der seit 2004 geltenden Kürzung des hierfür notwendigen Entlastungsbetrags im Falle der Steuerklassen II und III auf 88 % (§ 19a Abs. 4 ErbStG) gilt diese Aussage nur tendenziell. Die Steuersätze bewegen sich zwischen 7 % und 30 %. Von den tatsächlichen Steuersätzen soll im Verlauf der Untersuchung abstrahiert werden, da lediglich die Darstellung von Steuerwirkungen, nicht die Berechnung von konkreten Werten intendiert ist. Es muss jedoch darauf hingewiesen werden, dass sich die Steuer nicht – wie z.B. im Bereich der ebenfalls als Stufentarif ausgestalteten Gewerbesteuer – als Integral unter der Grenzsteuerfunktion berechnet, sondern dass der Prozentsatz der jeweiligen Stufen für den gesamten steuerpflichtigen Erwerb gilt.[14]

C. Optimaler Übertragungszeitpunkt und effektive Steuerlast

Für jeden Unternehmer, der sein Unternehmen an die nächste Generation übergeben will, stellt sich die Frage, ob er diese Übergabe jetzt oder erst zu einem späteren Zeitpunkt vornehmen will. Unter der Annahme, dass außersteuerliche Aspekte keinen Einfluss ausüben, z.B. weil auch ohne die Verschaffung des Eigentums über das Unternehmen die beabsichtigten organisatorischen Strukturen implementierbar sind, sowie unter der Prämisse eines fehlenden Einflusses anderer Steuerarten wie z.B. der Einkommensteuer,[15] soll im Folgenden untersucht werden, ob rein erbschaft- und schenkungsteuerliche Gründe die Wahl des Übergabezeitpunkts beeinflussen können.

I. Grundlegende Effekte

Zwei grundlegende Effekte stehen sich bei der Bestimmung des optimalen Übertragungszeitpunkts im Rahmen der Erbschaft- und Schenkungsteuer diametral gegenüber: Zum einen kann unterstellt werden, dass der Wert des zu übertragenden Vermögens im Zeitablauf steigt. Aus diesem Blickwinkel ist eine möglichst frühe Übertragung des Vermögens zu einem geringeren Wert vorteilhaft. Andererseits sinkt der Barwert der Steuerzahlung, je später diese fällig wird und lässt somit eine möglichst späte Übertragung sinnvoll erscheinen. Unter Sicherheit und unter der Annahme eines proportionalen Steuertarifs ohne Freibetrag kann der Entscheidungskalkül daher nur lauten: Führe die Schenkung sofort durch, wenn die Wertsteigerung des Vermögens über dem (nachsteuerlichen) Zinssatz liegt und vice versa. In ersterem Fall wird nämlich die Wertsteigerung des Vermögens und somit die Erhöhung der Schenkungsteuerzahlung nicht durch die Verlagerung der Steuerzahlung in die Zukunft kompensiert.

Im Folgenden soll dieser Kalkül um die Unsicherheit der steuerlichen Wertentwicklung des zu übertragenden Vermögens erweitert werden. Es ist offensichtlich, dass sich dieser Wert stochastisch entwickelt. Die größte Volatilität dürften in diesem Zusammenhang sicherlich Anteile an Kapitalgesellschaften aufweisen, die im Rahmen des Stuttgarter Verfahrens bewertet werden. Der gewichtete Durchschnittsertrag der letzten drei Jahre ist hierbei für die Ertragskomponente ausschlaggebend. Doch auch im Rahmen der Bewertung von Einzelunternehmen sowie Anteilen an Personenunternehmen, bei welchen die steuerbilanziellen Buchwerte ausschlaggebend sind, weist das Eigenkapital eine stochastische Entwicklung auf, welche von den Veränderungen der einzelnen Bilanzpositionen abhängig ist.

II. Eine Analogie zu Realoptionen

In der Grundform handelt es sich beim Realoptionsansatz um folgendes Kalkül:[16] Eine Investition, welche aktuell einen bestimmten Ertragswert aufweist, kann entweder sofort oder erst in den zukünftigen Perioden unter Zahlung eines bestimmten Betrags durchgeführt werden. Bei sofortiger Durchführung wird der aktuelle Kapitalwert der Investition realisiert. Wartet man hingegen mit der Durchführung eine Periode, so nimmt man in Kauf, dass der Kapitalwert erst eine Periode später realisiert wird und somit aus heutiger Sicht an Wert verliert; gleichzeitig erhält man jedoch einen verbesserten Informationsstand und könnte – bei einer ungünstigen Entwicklung des Ertragswerts der Investition – gegebenenfalls auf eine Durchführung verzichten.

Diese Vorgehensweise ist spiegelverkehrt auf obiges Problem des optimalen Übergabezeitpunkts zu übertragen: Auch hier ist die Erbschaftsteuer abhängig von der Höhe eines sich stochastisch entwickelnden steuerlichen Vermögenswerts. Der Aufschub der Übergabe bewirkt jedoch im Gegensatz zum Aufschub einer Investition einen vorteilhaften Zinseffekt, da es sich um eine verlagerte Auszahlung handelt. Zudem gilt es, ein Minimierungsproblem zu lösen, da die Erbschaftsteuerbelastung möglichst gering werden soll. Im Folgenden wird ein Modell aufgestellt, welches den stochastischen Prozess des Steuerwerts des Vermögens analog zum Ansatz von Cox/Ross/Rubinstein[17] als diskretes Binomialmodell modelliert.[18]

Die Länge des Planungszeitraums T wird in N Zeitintervalle der Länge Δt eingeteilt. Das Ende des Planungszeitraums wird von der Länge der im Schrifttum als Übergabephase bezeichneten Zeitspanne bestimmt, innerhalb welcher die Übertragung abgeschlossen sein soll.[19] Der erbschaftsteuerliche Wert des Vermögens $V_{i,j}$ erhöht sich in jedem Zeitschritt i der Länge Δt entweder um den Faktor u > 1, falls die Anzahl der Aufwärtsbewegungen j ansteigt,

(1) $V_{i+1,j+1} = V_{i,j} \cdot u$

oder sinkt um den Faktor $d = \frac{1}{u}$:

(2) $V_{i+1,j} = V_{i,j} \cdot d$

In Abhängigkeit von der Anzahl der Aufwärtsbewegungen j ergibt sich der steuerliche Vermögenswert nach i Schritten ($0 \leq i \leq N$ sowie $0 \leq j \leq i$) als:

(3) $V_{i,j} = V_0 \cdot u^j \cdot d^{i-j}$

V_0 Steuerwert des Vermögens im Zeitpunkt t = 0

Ein risikoneutraler Entscheider wird zu jedem Zeitpunkt den Barwert des Erwartungswerts der Erbschaftsteuer im Falle der Nichtübertragung mit der Erbschaftsteuer vergleichen, welche bei sofortiger Übertragung fällig wäre. Da sämtliche möglichen Vermögenswerte im Zeitpunkt N · Δt bekannt sind, ist es möglich, im Rahmen eines Roll-back-Verfahrens den Binomialbaum rückwärts abzuarbeiten. Im vorletzten Zeitpunkt (N-1) · Δt kann für jeden dann möglichen Vermögenswert entschieden werden, ob die sofortige Vermögensübergabe eine geringere Erbschaftsteuer zeitigt verglichen mit dem abgezinsten (Zinssatz r) Erwartungswert der Erbschaftsteuer bei Nichtübergabe. Diese Vorgehensweise kann bis zum Zeitpunkt t = 0 durchgeführt werden und man erhält als Ergebnis sowohl die optimalen Ausübungszeitpunkte in Abhängigkeit von der Entwicklung des steuerlichen Vermögenswertes als auch den Wert der Erbschaftsteuer im Zeitpunkt t = 0. Letztere soll im Folgenden effektive Erbschaftsteuerbelastung genannt werden, da sie im Gegensatz zur nominellen Erbschaftsteuer auch die Flexibilität der Handlungsmöglichkeiten in die Betrachtung einbezieht. Formal kann dieses Verfahren für $0 \leq i \leq N-1$ sowie $0 \leq j \leq i$ wie folgt dargestellt werden:

(4) $\quad \text{effErbSt}_{i,j} = \min \left[\text{ErbSt}\left(V_0 \cdot u^j \cdot d^{i-j}\right), e^{-r \cdot \Delta t} \cdot \left[p \cdot \text{effErbSt}_{i+1,j+1} + (1-p) \cdot \text{effErbSt}_{i+1,j} \right] \right]$

Im Ausgangspunkt i = N der Optimierung fällt mangels Handlungsflexibilität die effektive Erbschaftsteuer mit der nominellen Erbschaftsteuerlast zusammen:

(5) $\quad \text{effErbSt}_{N,j} = \text{ErbSt}\left(V_0 \cdot u^j \cdot d^{N-j}\right)$

Die Wahrscheinlichkeit für eine Aufwärtsbewegung (p), welche im Erwartungswert zu einem Ansteigen des Vermögens pro Zeitschritt um den Wachstumsfaktor $e^{w \cdot \Delta t}$ führt, erhält man durch Gleichsetzen des Erwartungswertes von V_{i+1} mit dem um die Wachstumsrate w gestiegenen Vermögen (V_i) und der anschließenden Auflösung nach p:

(6) $\quad \begin{aligned} E(V_{i+1}) &= p \cdot V_i \cdot u + (1-p) \cdot V_i \cdot d \\ V_i \cdot e^{w \cdot \Delta t} &= p \cdot V_i \cdot u + (1-p) \cdot V_i \cdot d \\ e^{w \cdot \Delta t} &= p \cdot u + (1-p) \cdot d \\ p &= \frac{e^{w \cdot \Delta t} - d}{u - d} \end{aligned}$

Durch die Bestimmung der Wahrscheinlichkeit p in Abhängigkeit von der Wachstumsrate w sowie den Parametern u und d wird erreicht, dass der erwartete Anstieg des Vermögens stets der vorgegebenen Wachstumsrate entspricht. Änderungen in den Parametern u bzw. d haben zwar Auswirkungen auf die Volatilität des Vermögens, nicht jedoch auf das erwartete Wachstum, da dieses durch die Anpassung der Wahrscheinlichkeit p konstant gehalten wird. Die Bestimmung der Wahrscheinlichkeit p ist zentrales Element im Rahmen investitionstheoretischer Binomialmodelle, da es auf diese Weise möglich ist, einen Trend des Underlyings vorzugeben.[20]

In optionspreistheoretischen Binomialmodellen, welche mit risikoneutralen Wahrscheinlichkeiten arbeiten, muss diese erwartete Wertsteigerung des Underlyings dem risikolosen Zins entsprechen. Diese Forderung kann daraus abgeleitet werden, dass es in den entsprechenden Modellen möglich ist, aus Derivat und Underlying ein Portfolio dergestalt zu formen, dass es den Zahlungsstrom der sicheren Anlage repliziert. Aus Arbitragegründen muss die Rendite dieses Portfolios mit der Rendite der sicheren Anlage übereinstimmen. Diese Argumentation ist jedoch in vorliegendem Fall nicht einschlägig, da zum einen das Vermögen zu seinem steuerlichen Wert regelmäßig weder ge- noch verkauft werden kann und zum anderen die Erbschaftsteuer auf das Vermögen eben keine handelbare Option darstellt. Daher handelt es sich bei der Wahrscheinlichkeit p nicht um die in diesen Modellen benutzte Pseudowahrscheinlichkeit, sondern um eine subjektive Wahrscheinlichkeit einer Aufwärtsbewegung bei gegebenen u, d und w. Das Scheitern einer Anwendung der Arbitragetheorie hat zur Folge, dass die Risikoeinstellung des Entscheiders explizit berücksichtigt werden muss. Im Folgenden soll aus Komplexitätsgründen ein risikoneutraler Entscheider unterstellt werden; die Berücksichtigung von Risikoaversion oder Risikofreude wäre durch die Implementierung entsprechender Nutzenfunktionen problemlos möglich.

1. Proportionaler Steuersatz

Aus Vereinfachungsgründen sei zunächst davon ausgegangen, dass der Erbschaftsteuertarif nach einem Freibetrag (FB) durchgehend einem proportionalen Tarif in Höhe von s folgt:

(7) $$\text{ErbSt} = \begin{cases} s \cdot (V - FB) & \text{für } V > FB \\ 0 & \text{sonst} \end{cases}$$

Tab. 1 soll die Zusammenhänge anhand eines Binomialbaums verdeutlichen; hierbei wird ein Steuerwert des Vermögens in $t = 0$ von $V_0 = 100$ GE, ein Freibetrag von 80 GE, ein sicherer nachsteuerlicher Zinssatz von $r = 0{,}05$, $\Delta t = 1$ ($\to i = t$), $s = 0{,}1$, $N = T = 4$, $w = 0$ sowie $u = 1{,}2214$ unterstellt:

Tab. 1. Entwicklung des Vermögens sowie der Erbschaftsteuer bei proportionalem Tarif

t=0	t=1	t=2	t=3	t=4
				222,55
				14,26
			182,21	
			9,72	
		149,18		149,18
		6,26		*6,92*
	122,14		122,14	
	3,63		*4,01*	
100,00		100,00		100,00
1,65		*1,81*		*2,00*
	81,87		81,87	
	0,19		*0,19*	
		67,03		67,03
		0,00		*0,00*
			54,88	
			0,00	
				44,93
				0,00

Tab. 1 stellt die möglichen Entwicklungen des Steuerwerts des Vermögens sowie die hieraus abgeleiteten Erbschaftsteuerbelastungen (kursiv gedruckt) dar. Letztere wiederum lassen sich danach unterscheiden, ob der Tatbestand der Schenkung verwirklicht wird und die Erbschaftsteuer in der entsprechenden Periode anfällt (fett gedruckt) oder, ob es sich um den Erwartungswert der zukünftigen Erbschaftsteuerbelastungen handelt (vgl. hierzu Gleichung (4)). Dieser Erwartungswert impliziert ein optimales Ausübungsverhalten in den folgenden Perioden. So zeigt sich z.B. anhand obiger Tabelle, dass in Periode t = 0 ein Abwarten vorteilhaft ist, da der abgezinste Erwartungswert der Erbschaftsteuerlast (1,65) geringer ist als die Erbschaftsteuer im Falle einer Sofortausübung ((100-80) · 0,1 = 2). Entwickelt sich der steuerliche Vermögenswert nach unten, so ist in der nächsten Periode eine Ausübung anzuraten. Grund hierfür ist, dass bei weiterem Abwarten aufgrund des Freibetrags nur eine minimale Steuersenkung eintreten kann, der jedoch bei einem Anstieg des Vermögenswertes eine volle Steuererhöhung gegenübersteht. Durch diesen Effekt wird der Zinseffekt überkompensiert. Im Falle eines Anstiegs auf 122,14 GE hingegen ist ein Aufschub der Besteuerung sinnvoll.

Für die weiteren Analysen wird die Erbschaftsteuerlast in Abhängigkeit vom Wert des steuerpflichtigen Vermögens in t = 0 dargestellt:

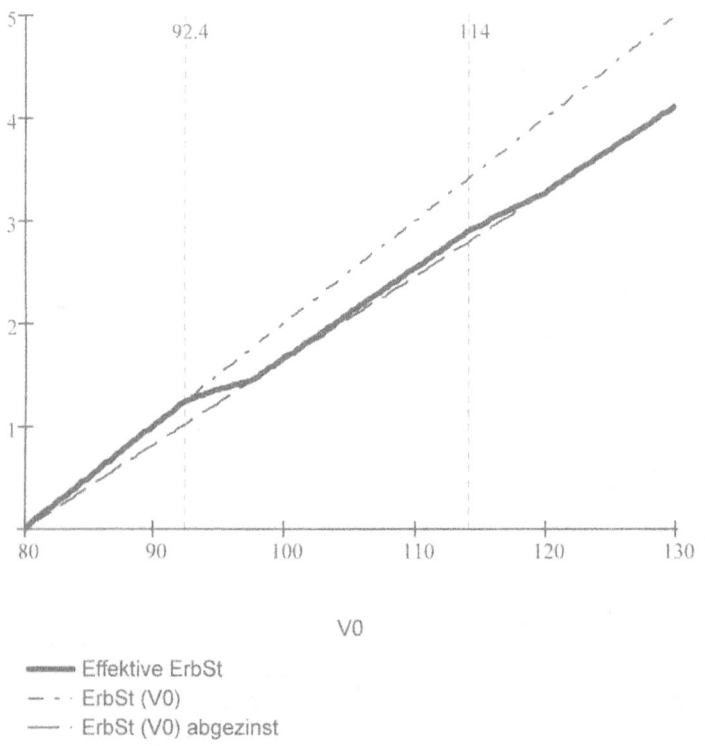

Abb. 1. Effektive Erbschaftsteuer bei linearem Tarif

Anhand der beiden gestrichelt eingezeichneten Funktionen wird der Spielraum deutlich, innerhalb welchem sich die effektive Erbschaftsteuerlast bewegt; hierbei stellt die obere der beiden Funktionen diejenige Steuerlast dar, welche sich bei sofortiger Ausübung ergibt, während die untere Funktion die mit dem sicheren, nachsteuerlichen Zinssatz abgezinste Erbschaftsteuerbelastung zeigt, falls zum in $t = 0$ gegebenen Wert des Vermögens erst in Periode 4 ausgeübt würde. Diese Funktion drückt also den reinen Zinseffekt aus, welcher durch ein Aufschieben einer nominell gleich bleibenden Steuerlast in die Zukunft entsteht.

Der Wert der effektiven Erbschaftsteuer folgt zunächst der Ausübungsfunktion, d.h. bei Vermögenswerten nahe dem Freibetrag ist eine sofortige Vermögensübergabe sinnvoll. Erklärt werden kann dies dadurch, dass der Zinseffekt aus der Verlagerung der ErbSt-Zahlung in die Zukunft die asymmetrische Entwicklung dieser (Belastung bei steigendem V_0, keine entsprechende Entlastung bei sinkendem V_0) nicht kompensieren kann. Mit steigendem Steuerwert des zu übergebenden Vermögens und somit mit steigender Entfernung vom Freibetrag nimmt dieser Effekt stetig ab; der Zinseffekt tritt stärker in den Vordergrund. Grafisch zeigt sich dies daran, dass sich der Wert der Erbschaftsteuer zunehmend an die Funktion des Barwerts der Erbschaftsteuer annähert. Bei Vermögen nahe dem Freibetrag muss also auf den Zinseffekt verzichtet werden, da ein Abwarten aufgrund asymmetrischer Effekte mehr Verlustrisiken als Gewinnchancen bietet.

Die Stufungen in der Funktion der effektiven Erbschaftsteuer deuten auf ein geändertes Ausübungsverhalten hin: Für $92{,}4 \leq V_0 \leq 114$ liegt der optimale Ausübungszeitpunkt im Fall einer Abwärtsbewegung in $t = 0$ in Periode 1, während im Fall einer Aufwärtsbewegung abgewartet wird. Für $92{,}4 \leq V_0 \leq \frac{FB}{d} = 97{,}7$ ist zudem eine geringere Steigung der Funktion offensichtlich; der Grund liegt darin, dass im Falle einer Abwärtsbewegung in $t = 0$ auch in $t = 1$ ausgeübt wird, wenn das Vermögen unterhalb des Freibetrags liegt. Erhöhungen von V_0 führen also in diesem Bereich nur im Fall einer Aufwärtsbewegung zu einer erhöhten Steuerlast. Mit zunehmendem V_0 verlagert sich auch bei einer Abwärtsbewegung in $t = 0$ der optimale Besteuerungszeitpunkt immer stärker in Richtung Planungshorizont.

2. Stufentarif

In Deutschland wie auch in vielen anderen Ländern ist der Erbschaftsteuertarif als Stufentarif ausgestaltet, d.h. mit erhöhtem steuerpflichtigem Erwerb steigt auch der Steuersatz. Im Folgenden soll daher obiges Modell um einen progressiven Steuertarif erweitert werden. Die Erbschaftsteuerzahlung berechnet sich wie folgt:

$$(8) \quad ErbSt = \begin{cases} 0 & \text{für } V < FB \\ s_1 \cdot (V - FB) & \text{für } FB \leq V < Z \\ s_2 \cdot (V - FB) & \text{für } Z \leq V < Y \\ s_3 \cdot (V - FB) & \text{für } Y \leq V \end{cases}$$

Für $s_1 = 0{,}1$ und $s_2 = 0{,}2$, $s_3 = 0{,}3$, $FB = 80$, $Z = 130$ und $Y = 180$ (übrige Parameter wie oben) ergibt sich folgender veränderter Binomialbaum:

Tab. 2. Entwicklung des Vermögens sowie der Erbschaftsteuer bei Stufentarif

t=0	t=1	t=2	t=3	t=4
				222,55
				42,77
			182,21	
			25,55	
		149,18		149,18
		13,14		*13,84*
	122,14		122,14	
	4,21		*4,21*	
100,00		100,00		100,00
1,90		*1,90*		*2,00*
	81,87		81,87	
	0,19		*0,19*	
		67,03		67,03
		0,00		*0,00*
			54,88	
			0,00	
				44,93
				0,00

Im Gegensatz zu Tab. 1 zeigt sich hier, dass eine Ausübung in $t = 1$ sowohl im Falle einer Aufwärts- als auch im Falle einer Abwärtsbewegung vorteilhaft ist. Hier existieren nämlich zwei asymmetrische Effekte: zum einen der bereits erläuterte Effekt, sobald die Möglichkeit besteht, unter den Freibetrag zu fallen; zum anderen wirkt jedoch ein analoger Effekt nach oben, wenn im Rahmen einer Aufwärtsbewegung aufgrund des progressiven Tarifs ein höherer Steuersatz Anwendung findet. Diese überproportionale Erhöhung der Erbschaftsteuer (bezogen auf die Bemessungsgrundlage) kann regelmäßig nicht durch den Zinseffekt kompensiert werden. In obiger Tabelle ergibt sich diese Situation in $t = 1$: Da sich im Falle einer Aufwärtsbewegung von 122,14 GE auf 149,18 GE der anzuwendende Steuersatz von 10 % auf 20 % erhöht, während er im Falle einer Abwärtsbewegung gleich bleibt, steigt der Erwartungswert der Erbschaftsteuer beträchtlich, weshalb eine sofortige Ausübung in $t = 1$ vorteilhaft ist.

Die effektive Erbschaftsteuerbelastung erhöht sich durch die Einführung des Stufentarifs von 1,65 GE aus Tabelle 1 auf 1,90 GE, obwohl in beiden Fällen der anzuwendende Steuersatz beim aktuellen Vermögen 10 % beträgt, da aufgrund der Nichtausübung auch die potentiell höheren Steuersätze der Zukunft einen Einfluss ausüben. Die effektive Erbschaftsteuerbelastung in $t = 0$ in Abhängigkeit vom Startwert des Vermögens zeigt Abb. 2:

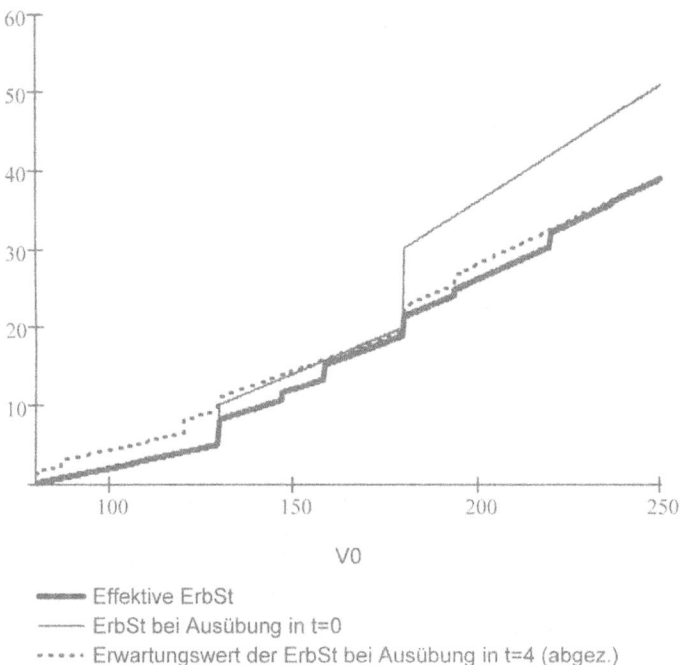

Abb. 2. Effektive Erbschaftsteuer bei Stufentarif

In Abb. 2 sind zwei zusätzliche Funktionen eingetragen, welche Grenzen für die effektive Steuerbelastung darstellen: Zum einen die Steuerbelastung in Abhängigkeit vom Steuerwert des Vermögens, welche bei einer sofortigen Vermögensübertragung anfiele, und zum anderen der abgezinste Erwartungswert der Erbschaftsteuer bei Übergabe im Planungshorizont. Der Erwartungswert berechnet sich aufgrund der Binomialverteilung wie folgt:

$$(9) \quad E(ErbSt_{t=T}) = \sum_{j=0}^{N} \frac{N!}{j!(N-j)!} p^j \cdot (1-p)^{N-j} \cdot ErbSt(V_0 \cdot u^j \cdot d^{N-j})$$

Bestünde keine Möglichkeit der zwischenzeitlichen Ausübung, so beschränkte sich die Analyse lediglich auf einen Vergleich dieser beiden Funktionen; hierbei weist die Ausübungsbelastung bei niedrigen Vermögenswerten stets günstigere Belastungswerte auf, da ein Abwarten aufgrund oben erläuterter asymmetrischer Besteuerungseffekte sich für den Steuerpflichtigen nachteilig auswirkt. Ab einem bestimmten Vermögen ist die Ausübung im Planungshorizont jedoch der Sofort-Ausübung überlegen; dies ist der Fall, wenn der Zinseffekt sowie die Chance eines niedrigeren Steuersatzes bei fallendem Vermögenswert das Risiko erhöhter Steuersätze ausgleichen.

Da im Rahmen der effektiven Erbschaftsteuerbelastung eine jederzeitige Ausübung des Wahlrechts möglich ist, oben dargestellte Belastungen sozusagen als Grenzwerte des Wahlrechts fungieren, müssen die effektiven Belastungswerte unterhalb beider Funktionen liegen und somit vom Minimum aus beiden Funktionen begrenzt werden. Dies kann auch anhand von Abb. 2 nachvollzogen werden: Bei geringen Vermögenswerten liegt die effektive Erbschaftsteuerbelastung auf der Funktion $ErbSt_{t=0}$, da eine sofortige Ausübung sinnvoll ist. Durch das optimale Ausübungsverhalten in den zukünftigen Perioden bedingt, entfernt sie sich von der Funktion $ErbSt_{t=0}$ (ab einem Wert von $V_0 = 96$, zunächst nur marginal) und nähert sich für hohe Vermögenswerte der abgezinsten Funktion aus Gleichung (9) an. Erreicht sie diese, so ist für alle Wertentwicklungen von V_0 die Übergabe an den Planungshorizont zu verlagern.

III. Sensitivitätsanalyse

Nachfolgend soll eine Sensitivitätsanalyse durchgeführt werden, um die erhaltenen Ergebnisse auf die Veränderung von bislang als konstant angenommenen Parametern zu untersuchen.

1. Variation der Wachstumsrate

Maßgeblichen Einfluss auf die Entscheidung zwischen sofortiger Übergabe und Abwarten hat die Höhe der Wachstumsrate des Betriebsvermögens, welche bislang als null unterstellt wurde. Diese Annahme setzt grundsätzlich eine Vollausschüttung aus dem jeweiligen Vermögen voraus, sodass keinerlei Thesaurierungseffekte entstehen. Erhöht man nun c.p. die Wachstumsrate von 0 % auf 8 %, so zeigt Abb. 3 die Auswirkungen:

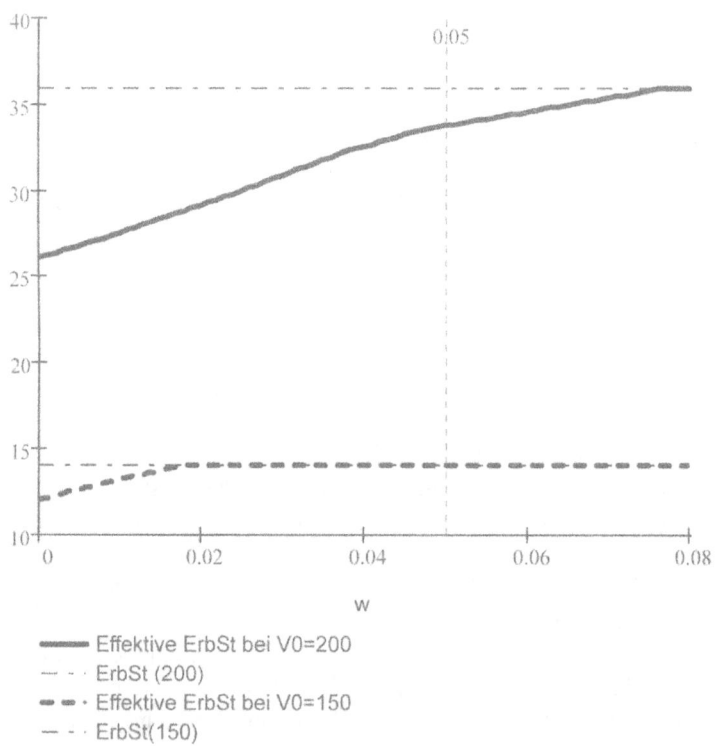

Abb. 3. Einfluss der Wachstumsrate auf die effektive Steuerlast

Die effektive Erbschaftsteuerlast erhöht sich mit steigender Wachstumsrate, um schließlich in die Steuerbelastung bei sofortiger Ausübung des Wahlrechts zu münden. Der Grund liegt darin, dass mit zunehmender Wachstumsrate der Zinseffekt durch die Werterhöhung des steuerlichen Vermögens neutralisiert wird. Die Möglichkeit einer zeitlichen Verlagerung der Steuerzahlung in die Zukunft und somit einer Senkung der effektiven Steuerlast verliert an Wert. Es ist ebenfalls ersichtlich, dass die Wachstumsrate, ab welcher die effektive Steuerbelastung in die nominelle Steuerbelastung (und somit in die Sofortausübung) mündet, abhängig ist vom Ausgangsniveau des Vermögens. Bei einem Ausgangswert von $V_0 = 200$ GE (maximaler Steuersatz) ist eine Verlagerung der Steuerzahlung in die Zukunft sogar dann noch vorteilhaft, wenn die Wachstumsrate den nachsteuerlichen Kalkulationszins von 5 % überschreitet, da neben dem Zinseffekt auch noch die Chance existiert, in eine niedrigere Progressionszone zu fallen, wohingegen eine Erhöhung des Steuersatzes nicht mehr möglich ist. Letzteres gilt nicht für den Ausgangswert von 150 GE, weshalb hier schon bei deutlich geringeren Wachstumsraten eine Ausübung und somit eine Übereinstimmung der Funktionen erkennbar ist.

Ein weiterer Effekt tritt neben den oben erläuterten progressionsbedingten Effekt: Unter der Annahme, dass der steuerliche Vermögenswert derart hoch ist, dass er selbst bei einer Abwärtsbewegung noch in der höchsten Progressionsstufe liegt (Ausblenden des Progressionseffekts), ist eine sofortige Übergabe vorteilhaft, wenn gilt:

$$\left[p \cdot (u \cdot V_0 - FB) \cdot s + (1-p) \cdot (d \cdot V_0 - FB) \cdot s \right] \cdot e^{-r \cdot \Delta t} \geq (V_0 - FB) \cdot s$$

$$\left[p \cdot u \cdot V_0 - p \cdot FB + (1-p) \cdot d \cdot V_0 - (1-p) \cdot FB \right] e^{-r \cdot \Delta t} \geq V_0 - FB$$

unter Verwendung von (6) ergibt sich

(10)
$$\left[e^{w \cdot \Delta t} \cdot V_0 - FB \right] \cdot e^{-r \cdot \Delta t} \geq V_0 - FB$$

$$e^{w \cdot \Delta t} \geq \frac{(V_0 - FB) \cdot e^{r \cdot \Delta t} + FB}{V_0}$$

$$w \cdot \Delta t \geq \ln \frac{(V_0 - FB) \cdot e^{r \cdot \Delta t} + FB}{V_0} = \ln \left(e^{r \cdot \Delta t} - \frac{FB \cdot (-1 + e^{r \cdot \Delta t})}{V_0} \right)$$

Für sehr hohe V_0 geht der zweite Ausdruck in der Klammer gegen null; in diesen Fällen ist die Sofortausübung vorteilhaft, wenn $w \geq r$ gilt, also die Wachstumsrate des Vermögens über dem nachsteuerlichen Zinssatz liegt. In allen anderen Fällen ist ein niedrigeres w für die Vorteilhaftigkeit der Sofortausübung ausreichend, da $\frac{FB(-1 + e^{r \cdot \Delta t})}{V_0}$ für positive Zinssätze stets positiv ist. Ökonomisch drückt dieser Effekt den Nachteil aus, der dadurch entsteht, dass bei steigendem Vermögen der Freibetrag FB relativ gesehen an Bedeutung verliert.

Das Zusammenspiel zwischen den Parametern V_0 und w im Hinblick auf die effektive Erbschaftsteuerbelastung soll anhand der folgenden Grafik c.p. verdeutlicht werden:

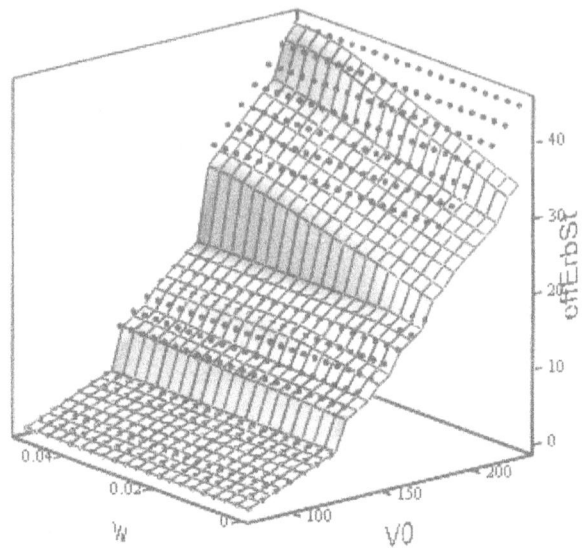

Abb. 4. Einfluss von w und V_0 auf die effektive Steuerlast

Das Gitternetz stellt die Funktion der effektiven Erbschaftsteuerbelastung dar, die Punkte darüber die Erbschaftsteuer, die bei einer sofortigen Übertragung fällig wäre. Im Bereich V_0 < 130 hat eine Erhöhung von w kaum Einfluss, da hier die baldige Übertragung selbst bei einer Wachstumsrate von null die vorteilhafte Strategie ist. Mit zunehmendem V_0 gewinnt die Wachstumsrate w verstärkt an Einfluss, was sich in einem erhöhten Wert der partiellen Ableitung der effektiven Erbschaftsteuer nach w zeigt. Die Sofortausübung, d.h. die Übereinstimmung von effektiver Erbschaftsteuer und nomineller Steuer, wird bei großem V_0 erst bei hohen Werten von w erreicht, da Progressionseffekte in den Hintergrund treten.

2. Variation der Standardabweichung

Eine bislang konstant gehaltene Größe war die Höhe einer Aufwärtsbewegung u (und somit auch die Höhe einer Abwärtsbewegung $d = \frac{1}{u}$). Im Folgenden soll untersucht werden, wie sich eine Änderung dieser Schwankungsbreite bei sonst gleich bleibenden Parametern, insbesondere bei gleicher Wachstumsrate, auf die effektive Erbschaftsteuerlast und somit auf den optimalen Zeitpunkt der Übertragung auswirkt. Da üblicherweise die Standardabweichung als Volatilitätsmaß benutzt wird, soll zunächst ein Zusammenhang zwischen den Variablen u bzw. d und der Standardabweichung σ des erwarteten Wachstumsfaktors des Vermögens aufgestellt werden:[21]

(11) $\quad \begin{aligned} \text{var}(X) &= E(X^2) - E(X)^2 \\ \text{var}(\frac{V_{i+1}}{V_i}) &= p \cdot u^2 + (1-p) \cdot d^2 - (p \cdot u + (1-p) \cdot d)^2 = \sigma^2 \cdot \Delta t \end{aligned}$

Durch Einsetzen von (6) und Umformung erhält man als mögliche Lösung für kleine t:

(12) $$u = e^{\sigma\sqrt{\Delta t}}$$
$$d = e^{-\sigma\sqrt{\Delta t}}$$

Unter Verwendung dieser Gleichungen kann der Zusammenhang zwischen effektiver Erbschaftsteuerbelastung und Standardabweichung σ dargestellt werden:

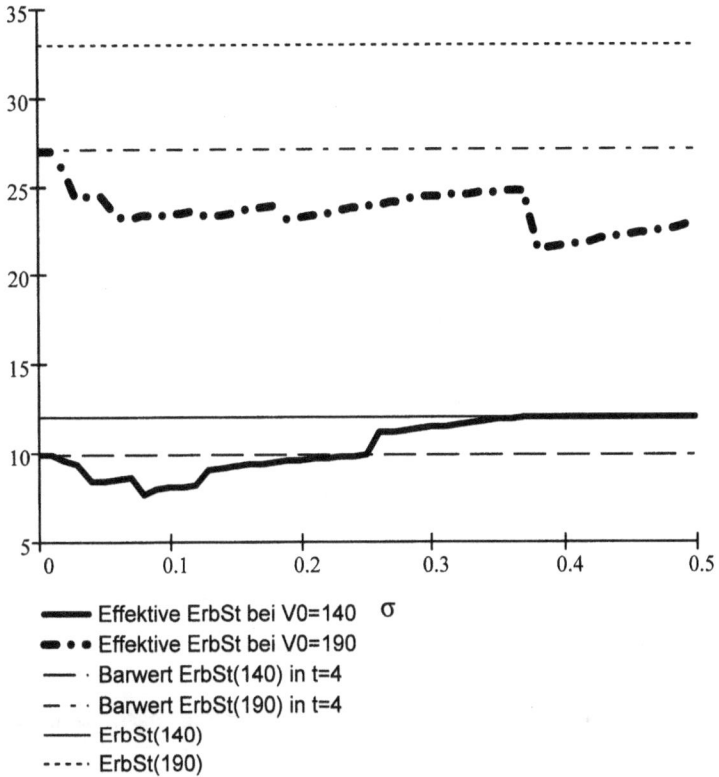

Abb. 5. Einfluss der Standardabweichung auf die effektive Steuerlast (w = 0)

Abb. 5 zeigt die effektiven Erbschaftsteuerbelastungen sowohl bei einem Vermögen in t = 0 von V_0 = 140 GE sowie von V_0 = 190 GE. Für beide Fälle wurden zudem die Steuerbelastungen im Falle einer Sofortausübung und einer Ausübung (bei gleichem Vermögenswert) im letztmöglichen Zeitpunkt (T = 4) eingetragen. Deutlich zeigt sich, dass diese extremen Handlungsalternativen Eckpunkte der effektiven Steuerlast darstellen; während jedoch die Sofortausübung eine obere Grenze der effektiven Erbschaftsteuerbelastung darstellt, welche nicht überschritten werden kann, handelt es sich bei der abgezinsten Belastung lediglich um einen Ausgangspunkt für die effektive Steuerbelastung; denn unter den gegebenen Prämissen (insbesondere w = 0) entspricht der Erwartungswert von V in T dem Ausgangswert und bei sehr geringen Wertschwankungen (bzw. fehlenden Wertschwankungen für σ = 0) kann weder eine höhere Progressionsstufe noch ein Fallen unter den Freibetrag erreicht werden. Der Funktionsverlauf der Effektivsteuerbelastungen zeigt, dass ein Unterschreiten der Belastung, welche sich durch ein Aufschieben auf den

Planungshorizont ergibt, bei steigender Standardabweichung durchaus möglich ist, nämlich dann, wenn der Zinseffekt durch Progressionseffekte verstärkt wird.

3. Variation des Planungshorizonts

Bisher wurde von einem Zeithorizont von T = 4 ausgegangen; dies geschah hauptsächlich, um eine übersichtliche Darstellung der Binomialbäume zu ermöglichen. Im Folgenden sollen die Ergebnisse auf eine Veränderung des Planungshorizonts hin überprüft werden.

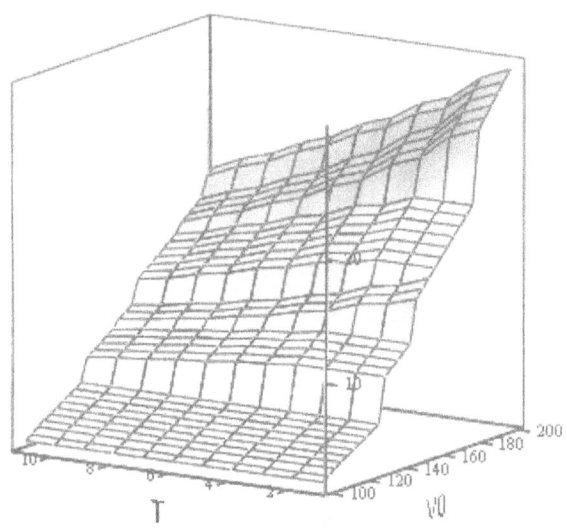

Abb. 6. Einfluss eines veränderten Planungshorizonts auf die effektive Steuerlast

Unter den gegebenen Prämissen bewirkt ein Anstieg des Planungshorizonts entweder ein Sinken der Effektivsteuerbelastung oder keine Veränderung; ein Anstieg ist ausgeschlossen, da ein längerer Planungshorizont lediglich die Möglichkeit bietet, eine spätere Übertragung vorzunehmen, die Übertragung in t = 0 sowie in allen weiteren Zeitpunkten ist weiterhin möglich. Ein längerer Planungshorizont enthält daher sämtliche möglichen Steuerbelastungen eines kürzeren Planungshorizonts, z.B. bei vorzeitiger Ausübung des Wahlrechts. Solange die Erhöhung des Planungshorizonts im Falle einer vorzeitigen Ausübung nicht zu einer Veränderung des Übergabezeitpunkts führt, wird die effektive Steuerbelastung nicht verändert. Dies kann auch anhand der obigen Grafik erkannt werden: Während für kleine V_0 die frühzeitige Ausübung sehr stabil ist und innerhalb des hier betrachteten Planungshorizonts stets die Wartealternative dominiert, ist sie für höhere Werte von V_0 nur noch für kleine T die vorteilhafte Strategie; anhand eines Sinkens der effektiven Steuerbelastung kann man erkennen, dass sich die Ausübung tendenziell in spätere Zeitpunkte verlagert.

4. Einbezug von Teilübertragungen

Bislang wurde stets davon ausgegangen, dass das Vermögen in einem Akt übergeben werden soll; diese Prämisse wird im Folgenden aufgegeben. Eine klassische Progressionsabschwächung (wie z.B. im Bereich der optimalen Steuerbilanzpolitik) durch eine Aufteilung der Bemessungsgrundlage auf mehrere Zeitpunkt ist jedoch nicht möglich, da gemäß § 14 ErbStG frühere Erwerbe innerhalb eines Zeitraums von 10 Jahren dem letzten Erwerb hinzugerechnet werden; von der hierauf entfallenden Steuer kann jedoch die in früheren Perioden angefallene Erbschaftsteuer wieder abgezogen werden. Aufgrund dieses sog. erbschaftsteuerlichen Progressionsvorbehalts fällt also innerhalb eines 10-Jahres-Zeitraums bei einer Verteilung der Bemessungsgrundlage auf mehrere Perioden die gleiche Steuer an wie bei einer Übertragung in einer Periode. Folgende Gründe sprechen jedoch trotzdem für eine Vorverlagerung eines Teilbetrags:

So kann dem in C.III.1 beschriebenen Effekt der relativen Abnahme des Freibetrags entgegengewirkt werden, indem dieser bereits in $t = 0$ verbraucht wird. Wertsteigerungen auf das hierbei übergebene Vermögen bleiben somit unversteuert. Selbst bei einer Wachstumsrate von null kann eine Teilübertragung in $t = 0$ von Vorteil sein, wenn V_0 relativ nahe am Freibetrag liegt; denn in diesen Fällen kann der im Falle einer Aufwärtsbewegung nachteilig wirkende Effekt aus C.III.1 nicht durch den Vorteil, der bei einer Abwärtsbewegung entsteht, ausgeglichen werden. Obwohl beide Effekte für das Vorziehen einer Teilschenkung zumindest in Höhe des Freibetrags sprechen, muss bezweifelt werden, dass deren Höhe die Kosten einer zusätzlichen Übertragung rechtfertigen kann.

Ein Planungshorizont von über 10 Jahren eröffnet hingegen eine „echte" Progressionswirkung. Durch die Verteilung einer Gesamtbemessungsgrundlage auf mehrere Perioden kommt es zu einer mehrmaligen Nutzung sowohl des Freibetrags als auch der niedrigen Eingangssteuersätze. Voraussetzung ist aufgrund des oben erläuterten erbschaftsteuerlichen Progressionsvorbehalts, dass zwischen den beiden Teilübertragungen mindestens 10 Jahre liegen; ist dies der Fall, so stellt sich nicht nur die Frage nach dem Zeitpunkt der beiden Teilübertragungen, sondern auch nach der optimalen Verteilung des Gesamtvermögens auf die beiden Übertragungszeitpunkte.

Unter der realistischen Prämisse, dass aufgrund des 10-jährigen Wartezeitraums die erste Teilübertragung bereits zu Beginn der Übergabephase in $t = 0$ vorgenommen wird, da sich andernfalls der Planungshorizont unüberschaubar verlängern würde, ergibt sich folgende Vorgehensweise: In $t = 0$ erfolgt eine Teilübertragung mindestens in Höhe des Freibetrags. Nach Ablauf der 10-Jahresfrist wird für das verbleibende Vermögen zu dem dann gegebenen Informationsstand – d.h. unter Kenntnis des Vermögenswertes in diesem Zeitpunkt – eine Vorteilhaftigkeitsüberlegung gemäß Gliederungspunkt C.II angestellt, also entschieden, ob eine sofortige Übertragung oder ein weiterer Aufschub der Besteuerung sinnvoll ist. Die Laufzeit dieser Übertragungsoption ist bestimmt durch die Länge des Gesamtplanungszeitraums abzüglich der 10-Jahresfrist.

Die Nutzung des Freibetrags im Rahmen der ersten Teilübertragung ist intuitiv nachvollziehbar; es stellt sich jedoch die Frage, wie viel Vermögen zusätzlich in $t = 0$ übertragen werden soll. Aus Gründen der Komplexitätsreduktion soll im Folgenden davon ausgegangen werden, dass der Gesamtplanungszeitraum 10 Jahre beträgt und somit nach Ablauf der 10-Jahresfrist eine weitere Warteoption entfällt. Die zu minimierende Belastung ergibt sich als Summe aus der Erbschaftsteuer in $t = 0$ auf das Vermögen $V1_0$ und dem über 10 Perioden abgezinsten Erwartungswert der Erbschaftsteuer in $T = N = 10$ auf das Restvermögen $V2_0$ gemäß Gleichung (9):

(13)
$$ErbSt(V1_0) + \frac{\sum_{j=0}^{N} \frac{N!}{j!(N-j)!} p^j \cdot (1-p)^{N-j} \cdot ErbSt(V2_0 \cdot u^j \cdot d^{N-j})}{e^{r \cdot T}} \to \min!$$

u.d.NB.

$$V1_0 + V2_0 = V_0$$

Unter Anwendung des Lagrange-Ansatzes erhält man folgendes Optimalitätskriterium (mit $s'_{ErbSt}(x) = \frac{dErbSt(x)}{dx}$):[22]

(14) $$s'_{ErbSt}(V1_0) \stackrel{!}{=} \frac{\sum_{j=0}^{N} \frac{N!}{j!(N-j)!} \cdot p^j \cdot (1-p)^{N-j} \cdot s'_{ErbSt}(V2_0 \cdot u^j \cdot d^{N-j}) \cdot u^j \cdot d^{N-j}}{e^{r \cdot T}}$$

Die Übertragung in t = 0 ($V1_0$) sollte bis zu einer Höhe stattfinden, bis zu welcher der Grenzsteuersatz der Erbschaftsteuer maximal so groß ist wie die über 10 Perioden abgezinste erwartete Grenzbelastung des Restbetrags, welche (einschließlich der Wertänderung) am Ende des Planungshorizonts fällig ist.

Abb. 7 soll den Entscheidungskalkül verdeutlichen (w = 0; u = 1,221); es wird hierbei von einem aufzuteilenden Vermögen V_0 in t = 0 von 200 GE ausgegangen:

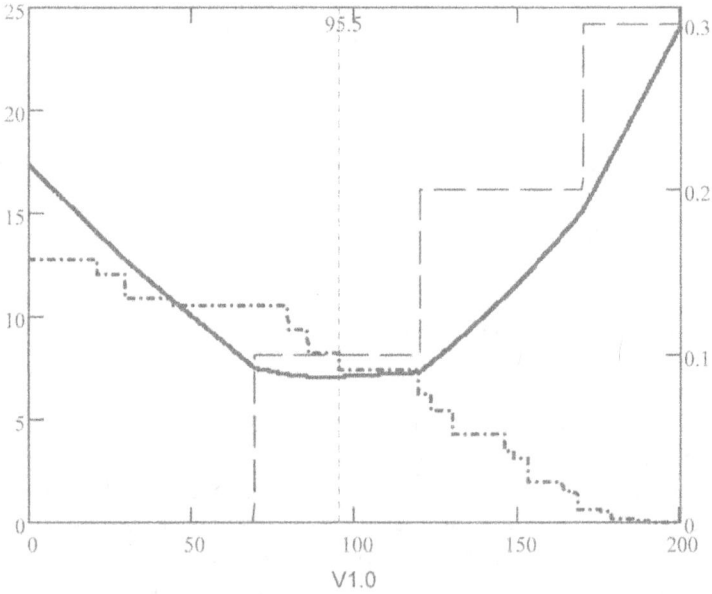

Abb. 7. Bestimmung der optimalen Vermögensaufteilung

Auf der linken Ordinate ist die (erwartete) Gesamtsteuerbelastung in Abhängigkeit von der Höhe der Übertragung in $t = 0$ ($V1_0$) abgetragen. Diese Steuerbelastung sinkt zunächst mit steigender Höhe der Sofortübertragung. Bei einem Wert von $V1_0 = 95,5$ GE ist jedoch ein Minimum erreicht; eine weitere Erhöhung des Anteils der Sofortübertragung hat eine Erhöhung der Steuerlast zur Folge. Dieser Optimalbetrag der Übertragung in $t = 0$ kann anhand des Schnittpunkts der auf der rechten Ordinate eingezeichneten Grenzsteuerbelastungen bestimmt werden, welche wegen der hier vorgenommenen Aufteilungsrechnung (Nebenbedingung) gegeneinander laufen müssen. Aufgrund des treppenförmigen Verlaufs des Erbschaftsteuertarifs kommt es nicht zu einer Übereinstimmung der Grenzsteuersatzfunktionen; eine Erhöhung des Anteils der Sofortübertragung ist daher vorteilhaft, solange die erbschaftsteuerliche Grenzsteuersatzfunktion unterhalb der abgezinsten erwarteten Grenzbelastung liegt. Der Schnittpunkt der Kurven stimmt mit dem Minimum der erwarteten Steuerlast überein.

D. Zusammenfassung

Es konnte gezeigt werden, dass die Bestimmung des optimalen Übertragungszeitpunkts im Rahmen der vorweggenommenen Erbfolge gewisse Parallelen zu einer Warteoption aufweist. Zur Lösung des Problems wurde ein diskretes Binomialmodell aufgestellt, welches neben einer optimalen Übertragungsstrategie in Abhängigkeit von der Wertentwicklung des steuerlichen Vermögens auch eine effektive Erbschaftsteuerlast lieferte; letztere berücksichtigt neben dem Erbschaftsteuertarif auch die Flexibilität der Handlungsmöglichkeiten. Als Ergebnis zeigte sich, dass die optimale Übergabestrategie abhängig ist von einer Vielzahl von Parametern, von welchen insbesondere die Wachstumsrate sowie die Höhe des aktuellen steuerlichen Vermögenswerts eine Rolle spielen.

Anmerkungen

1 Der Autor bedankt sich bei anonymen Gutachtern für wertvolle Hinweise zu einer früheren Version des Beitrags.
2 So z.B. Eisenmann-Mittenzwei (2006).
3 Vgl. Kellersmann/Winkeljohann (2007), S. 409.
4 Vgl. für einen Literaturüberblick Handler (1994), Letmathe/Hill (2006), S. 1115–1117.
5 Vgl. Watrin (1998), S. 38f., Stobbe/Schulz (2003), S. 92f., Lutterbach (2003), S. 28, Hohmann (2005), S. 19–21.
6 Vgl. Morris et al. (1997), S. 392, Freund (2000), S. 27f., Riedel (2000), S. 59.
7 Vgl. Albach/Freund (1989), S. 212.
8 Vgl. Rautenstrauch (2002), Lösel (2005), Schild-Plininger (1998).
9 Allenfalls existieren Vorschläge unter Sicherheit, vgl. Schild-Plininger (1998), S. 74–181.
10 Mit Beschluss vom 07.11.2006 stellte das Bundesverfassungsgericht fest, dass die gegenwärtige Ausgestaltung des § 19 ErbStG nicht mit dem Grundgesetz vereinbar sei, und verpflichtete den Gesetzgeber zu einer verfassungsgemäßen Neuregelung. Die grundsätzlich gehaltenen Ausführungen des vorliegenden Beitrags dürften jedoch Gültigkeit behalten.
11 Ausführlicher zum Stuttgarter Verfahren vgl. R 97 – R 100 ErbStR.
12 Zur Bedarfsbewertung von Grundbesitz vgl. Wittmann (1997).
13 Von den Versorgungsfreibeträgen gem. § 17 ErbStG soll im Folgenden abstrahiert werden.

14 Um Grenzsteuerbelastungen von über 100 % zu vermeiden, existiert für die Sprungstellen des Tarifs eine Sonderregelung (§ 19 Abs. 3 ErbStG), auf welche jedoch aufgrund der geringen Relevanz nicht näher eingegangen werden soll.
15 Zu einkommensteuerrechtlichen Konsequenzen der Betriebsübergabe im Rahmen der vorweggenommen Erbfolge vgl. Lösel (2005), Schoor (2002).
16 Vgl. hierzu Dixit/Pindyck (1994), Trigeorgis (1996).
17 Vgl. Cox/Ross/Rubinstein (1979).
18 Die Tatsache, dass es sich hier aufgrund der Durchschnittsbildung im Rahmen des Stuttgarter Verfahrens nicht um eine „gedächtnislose" Verteilung handelt, wie sie das anzuwendende Binomialmodell fordert, soll aus Komplexitätsgründen vernachlässigt werden. Diese Vereinfachung lässt sich auch dadurch rechtfertigen, dass durch die Gewichtung des aktuellen Jahresergebnisses mit dem Faktor 3 im Gegensatz zu den beiden vorangegangenen Ergebnissen (Faktor 2 bzw. 1) Ersteres den entscheidenden Einfluss auf den gemeinen Wert ausübt.
19 Stobbe/Schulz (2003) sprechen hierbei von einer Länge von 5 – 20 Jahren.
20 Vgl. Hull (2006), S. 312.
21 Zur Vorgehensweise vgl. Hull (2006), S. 312f.
22 Zur Aufstellung und Lösung der Lagrange-Funktion:

$$L(V1_0, V2_0, \lambda) = ErbSt(V1_0) + \frac{\sum_{j=0}^{N} \frac{N!}{j!(N-j)!} \cdot p^j \cdot (1-p)^{N-j} \cdot ErbSt(V2_0 \cdot u^j \cdot d^{N-j})}{e^{r \cdot T}} - \lambda \cdot (V1_0 + V2_0 - V_0)$$

Bedingung erster Ordnung:

1) $\dfrac{\delta L(V1_0, V2_0, \lambda)}{\delta V1_0} = s'_{ErbSt}(V1_0) - \lambda = 0$

2) $\dfrac{\delta L(V1_0, V2_0, \lambda)}{\delta V2_0} = \dfrac{\sum_{j=0}^{N} \frac{N!}{j!(N-j)!} \cdot p^j \cdot (1-p)^{N-j} \cdot s'_{ErbSt}(V2_0 \cdot u^j \cdot d^{N-j}) \cdot u^j \cdot d^{N-j}}{e^{r \cdot T}} - \lambda = 0$

3) $\dfrac{\delta L(V1_0, V2_0, \lambda)}{\delta \lambda} = -V1_0 - V2_0 + V_0 = 0$

Die Bedingung für die optimale Aufteilung ergibt sich aus der Gleichsetzung von 1) und 2) bei gleichzeitiger Begrenzung der Verteilungsmasse auf V_0 durch Gleichung 3). Im Rahmen dieser Vorgehensweise muss eine stetige Erbschaftsteuerfunktion unterstellt werden, d.h. die Sprungstellen des Erbschaftsteuertarifs, welche gesetzlich durch § 19 Abs. 3 ErbStG abgemildert werden, werden vernachlässigt (ebenso in Abb. 7). Obwohl die Lösung somit heuristischen Charakter aufweist, dürfte sie sehr nahe am Optimum unter Berücksichtigung der Sprungstellen liegen.

Literatur

Albach, H./Freund, W. (1989): Generationswechsel und Unternehmenskontinuität – Chancen, Risiken, Maßnahmen – Eine empirische Untersuchung bei Mittel- und Großunternehmen gefördert von der Bertelsmann Stiftung, Gütersloh.
Cox J.C./Ross S.A./Rubinstein M. (1979): Option Pricing: A Simplified Approach, in: Journal of Financial Economics, 7, 229–263
Dixit, A.K./ Pindyck, R.S. (1994): Investment under Uncertainty, Princeton.
Eisenmann-Mittenzwei, A. (2006): Familienunternehmen und Corporate Governance: Themen eines Diskurses, Hamburg.
Freund, W. (2000): Familieninterne Unternehmensnachfolge – Erfolgs- und Risikofaktoren, Wiesbaden.
Handler, W.C. (1994): Succession in Family Business: A Review of the Research, in: Family Business Review, 7, 133–157.

Hohmann, D. (2005): Die Finanzierung der Unternehmensnachfolge – Gestaltungsempfehlungen für Private Equity-Beteilgungen im Mittelstand, Berlin.
Hull, J. C. (2006): Optionen, Futures und andere Derivate, 6. Auflage, München.
Kellersmann, D./Winkeljohann, N. (2007): Die Bedeutung des Corporate Governance für den Mittelstand/ Familienunternehmen, in: Finanzbetrieb, 9, S. 406–412.
Letmathe, P./Hill, M. (2006): Strukturbrüche in der Unternehmensnachfolge, in: Zeitschrift für Betriebswirtschaft, 76, 1113–1138.
Lösel, M. (2005): Die Vermögensübertragung im Rahmen der vorweggenommenen Erbfolge – Eine Untersuchung der einkommensteuerlichen Vorteilhaftigkeit von synallagmatischen Leistungsbeziehungen, Hamburg.
Lutterbach, T. (2003): Steuerorientierte Planung der Unternehmensnachfolge, Düsseldorf.
Morris, M.H. et al. (1997): Correlates of Success in Family Business Transitions, in: Journal of Business Venturing, 12, 385–401.
Rautenstrauch, G. (2002): Optimale Gestaltung der Unternehmensnachfolge – Übertragung von Einzelunternehmen und Mitunternehmeranteilen hinsichtlich der Erbschaft- und Einkommensteuer, Wiesbaden.
Riedel, H. (2000): Unternehmensnachfolge regeln – Strategien und Checklisten für den erfolgreichen Generationswechsel, Wiesbaden.
Schild-Plininger, P. (1998): Steuerplanung bei Übertragung von Betriebsvermögen auf Kinder – Betriebswirtschaftliche Vorteilhaftigkeitsanalyse möglicher Gestaltungen, Wiesbaden.
Schoor, H. W. (2002): Übertragung von Betriebsvermögen im Wege vorweggenommener Erbfolge, in: Deutsche Steuerzeitung, 90, 55–62.
Stobbe, T./Schulz, P. (2003): Nachfolgeberatung unter betriebswirtschaftlichen, ertrag- und erbschaftsteuerlichen Aspekten, in: Schmeisser W./Krimphove D./Nathusius K. (Hrsg.), Handbuch Unternehmensnachfolge, Stuttgart.
Trigeorgis, L. (1996): Real Options, Managerial Flexibility and Strategy in Resource Allocation, Cambridge, London.
Watrin, C. (1998): Planung des Nachfolgeprozesses in Familienunternehmen, in: Gerhard und Lore Kienbaum Stiftung/Sobanski H./Gutmann J. (Hrsg.): Erfolgreiche Unternehmensnachfolge – Konzepte – Erfahrungen – Perspektiven, Wiesbaden.
Wittmann, R. (1997): Neuregelung der Bewertung von Grundbesitz für die Erbschaftsteuer ab 1. Januar 1996, in: Betriebsberater, 52, 548–551.

Corporate Governance in der Erbfolge – der steuerlich optimale Übertragungszeitpunkt

Zusammenfassung

Der Beitrag widmet sich der Bestimmung eines optimalen Zeitpunkts der Vermögensübertragung im Rahmen der vorweggenommenen Erbfolge. Ziel ist es, den erwarteten Barwert der Erbschaftsteuer zu minimieren, welche im Rahmen einer Vermögensübergabe anfällt. Der Autor zeigt eine Analogie zum Realoptionsansatz auf und stellt ein Binomialmodell vor, mit Hilfe dessen sowohl der optimale Übertragungszeitpunkt als auch eine so genannte effektive Steuerlast berechnet werden kann. Letztere berücksichtigt im Vergleich zur nominalen Erbschaftsteuer die Möglichkeit, den Zeitpunkt der Steuerzahlung selbst zu bestimmen. Anschließend wird der Einfluss von Parameteränderungen auf die Ergebnisse analysiert.

Corporate Governance and Family Business Transitions – Tax optimal timing

Summary

This paper deals with the optimal timing of transferring legal estate to the next generation. The objective is to minimize the expected present value of the estate tax which becomes due in case of transfer. The author shows an analogy to the real option approach and introduces a binomial model which determines the optimal transfer-time as well as so-called "effective estate taxes" which take into account the possibility of postponing tax payments. In the following he analyses the influences of changing parameters on the results.

Ertrag- und Erbschaftsteuern bei der internationalen Steuerplanung mittelständischer Unternehmen

Carmen Bachmann

Überblick

- Gegenstand der Untersuchungen auf dem Gebiet der „internationalen Steuerplanung" sind bislang regelmäßig Großkonzerne. Deren Ergebnisse sind auf den ebenfalls von der Globalisierung betroffenen Mittelstand jedoch nicht ohne weiteres anwendbar. Die für mittelständische Unternehmen typische Verbindung zwischen Unternehmens- und Privatvermögen muss in einer mittelstandsspezifischen Steuerplanung berücksichtigt werden.
- Der vorliegende Beitrag zeigt die Erfordernis einer gleichzeitigen Berücksichtigung von Ertrag- und Erbschaftsteuern anhand eines einfachen Kapitalwertmodells unter Sicherheit. Verglichen werden eine private Beteiligung an einer ausländischen Kapitalgesellschaft und eine Auslandsbeteiligung über eine inländische Kapitalgesellschaft. Dabei wird nachgewiesen, dass sich eine aus ertragsteuerlicher Sicht ergebende Rangfolge der beiden Entscheidungsalternativen bei zusätzlicher Berücksichtigung der Erbschaftsteuerbelastung unter Annahme eines 30-Jahre-Zeitraums ändern kann.
- Die Umkehr der Vorteilhaftigkeit ist insbesondere abhängig von der Rendite des ausländischen Unternehmens. Im Untersuchungsfall reichten durchschnittliche Renditen aus, um dieses Resultat zu erzielen.
- Das Ziel der Minimierung von Ertrag- und Erbschaftsteuerbelastung – insbesondere in der für mittelständische Unternehmen kritischen Situation der Unternehmensnachfolge – sollte vor dem Hintergrund der Unternehmensstabilität und -kontinuität auch in der Unternehmensverfassung etabliert werden.

Keywords Income tax · inheritance tax · SME · investment decision · partial tax calculation · capital asset pricing model

JEL: H20, H21, G11

Diplom-Kauffrau Dr. Carmen Bachmann
Universität Augsburg, Wiss. Assistentin am Lehrstuhl für Betriebswirtschaftliche Steuerlehre; Kontakt: Lehrstuhl für Betriebswirtschaftliche Steuerlehre, Universität Augsburg, Universitätsstr. 16, 86159 Augsburg, Email: Carmen.Bachmann@wiwi.uni-augsburg.de; Forschungsschwerpunkt: Internationale Steuerplanung.

Abkürzungs- und Symbolverzeichnis

A_0	=	Wert des im Ausland investierten Vermögens im Jahr 0
AHB	=	Anrechnungshöchstbetrag
A_n	=	Wert des im Ausland investierten Vermögens im Jahr n
C_n	=	Kapitalwert der Auslandsinvestition nach n Jahren
$d(r)$	=	Abschlag in Abhängigkeit von der Rendite
$d(r_A)$	=	Abschlag in Abhängigkeit von der Rendite des ausländischen Unternehmens
$d(r_I)$	=	Abschlag in Abhängigkeit von der Rendite des inländischen Unternehmens
EBT_I	=	Gewinn der inländischen Kapitalgesellschaft vor Steuern
EBT_{I+A}	=	Gesamtgewinn der inländischen Kapitalgesellschaft vor Steuern nach Dividendenausschüttung der ausländischen Kapitalgesellschaft
EBT_A	=	Gewinn der ausländischen Kapitalgesellschaft vor Steuern
GW	=	gemeiner Wert
GW_A	=	gemeiner Wert des Anteils an der ausländischen Kapitalgesellschaft
GW_I	=	gemeiner Wert des Anteils an der inländischen Kapitalgesellschaft
h	=	Gewerbesteuerhebesatz
I_0	=	Vermögen der inländischen Kapitalgesellschaft
i	=	Kalkulationszinsfuß vor Steuern
i_s	=	Kalkulationszinfuß nach Steuern
$i_{s_{ESt}}$	=	Kalkulationszinsfuß nach Berücksichtigung von Einkommensteuer
$i_{s_{KSt, GewSt}}$	=	Kalkulationszinsfuß nach Berücksichtigung von Körperschaft- und Gewerbesteuer
m	=	Gewerbesteuermesszahl
n	=	Jahr des Erbanfalls
q	=	Zinsfaktor = $1 + i \cdot (1 - s_{Alt})$
r	=	Rendite
r_A	=	Rendite des ausländischen Unternehmens
r_I	=	Rendite des inländischen Unternehmens
s	=	Steuersatz
s_{Alt}	=	Steuersatz im Fall der Unterlassungsalternative
$s_{ErbSt, A}$	=	effektiver Erbschaftsteuersatz auf das im Ausland investierte Vermögen
s_{ErbSt, A_1}	=	effektiver Erbschaftsteuersatz auf das im Ausland investierte Vermögen für Alternative 1
s_{ErbSt, A_2}	=	effektiver Erbschaftsteuersatz auf das im Ausland investierte Vermögen für Alternative 2
$s_{ErbSt, I}$	=	ErbSt-Satz auf das durch repatriierte Gewinne entstandene inländische Vermögen
s_u	=	kombinierter Ertragsteuersatz für laufende Unternehmens- und Anteilseignerbesteuerung
s_{u_1}	=	kombinierter Ertragsteuersatz für Alternative 1
s_{u_2}	=	kombinierter Ertragsteuersatz für Alternative 2
$s_{u_{ThA}}$	=	Ertragsteuersatz bei Thesaurierung der Gewinne im Ausland
$s_{u_{ThI}}$	=	Ertragsteuersatz bei Thesaurierung der Gewinne im Inland
$s_{KSt}^{ausl.}$	=	ausländischer Körperschaftsteuersatz

$s_{ErbSt}^{ausl.}$ = ausländischer effektiver Erbschaftsteuersatz

$s_{ErbSt}^{inl.}$ = inländischer Erbschaftsteuersatz

$s_{QuSt}^{ausl.}$ = ausländischer Quellensteuersatz auf Dividenden

$s_{ESt}^{inl.}$ = inländischer Einkommensteuersatz

$s_{GewSt}^{inl.}$ = inländischer Gewerbesteuersatz

$s_{KSt}^{inl.}$ = inländischer Körperschaftsteuersatz

$s_{KSt, GewSt}^{inl.}$ = kombinierter Gewerbesteuer- /Körperschaftsteuersatz

t = Jahr

A. Problemstellung

Die Entwicklung der Märkte zwingt Unternehmen sämtlicher Größenordnungen, Engagements im Ausland oder internationale Kooperationen einzugehen. Auch mittelständische Unternehmen müssen sich mit zunehmender Internationalisierung und Verflechtung der Märkte immer stärker im globalen Wettbewerb behaupten.

Unter den Begriff des „Mittelstandes" werden regelmäßig Unternehmen subsumiert, die bestimmten quantitativen Kriterien entsprechen.[1] In diesem Beitrag werden nur solche Unternehmen als mittelständisch angesehen, die darüber hinaus das qualitative Merkmal des Gesellschafterbezugs erfüllen. Dieses ist insbesondere geprägt von der Einheit zwischen Unternehmen und Gesellschafter, d. h. Eigentum und Einfluss auf unternehmerische Entscheidungen liegen in einer Hand.

Aufgrund dieser engen Verbundenheit zwischen der Unternehmens- und der Privatsphäre der Gesellschafter ergeben sich spezifische Anforderungen an die Steuerplanung. Im Unterschied zur Steuerplanung von Großkonzernen, die in ihrem Bestand weitgehend unabhängig von ihren Anteilseignern sind, muss eine mittelstandsspezifische Steuerplanung die Ebene des Inhabers grundsätzlich mit einbeziehen. Neben der Ertragsteuerbelastung sind bei der Strukturierung des Auslandsengagements im mittelständischen Bereich auch steuerliche Aspekte des Generationswechsels zu berücksichtigen. Regelmäßig werden jedoch in der Literatur Ertrag- und Erbschaftsteuerplanung isoliert betrachtet[2], d. h. es werden entweder Gestaltungen untersucht, welche die periodisch anfallende ertragsteuerliche Belastung reduzieren oder Modelle zur Minimierung der Erbschaftsteuer entworfen. In der investitionstheoretischen Literatur wird zwar neben dem Einbeziehen von Ertragsteuern in betriebswirtschaftliche Planungsmodelle[3] auch die Berücksichtigung von Substanzsteuern diskutiert,[4] eine unmittelbare Anwendung auf den Zusammenhang zwischen Ertrag- und Erbschaftsteuerbelastung ist – soweit ersichtlich – bislang unterblieben. Auch im Rahmen der Corporate Governance-Diskussion wurde die Erbschaftsteuer bislang außen vor gelassen. Obwohl nun zunehmend auch die Wechselwirkungen zwischen der ertragsteuerlichen und gesellschaftsrechtlichen Struktur Eingang in die Unternehmensführung finden, werden die bei der Unternehmensnachfolge auftretenden Steuerbelastungen nicht berücksichtigt.

Gerade bei der Gestaltung grenzüberschreitender Strukturen ist jedoch eine Integration von Ertrag- und Erbschaftsteuerplanung erforderlich, die auch Gegenstand der Corporate

Governance sein muss. Insbesondere für mittelständische Unternehmen müssen Leitlinien zur Vermeidung eines durch die Erbschaftsteuerbelastung entstehenden plötzlichen Liquiditätsengpasses definiert werden, der den Unternehmenserhalt gefährden könnte.

Regelmäßig sind Auslandsinvestitionen im Vergleich zu ausschließlich im Inland verwirklichten Sachverhalten erbschaftsteuerlich benachteiligt. Dies resultiert zum einen aus Doppelbesteuerungen desselben Vermögensübergangs durch die berührten Staaten, welche mangels ausreichend bestehender Doppelbesteuerungsabkommen und unzureichender nationaler Erleichterungsvorschriften überhaupt nicht oder nur unzulänglich gemildert werden können. Zum anderen sind bestimmte steuerliche Vergünstigungen[5] grundsätzlich nationalen Sachverhalten vorbehalten.[6]

Da die Erbschaftsteuer als Substanzsteuer das Vermögen belastet, die Ertragsteuern sich hingegen auf die laufenden Erträge aus diesem Vermögen beziehen, hängt die Gewichtung dieser Steuern im Rahmen von steuerlichen Gestaltungsentscheidungen insbesondere vom Verhältnis zwischen Ertrag und Vermögen, damit also von der Rendite ab.

Damit stellt die Rendite einen entscheidenden Parameter zur Gestaltung der Auslandsinvestitionen dar. Da es gerade für mittelständische Unternehmen notwendig ist, auch das erbschaftsteuerliche Umfeld im Rahmen der Steuerplanung mit einzubeziehen, sollte die Maxime der Minimierung der Erbschaftsteuerbelastung in der Unternehmensverfassung kodifiziert werden und zu einer Maxime der Corporate Governance gemacht werden.

Die Notwendigkeit einer gleichzeitigen Berücksichtigung von Ertrag- und Erbschaftsteuern wird im vorliegenden Beitrag anhand eines einfachen Kapitalwertmodells unter Sicherheit demonstriert. Gegenstand der modelltheoretischen Untersuchung ist eine inländische mittelständische GmbH, welche ihre Auslandstätigkeit in Form einer weiteren Kapitalgesellschaft strukturieren möchte. Verglichen wird eine direkte Beteiligung des inländischen Unternehmers mit einer indirekten Beteiligung über die bereits bestehende inländische GmbH. Es wird untersucht, welche Beteiligung aus ertragsteuerlicher Perspektive vorteilhafter ist und inwieweit diese Vorteilhaftigkeit durch die zusätzliche Belastung mit Erbschaftsteuer beeinflusst bzw. ganz aufgehoben wird.

B. Literaturüberblick und bisheriger Stand der Forschung

Die diesen Beitrag berührende Literatur ist zunächst steuerrechtlicher Natur. Während grenzüberschreitende Ertragsbesteuerung ein fester Bestandteil der Steuerrechtsliteratur ist[7], wird Unternehmensnachfolge über die Grenze nur sehr spärlich und zumeist ausschließlich unter qualitativ-juristischen Aspekten betrachtet.[8] Der Investitionstheorie ist die der Untersuchung zu Grunde liegende Kapitalwertmethode zu entnehmen, welche ein gebräuchliches Partialmodell zur Beurteilung der Wirtschaftlichkeit von Investitionsvorhaben darstellt.[9]

Zusammengeführt werden diese Themenfelder in den Arbeiten, die sich dem Zusammenhang zwischen Besteuerung und Investitionsentscheidungen widmen. Diese betrachten vornehmlich die Auswirkung der Ertragsteuerbelastung auf die Vorteilhaftigkeit von Investitionen. Grundlegend hierzu kann beispielsweise auf *Schneider* (1962)[10], *Johansson* (1969)[11] *Wagner/Dirrigl* (1980)[12] und *Wagner* (1981)[13] verwiesen werden. In etwas geringerem Umfang wurde der Einfluss von Substanzsteuern auf das Investitionskalkül untersucht. Nachdem *Albach* (1970)[14] auf deren investitionshemmende Wirkung hingewiesen hatte, wurde diese für die Gewerbekapitalsteuer und die Vermögensteuer diskutiert. Daher wurden Substanzsteuern unter anderem bei *Georgi* (1994)[15], *Schneider* (1992)[16], *Baan* (1980)[17], *Mellwig* (1982)[18] und teilweise auch in der oben genannten Literatur in Investitionsmodelle aufgenommen. Mit dem Wegfall der Gewerbekapitalsteuer und der Vermögensteuer im deutschen Steuerrechtsraum zum 1.1.1997 wurde diese Diskussion weitgehend eingestellt.

Außer Acht gelassen wurde bislang die Erbschaftsteuer als Substanzsteuer und deren Integration in Investitionsentscheidungen. Dies mag daran liegen, dass bei der Ertragsteuerbesteuerung und der Erbschaftsbesteuerung keine identischen Steuersubjekte vorliegen. In Hinblick auf die Verflechtung zwischen Unternehmens- und Privatsphäre im Mittelstand muss jedoch von einer wirtschaftlichen Einheit ausgegangen werden, so dass eine Integration von Ertrag- und Erbschaftsteuerbelastung in ein Modell sinnvoll erscheint.

Wechselwirkungen zwischen Corporate Governance und Besteuerung werden in der Literatur nur vereinzelt aufgegriffen. In dem Beitrag von *Salzberger* (2000)[19] wird vorrangig der Einfluss des Steuersystems auf die bundesdeutsche Corporate Governance diskutiert.

C. Aufbau der Untersuchung und Modellannahmen

Untersuchungsobjekt ist eine mittelständische GmbH mit einem inländischen Alleingesellschafter (X)[20], welche sich im Ausland über die Gründung einer Kapitalgesellschaft etablieren möchte. Der Gesellschafter der inländischen Mittelstands-GmbH kann die Beteiligung an der Auslandskapitalgesellschaft entweder im Betriebsvermögen seiner GmbH halten (Alternative 1) oder sich direkt als natürliche Person beteiligen und die Anteile privat verwalten (Alternative 2). Er hat einen Nachkommen (K), an den er sein Vermögen vererben wird.

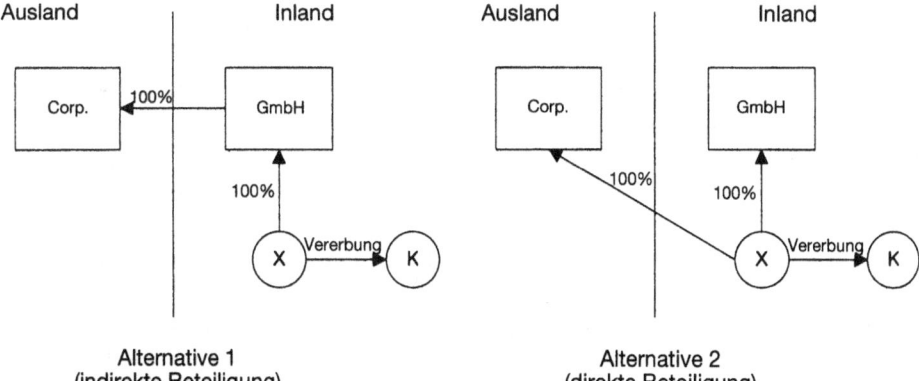

Abb. 1. Beteiligungsmöglichkeiten

Es soll der Kapitalwert der Auslandsinvestition für beide Alternativen – jeweils mit und ohne Berücksichtigung der Erbschaftsteuer – verglichen werden. Da im Untersuchungsfall nicht ein Einzelinvestitionsobjekt betrachtet wird, sondern zwei Investitionsalternativen einander gegenübergestellt werden, wird der Kapitalwert um nicht entscheidungsrelevante Parameter bereinigt. Bei beiden Alternativen auftauchende identische Zahlungsströme werden außer Acht gelassen, so dass ausschließlich der Kapitalwert der voneinander abweichenden Zahlungsströme berechnet wird. Eine ausschließliche Betrachtung der die Steuerbelastung beeinflussenden Parameter erscheint zweckmäßig.

Der Kapitalwert ergibt sich unter der Vollausschüttungsannahme folgendermaßen:

(1)
$$C_n = -A_0 + \underbrace{\left[\sum_{t=1}^{n} EBT \cdot (1-s_u) \cdot q^{-t}\right]}_{\text{Summe der Barwerte der Nachsteuer-Erträge}} - \underbrace{A_n \cdot s_{ErbSt,A} \cdot q^{-n}}_{\substack{\text{Barwert der ErbSt} \\ \text{auf Vermögen im} \\ \text{Ausland}}} - \underbrace{\left[\sum_{t=1}^{n} EBT \cdot (1-s_u) \cdot q^{t}\right] \cdot s_{ErbSt,I} \cdot q^{-n}}_{\substack{\text{Barwert der ErbSt auf durch} \\ \text{repatriierte Gewinne entstan-} \\ \text{denes Inlandsvermögen}}}$$

mit
A_0 = Wert des im Ausland investierten Vermögens im Jahr 0 (Anschaffungsauszahlung)
C_n = Kapitalwert der Auslandsinvestition nach n Jahren
s_u = kombinierter Ertragsteuersatz für laufende Unternehmens- und Anteilseignerbesteuerung
$s_{ErbSt,A}$ = effektiver Erbschaftsteuersatz auf das im Ausland investierte Vermögen
$s_{ErbSt,I}$ = ErbSt-Satz auf das durch repatriierte Gewinne entstandene inländische Vermögen
EBT = Gewinn vor Steuern
q = Zinsfaktor $1 + i \cdot (1 - s_{Alt})$
t, n = Jahr
n = Jahr des Erbfanfalls
A_n = Wert des im Ausland investierten Vermögens im Jahr des Erbfalls n

Zu Beginn erfolgt eine Auszahlung zur Errichtung der ausländischen Kapitalgesellschaft, auf welche dann jährlich die Nachsteuererträge folgen. Im Jahr des Erbfalls fällt sowohl Erbschaftsteuer auf das im Ausland investierte Vermögen als auch auf das durch repatriierte Gewinne entstandene Vermögen im Inland an. Diese Beträge werden jeweils auf den Zeitpunkt t_0 abgezinst.

Auf die Berücksichtigung der Anschaffungsauszahlung kann verzichtet werden, da diese nicht entscheidungsrelevant ist. Mithin kann Formel (1) verkürzt werden um $-A_0$.

Die Gewinne der ausländischen Einheit werden jährlich mit dem kombinierten Unternehmensertragsteuersatz s_u belastet, das ausländische Vermögen wird im Jahr des Erbfalls mit dem effektiven Erbschaftsteuersatz $s_{ErbSt,A}$ belastet. In diesem werden neben dem inländischen Steuertarif auch Bewertungsbesonderheiten und im Falle des Entstehens einer beschränkten Erbschaftsteuerpflicht im Ausland auch ein ausländischer Effektivsteuersatz $s^{ausl.}_{ErbSt}$ (und gegebenenfalls eine Anrechnungsmöglichkeit im Inland) berücksichtigt.

Diese beiden Parameter werden nach Beschreibung der Besteuerung im Fall der direkten bzw. dem der indirekten Beteiligung für beide Entscheidungsalternativen ermittelt (s_{u_1} bzw. s_{ErbSt, A_1} für Alternative 1 und s_{u_2} bzw. s_{ErbSt, A_2} für Alternative 2). Zum Verständnis der Zusammensetzung der einzelnen Steuersätze werden vorab die bei der vorliegenden Fallkonstellation berührten Rechtskreise kurz erläutert.

Wie sich aus obiger Formel ergibt, hängt im Rahmen einer integrierten Betrachtung von Ertrag- und Erbschaftsteuer die Gewichtung der Berücksichtigung der privaten Sphäre im Verhältnis zur Unternehmenssphäre insbesondere vom Verhältnis zwischen Vermögen und Ertrag, damit also von der Rendite der Auslandsinvestition ab. Bei einer niedrigen Rendite fällt die Erbschaftsteuer mehr ins Gewicht, bei einer hohen Rendite hingegen ist die Belastung auf Unternehmensebene höher. Daher wird die Vorteilhaftigkeit der Alternativen auch unter Variation der Rendite der Auslandsbeteiligung überprüft.

Weiter werden nachfolgende Annahmen getroffen:

(1) Sowohl im In- als auch im Ausland werden keine Verluste erwirtschaftet.
(2) Die Beteiligung an der ausländischen Einheit beträgt 100 v. H.
(3) Im Ausland werden aktive Geschäfte i. S. d. § 8 Abs. 1 AStG betrieben.
(4) Der inländische Unternehmensinhaber unterliegt einem gleich bleibendem Grenzsteuersatz von 42 v. H. ($s^{inl.}_{ESt} = 0{,}42$).
(5) Sämtliche persönlichen Freibeträge werden bereits durch die inländischen Einkünfte (für Zwecke der Einkommensteuer) bzw. durch das inländische Vermögen (im Rahmen der Erbschaftsteuer) aufgebraucht.
(6) Es wird zunächst von einer sofortigen Vollausschüttung ausgegangen, da im Mittelstand das sog. Einkommenstreben der Gesellschafter, d. h. ein Streben nach möglichst hohen finanziellen Mitteln für Konsumzwecke bei Erhaltung des Vermögens dominiert.[21] Die Vollausschüttungsannahme wird jedoch im Laufe der Untersuchung aufgegeben und mit einer Vollthesaurierung verglichen.
(7) Die repatriierten vollausgeschütteten Gewinne werden nicht verbraucht und unterliegen deshalb im Jahr n als Privatvermögen im Inland der Erbschaftsteuer. Auch wenn es für Zwecke der Erbschaftsteuer grundsätzlich steuergünstiger ist, Vermögen in Form von (inländischem) Betriebsvermögen zu übertragen, muss die Qualifikation als Privatvermögen als Folge der Vollausschüttungsannahme (6) erfolgen.
(8) Die Ertragsteuern entstehen jährlich, die Erbschaftsteuerbelastung hingegen in einem 30-Jahres-Rhythmus. Das Unternehmen geht in Zeitabständen von je 30 Jahren von dem Unternehmer auf einen Nachkommen über.[22] Damit gilt $n = 30$.
(9) Bei dem Nachkommen handelt es sich um ein Kind des Unternehmers. Damit ist gem. § 15 Abs. 1 ErbStG für die Ermittlung der Erbschaftsteuer nach § 19 Abs. 1 ErbStG – unabhängig von der Zugehörigkeit des Vermögens zum Privat- oder Betriebsvermögen – grundsätzlich Steuerklasse I relevant.
(10) Tatbestände des Außensteuergesetzes liegen nicht vor.
(11) Alle Kapitalgesellschaften sind nicht börsennotiert.
(12) Die Abschreibung entspricht der realen Wertminderung. Diese Wertminderung wird nicht ausgeschüttet sondern reinvestiert. Damit ist $A_0 = A_n$.

(13) Das der ausländischen Einheit zuzurechnende Vermögen befindet sich auch physisch im Ausland.
(14) Sofern zwischen Deutschland und dem Ausland ein Doppelbesteuerungsabkommen auf dem Gebiet der Steuern vom Einkommen und Ertrag geschlossen wurde, so folgt dieses dem OECD-Musterabkommen. Die stark voneinander abweichenden Regelungen der Doppelbesteuerungsabkommen auf dem Gebiet der Erbschafts- und Schenkungssteuern werden hingegen gesondert berücksichtigt.
(15) Der ausländische effektive Erbschaftsteuersatz bezieht sich auf das ausländische Vermögen A_0, nicht auf den nach deutschen Bewertungsvorschriften ermittelten Wert des Vermögens.
(16) Auf dem Kapitalmarkt können finanzielle Mittel zu i = 6 v. H. angelegt werden.
(17) Bei der Ermittlung des Kapitalzinsfußes nach Steuern muss zwischen der Vollausschüttungsannahme und dem Thesaurierungsfall unterschieden werden. Da bei Vollauschüttung bei beiden Entscheidungsalternativen (direkte und indirekte Beteiligung) die Rückflüsse bis zur Ebene des Unternehmers betrachtet werden, ist auch bei Berücksichtigung der Steuerbelastung der Unterlassungsalternative auf die persönliche Ebene des Unternehmers abzustellen. Aufgrund der geringeren Steuerbelastung bei einer direkten Kapitalmarktanlage im Vergleich zur Geldanlage über die inländische Kapitalgesellschaft, wird davon ausgegangen, dass der Unternehmer seine Mittel privat anlegt. Damit ändert sich der Kalkulationszinsfuss unter Berücksichtigung der Einkommensteuerbelastung zu: $i_{s_{ESt}} = i \cdot (1 - s_{ESt}^{inl.})$ mit $s_{Alt} = s_{ESt}^{inl.} = 0{,}42$. Damit ist $i_{s_{ESt}} = 3{,}48\%$. Im Fall der Thesaurierung muss auch für die Unterlassungsalternative ein Kalkulationszinsfuss für den Thesaurierungsfall angenommen werden. Damit ergibt sich bei einer Berücksichtigung eines kombinierten Körperschaftsteuer- und Gewerbesteuersatzes von $s_{Alt} = s_{KSt,GewSt}^{inl.} = 0{,}375$[23] ein Kalkulationszinssatz von $i_{s_{KSt}} = 3{,}75\%$.[24]
(18) Der Nachfolger führt das Unternehmen samt Auslandskapitalgesellschaft fort.

Nach Ablauf des Betrachtungszeitraumes (n = 30) steht das zu Beginn im Ausland investierte Vermögen aufgrund von Annahme (12) noch mit A_0 zu Buche, welches im Falle der Veräußerung der ausländischen Kapitalgesellschaft zu einem Liquidationserlös führen würde.[25] Da angenommen wird (18), dass der Nachfolger das Unternehmen fortführt, kann jedoch nicht von einer Veräußerung – und damit auch nicht von einem Mittelrückfluss – ausgegangen werden. Der Wert des Auslandsvermögens nach 30 Jahren darf damit nicht im Kapitalwertmodell mitberücksichtigt werden.[26]

Ferner ist darauf hinzuweisen, dass bei Unterlassung der Investition in die Auslandskapitalgesellschaft im Inland ebenfalls Erbschaftsteuer auf den dann über 30 Jahre aufgezinsten Wert der Anschaffungsauszahlung im Inland anfallen würde. Eine Erbschaftsteuerbelastung entsteht auch im Falle der Unterlassungsalternative. Sie ist jedoch gleichermaßen nicht entscheidungsrelevant, da sie sowohl bei Unterlassung der Alternative 1, als auch bei Unterlassung der Alternative 2 entstehen würde. Eine Berücksichtigung wäre lediglich im Fall der Überprüfung der relativen Vorteilhaftigkeit der Auslandsinvestition gegenüber der Unterlassungsalternative notwendig. Gegenstand der vorliegenden Untersuchung ist jedoch ausschließlich der Vergleich der Investitionsalternativen direkte und indirekte Beteiligung.

D. Überblick über (neben dem deutschen Steuerrecht) relevante Rechtskreise

I. Ausländische Körperschaftsteuersysteme

Die Höhe der Steuerbelastung der ausländischen Tochterkapitalgesellschaft hängt im Wesentlichen von der Ausgestaltung der ausländischen Körperschaftsteuersysteme ab. Diese unterscheiden sich im internationalen Vergleich sowohl in ihren Grundprinzipien als auch in den Tarifen.[27] Grundsätzlich stellt sich bei der Besteuerung von Körperschaften das Problem, dass eine Besteuerung auf zwei Ebenen erfolgt: Neben der Belastung mit Körperschaftsteuer auf Ebene der Gesellschaft kommt es im Ausschüttungsfall zu einer Besteuerung auf Ebene des Anteilseigners (entweder erneut mit Körperschaftsteuer oder mit Einkommensteuer). Die unterschiedlichen Körperschaftsteuersysteme können insbesondere danach klassifiziert werden, auf welche Weise sie dieser wirtschaftlichen Doppelbelastung begegnen.[28]

Prinzipiell stehen den Staaten folgende Alternativen bei der Ausgestaltung des Körperschaftsteuersystems zur Verfügung:[29] Erstens besteht die Möglichkeit, die Doppelbesteuerung ohne jegliche Entlastung zu belassen. Ein solches klassisches System ohne Tarifermäßigung findet sich beispielsweise in Irland und der Schweiz. Am weitesten verbreitet sind jedoch klassische Systeme mit Tarifermäßigung (z. B. Italien, Luxemburg, Österreich und Deutschland). Hier wird die Doppelbelastung durch eine Ermäßigung der Einkommensteuer auf Dividendeneinkünfte gemildert. Daneben existieren in einigen Ländern Vollanrechnungssysteme, bei denen die auf den ausgeschütteten Dividenden lastende Körperschaftsteuer gänzlich auf die Einkommensteuer angerechnet wird (z. B. Norwegen).[30] Bei sog. Teilanrechnungssystemen hingegen erfolgt ebenfalls eine Anrechnung der Körperschaftsteuer, jedoch nicht in voller Höhe (z. B. Japan, Kanada). Daneben finden sich auch Steuerbefreiungssysteme, bei denen entweder auf Ebene der Gesellschaft oder auf Ebene des Anteilseigners auf eine Besteuerung verzichtet (z. B. Estland, Griechenland, Lettland, Zypern).[31] Der Körperschaftsteuertarif im Ausland beträgt in der Regel zwischen 15 v. H. und 30 v. H.

II. Ausländische Erbschaftsteuersysteme

Grundsätzlich können die verschiedenen Steuersysteme in den ausländischen Staaten zur Erfassung des unentgeltlichen Vermögensübergangs von Todes wegen in drei Kategorien eingeteilt werden:[32] Bei der sog. Erbanfallsteuer wird darauf abgestellt, was dem einzelnen Erwerber aufgrund des Erbanfalls zufällt. Diese ist geprägt durch das Bereicherungsprinzip, d. h. Besteuerungsobjekt ist die Bereicherung, die dem einzelnen Erwerber zufließt. Nachlasssteuern, welche vorwiegend im angloamerikanischen Rechtskreis zu finden sind, erfassen hingegen den Gesamtnachlass unabhängig davon, auf wie viele Empfänger dieser verteilt wird.[33] Liegt kein eigenständiges Erbschaftsteuersystem vor, so werden im Falle des Erblassens häufig sog. Wertzuwachssteuern (z. B. die kanadische „capital gains tax") erhoben. Diese knüpfen an den Wertzuwachs bei einem fiktiven einmaligen steuerpflichtigen Veräußerungsvorgang durch den Übertragenden an den Erwerber an. Als Veräußerung gilt nicht nur der tatsächliche Verkauf, sondern auch der Tod einer Person. Da die Wertzuwachssteuer nur auf einen fiktiven Wertzuwachs erhoben wird, ohne dass gleichzeitig Einkünfte zufließen, wird hierdurch die Vermögenssubstanz belastet.

Bedeutung hat die Ausgestaltung der ausländischen Erbschaftsteuerrechtsordnung insbesondere für eine etwaige Anrechnung der ausländischen Steuer auf die inländische Steuerschuld nach § 21 Abs. 1 S. 1 ErbStG. Während Erbanfallsteuern und Nachlasssteuern grundsätzlich anrechnungsfähig sind, wird eine Anrechnung von Wertzuwachssteuern aufgrund ihrer steuersystematischen Zuordnung zu Ertragssteuern ausgeschlossen.[34]

Nach einer jüngeren Untersuchung von *Scheffler/Spengel*[35] variieren Bemessungsgrundlage, Steuertarif und Zahlungsmodalitäten der Erbschaftsteuer in den einzelnen Ländern stark. Im Modell wird daher nur mit einem fiktiven effektiven Erbschaftsteuersatz gerechnet. *Scheffler/Spengel* haben für 15 unterschiedliche Länder für den Übergang einer Modellkapitalgesellschaft mit einem Unternehmensvermögen von ca. 3,9 Mio. Euro effektive Erbschaftsteuersätze ermittelt, welche zwischen 0 v. H. und ca. 35 v. H. liegen.[36]

III. Doppelbesteuerungsabkommen

Bei grenzüberschreitenden Aktivitäten eines Steuerpflichtigen kann es zu einer Überschneidung der Steueransprüche der beteiligten Staaten kommen, wenn der Wohnsitzstaat im Sinne des Globalitätsprinzips das Welteinkommen des Steuerpflichtigen zur Besteuerung heranzieht, der andere Staat hingegen, aus dem die Einkünfte stammen, eine Quellenbesteuerung vornimmt. Zur Vermeidung einer daraus resultierenden Doppelbesteuerung können die Staaten Doppelbesteuerungsabkommen schließen. Ausschließlich durch das nationale Steuerrecht der jeweiligen Vertragsstaaten kann eine Steuerpflicht dem Grunde und der Höhe nach begründet werden.[37] Durch die Doppelbesteuerungsabkommen kann das Besteuerungsrecht der Vertragsstaaten jedoch wieder beschnitten oder ganz verhindert werden.

Während Deutschland 88 Abkommen auf dem Gebiet der Steuern vom Einkommen und Vermögen geschlossen hat, bestehen lediglich sechs Doppelbesteuerungsabkommen auf dem Gebiet der Erbschafts- und Schenkungssteuern[38].

E. Steuerliche Behandlung der Beteiligung an der ausländischen Kapitalgesellschaft

I. Vollausschüttung

1. Laufende Steuerbelastung der Unternehmensgewinne

a) Beteiligung im Betriebsvermögen der inländischen Kapitalgesellschaft
Die ausländische Kapitalgesellschaft unterliegt als selbständiges Steuersubjekt der unbeschränkten Steuerpflicht im Ausland.[39] Ihre Gewinne werden nach den ausländischen Gewinnermittlungsvorschriften ermittelt und der ausländischen Körperschaftsteuer unterworfen. Unabhängig davon, wie das Körperschaftsteuersystem im Ausland ausgestaltet ist, ist die ausländische Körperschaftsteuer definitiv.[40]

Regelmäßig werden die an die inländischen Anteilseigner ausgeschütteten Dividenden mit einer ausländischen Quellensteuer belastet, welche im Allgemeinen zwischen 15 v. H. und 35 v. H. der Bruttodividende beträgt und Abgeltungscharakter hat.[41]

Bei Bestehen eines Doppelbesteuerungsabkommens oder im Fall der Investition in einen EU-Mitgliedsstaat kann die Höhe des Quellensteuersatzes begrenzt sein. Für Schachtelbeteiligungen sehen die Doppelbesteuerungsabkommen regelmäßig eine Begrenzung des Quellensteuersatzes vor, so dass der Höchststeuersatz gem. Art. 10 Abs. 2a OECD-MA nur 5 v. H. beträgt.[42] Ist die ausländische Kapitalgesellschaft ebenfalls in einem EU-Mitgliedsstaat ansässig, so entfällt – aufgrund der Umsetzung der Mutter-Tochter-Richtlinie[43] in den einzelnen EU-Staaten – die Quellensteuer, wenn die für die Befreiung von dem Steuerabzug notwendigen Voraussetzungen erfüllt sind.[44] Im Untersuchungsfall wird von einer entsprechend hohen Beteiligung ausgegangen.

Erfolgt die Ausschüttung an die inländische GmbH, ist diese nach § 8b Abs. 1 KStG bei der Ermittlung des körperschaftsteuerpflichtigen Einkommens der GmbH außer Ansatz zu lassen. Diese Begünstigung wird von § 8b Abs. 5 KStG eingeschränkt, da 5 v. H. der Dividenden als nicht abziehbare Betriebsausgabe gelten. Damit werden im Ergebnis 95 v. H. der Dividenden, die die ausländische Kapitalgesellschaft an ihren in Deutschland körpersteuerpflichtige Mutterkapitalgesellschaft zahlt, nicht der Besteuerung unterworfen.

Die Möglichkeit für eine Anrechnung der ausländischen Steuern auf die inländische Körperschaftsteuer nach Maßgabe von § 34c Abs. 1 EStG i. V. m. § 26 Abs. 1 KStG besteht nicht, da hierfür tatbestandlich das Vorliegen inländischer Einkünfte vorausgesetzt wird. Dies ist jedoch wegen § 8b Abs. 1 KStG nicht gegeben.[45] Die im Ausland gezahlte Quellensteuer bleibt also bei Ermittlung der inländischen Steuerschuld unberücksichtigt.

Gem. § 7 S. 1 GewStG gilt die Steuerbefreiung der Dividenden zunächst auch für die Ermittlung des Gewerbeertrags. Auslandsdividenden werden jedoch gem. § 8 Nr. 5 S. 1 GewStG dem Gewerbeertrag wieder hinzugerechnet, soweit sie nicht die Voraussetzungen des § 9 Nr. 7 EStG erfüllen (gewerbesteuerliches Schachtelprivileg). Demnach tritt die Gewerbesteuerfreiheit der Auslandsdividenden dann ein, wenn es sich nicht um Streubesitzdividenden handelt und diese gleichzeitig entweder von Gesellschaften in Mitgliedstaaten der Europäischen Union stammen oder der Aktivitätsvorbehalt i. S. d. § 8 Abs. 1 AStG erfüllt ist. Da im vorliegenden Fall davon ausgegangen wird, dass die Beteiligung an der ausländischen Kapitalgesellschaft wesentlich ist und der Aktivitätsvorbehalt von § 8 Abs. 1 AStG erfüllt ist, fällt Gewerbesteuer im Untersuchungsobjekt ausschließlich auf 5 v. H. der Dividende an.

Leitet die GmbH die Gewinne an den inländischen Anteilseigner weiter, unterliegen die Dividenden entsprechend dem Halbeinkünfteverfahren gem. § 3 Nr. 40 EStG zur Hälfte der Einkommensteuer. Sie stellen Einkünfte aus Kapitalvermögen i. S. d. § 20 Abs. 1 Nr. 1 EStG dar.

Die gesamte Steuerbelastung im In- und Ausland lässt sich zu einem kombinierten Grenzsteuersatz zusammenfassen. Es ergibt sich damit für $(1-s_u)$ in Formel (1):

(2) $\quad (1-s_{u_1}) = \left(1 - s_{KSt}^{ausl.}\right) \cdot \left(1 - s_{QuSt}^{ausl.} - 0{,}05 \cdot s_{KSt,GewSt}^{inl.}\right) \cdot \left(1 - 0{,}5 \cdot s_{ESt}^{inl.}\right)$

mit

$s_{KSt,GewSt}^{inl.} = s_{KSt}^{inl.} + s_{GewSt}^{inl.} \cdot \left(1 - s_{KSt}^{inl.}\right)$

$s_{GewSt}^{inl.} = \dfrac{m \cdot h}{1 + m \cdot h}$

mit:

s_{u_1} = kombinierter Ertragsteuersatz für Alternative 1
$s_{KSt}^{ausl.}$ = ausländischer Körperschaftsteuersatz
$s_{QuSt}^{ausl.}$ = ausländischer Quellensteuersatz auf Dividenden
$s_{ESt}^{inl.}$ = inländischer Einkommensteuersatz
$s_{KSt}^{inl.}$ = inländischer Körperschaftsteuersatz
$s_{GewSt}^{inl.}$ = inländischer Gewerbesteuersatz
$s_{KSt,\,GewSt}^{inl.}$ = kombinierter inländischer Gewerbesteuer- /Körperschaftsteuersatz
m = Gewerbesteuermesszahl
$h^{ausl.}$ = Gewerbesteuerhebesatz (im Modell: 400 v. H.)

b) Beteiligung im Privatvermögen des Gesellschafters

Auch im Fall einer direkten Beteiligung erhebt der ausländische Staat auf die Dividenden eine Quellensteuer. Falls zwischen den berührten Staaten ein Doppelbesteuerungsabkommen besteht, kann der ausländische Steueranspruch begrenzt sein. In Art. 10 Abs. 2b OECD-MA erfolgt eine Begrenzung des ausländischen Quellensteuersatzes auf höchstens 15 v. H.[46] Von der in Art. 10 Abs. 2a OECD-MA umfangreicheren Quellensteuerbegrenzung sind natürliche Personen ausgeschlossen.[47]

Die Dividenden unterliegen entsprechend dem Welteinkommensprinzip nochmals der deutschen Einkommensteuer beim inländischen Anteilsinhaber. Da § 3 Nr. 40 EStG auch für ausländische Dividenden gilt, kommt das Halbeinkünfteverfahren zur Anwendung.

Im Unterschied zu einer inländischen Kapitalgesellschaft kann eine natürliche Person die ausländische Quellensteuer gem. § 34c Abs. 1 EStG anrechnen bzw. gem. § 34c Abs. 2 EStG abziehen. Gem. § 34c Abs. 1 S. 1 EStG kann die ausländische Steuer nur auf diejenige Einkommensteuer angerechnet werden, die auf die Einkünfte aus diesem Staat entfällt. Der Anrechnungshöchstbetrag wird ermittelt aus:

$$AHB = dt.\,ESt \cdot \frac{ausländische\ Einkünfte}{Summe\ aller\ in\text{-}\ und\ ausländischen\ Einkünfte}$$

Allerdings zählen zu den ausländischen Einkünften nur solche, die sowohl im In- als auch im Ausland einer Besteuerung unterliegen. Da die Hälfte der Dividenden gem. § 3 Nr. 40 EStG steuerbefreit sind, dürfen sie bei der Berechnung des Anrechnungshöchstbetrages nicht berücksichtigt werden. Die ausländische Quellensteuer ist jedoch innerhalb des Anrechnungshöchstbetrags im Ganzen auf die inländische Steuer anrechenbar.[48]

Mit dem kombinierten Ertragsteuersatz für Alternative 2 s_{u_2} ergibt sich letztendlich für $(1 - s_u)$ in Formel (1):

(3) $\quad (1 - s_{u_2}) = (1 - s_{KSt}^{ausl.}) \cdot (1 - \max[s_{QuSt}^{ausl.};\,0{,}5 \cdot s_{ESt}^{inl.}])$

mit: s_{u_2} = kombinierter Ertragsteuersatz für Alternative 2

2. Effektive Steuerbelastung des Vermögens im Erbfall

Erbfälle i. S. d. § 1 ErbStG werden von der deutschen Erbschaftsteuer erfasst, sobald Erblasser oder Erwerber Inländer gem. § 2 ErbStG sind. Der Erbschaftsteuer unterliegt hier einerseits das im Ausland investierte Vermögen, andererseits das durch den Gewinnrückfluss auf Ebene des Anteilseigners entstandene inländische Privatvermögen.

a) Beteiligung im Betriebsvermögen der Kapitalgesellschaft (Alternative 1)
Ausländische Erbschaftsteuer fällt aufgrund der Abschirmwirkung der inländischen GmbH nicht an. Da die inländische Kapitalgesellschaft als juristische Person die Anteile an der ausländischen GmbH hält, findet für Zwecke der ausländischen Erbschaftsteuer keine Nachfolge statt. Berücksichtigung finden die Anteile an der ausländischen Kapitalgesellschaft jedoch indirekt bei der inländischen Erbschaftsteuer über die Bewertung der Anteile des Erblassers an der inländischen Kapitalgesellschaft. Grundsätzlich werden nur die Anteile an der inländischen Kapitalgesellschaft der Erbschaftsteuer unterworfen. Die im Betriebsvermögen gehaltene Beteiligung an der ausländischen Tochtergesellschaft stellt jedoch ein Wirtschaftsgut der Muttergesellschaft dar und erhöht deren Vermögenswert. Mithin unterliegen die Auslandsanteile mittelbar ebenso der inländischen Erbschaftsbesteuerung.

α. Bewertung der Auslandsanteile als Vermögenswert der inländischen Anteile
Da mittelständische Kapitalgesellschaften in der Regel nicht börsennotiert sind (siehe auch Annahme (11)) und nur im Ausnahmefall geeignete Verkaufspreis für die Anteile vorliegen, ist der Wert der ausländischen Anteile nach § 12 Abs. 2 ErbStG i. V. m. § 11 Abs. 2 BewG nach den Grundsätzen des Stuttgarter Verfahrens zu ermitteln. Zwar dürfen für Anteile an der ausländischen Kapitalgesellschaft nach Ansicht der Finanzverwaltung auch die Steuerbilanzwerte übernommen werden, sofern dies im Einzelfall nicht zu unangemessenen Ergebnissen führt.[49] Diese Verwaltungsvereinfachung wird im Modell jedoch nicht berücksichtigt, da sie ohnehin nur heranzuziehen ist, wenn die Steuerbilanzwerte von den Werten nach dem Stuttgarter Verfahren stark abweichen.[50]

Nach dem Stuttgarter Verfahren wird der gemeine Wert (*GW*) von Gesellschaftsanteilen durch den Vermögenswert gebildet, welcher um die Differenz zwischen dem Ertragswert gemindert oder erhöht wird, berechnet auf fünf Jahre, und der auf fünf Jahre berechneten fiktiven Verzinsung i. H. v. 9 v. H. des aufgewendeten Kapitals.

Der Vermögenswert ist nach § 12 Abs. 5 ErbStG i. V. m. § 12 Abs. 2 ErbStG unter Ansatz der Steuerbilanzwerte zu ermitteln. Beim Ertragswert kommt es auf den künftigen ausschüttungsfähigen Gewinn an, welcher sich aus dem in der Vergangenheit tatsächlich erzielten Durchschnittsertrag[51] ableitet.[52]

Demnach ermittelt sich der gemeine Wert (*GW*) von Gesellschaftsanteilen nach dem Stuttgarter Verfahren folgendermaßen:

(4) $GW = Vermögenswert + 5 \cdot (Ertragswert - 0{,}09 \cdot GW)$

Die Finanzverwaltung löst diese Gleichung auf und rundet ab zu (R 100 Abs. 1 S. 4 und 5 ErbStR):

(5) $GW = 0{,}68 \cdot (\textit{Vermögenswert} + 5 \cdot \textit{Ertragswert})$

Aus dieser Abrundung folgt, dass die Finanzverwaltung anstelle der behaupteten Verzinsung von 9 v. H. tatsächlich von 9,4 v. H. ausgeht.

Aufgrund der Annahme einer fiktiven Normalverzinsung der Kapitalanlage kommt es bei einer darunter liegenden Rendite zu Unterbewertungen. Auch wenn mit dem Stuttgarter Verfahren grundsätzlich der gemeine Wert ermittelt werden soll, kann dieser in Abhängigkeit von der Rendite des Anteils niedriger sein als der Steuerbilanzwert. Bei einer Rendite von über 9,4 v. H. ist der durch das Stuttgarter Verfahren entwickelte Wert höher, bei einer Rendite von unter 9,4 v. H. ergibt sich ein niedrigerer Wert.

Nach Umformen von Formel (5) kann der gemeine Wert der Anteile auch ermittelt werden, indem der Vermögenswert mit dem renditeabhängigen Faktor $\left(0{,}68 + 3{,}4 \cdot \dfrac{EBT}{A_0}\right)$ multipliziert wird.

In der untersuchten Fallkonstellation ist der Vermögenswert gegeben mit A_0, der Ertragswert wird durch EBT repräsentiert. Damit ergibt sich der gemeine Wert der ausländischen Anteile:

(6) $GW_A = A_0 \cdot \left(0{,}68 + 3{,}4 \cdot \dfrac{EBT_A}{A_0}\right)$

Stehen dem Vermögen der Gesellschaft unverhältnismäßig geringe Erträge gegenüber, so ist ein Renditeabschlag möglich, welcher in R 100 Abs. 3 ErbStR geregelt ist. Unverhältnismäßig geringe Erträge werden unterstellt, wenn die Rendite weniger als 4,5 v. H. ausmacht. In diesem Fall beträgt der Abschlag jewels 3 v. H. des gemeinen Werts vor Abschlag für eine Renditenminderung von 0,45 v. H. Es muss also ein Abschlag $d(r_A)$ in Abhängigkeit von r_A vorgenommen werden.

Damit stellt sich der gemeine Wert der ausländischen Anteile wie folgt dar:

(7) $GW_A = A_0 \cdot (0{,}68 + 3{,}4 \cdot r_A) \cdot (1 - d(r_A))$

Mit diesem Wert gehen die ausländischen Anteile nun in die Bewertung der inländischen Anteile ein und erhöhen deren Vermögenswert.

Diese Darstellung des Stuttgarter Verfahrens, bei der der Vermögenswert mit dem Faktor $(0{,}68 + 3{,}4 \cdot r) \cdot (1 - d(r))$ multipliziert wird, ist Voraussetzung für die weiteren Ausführungen und wird im Folgenden grundsätzlich in der Form angewendet.

β. Effektive Besteuerung der Anteile an der inländischen Kapitalgesellschaft
Die inländischen Anteile werden wiederum dem Stuttgarter Verfahren unterworfen. Werden Anteile an einer Kapitalgesellschaft bewertet, die ihrerseits Anteile an einer weiteren Kapitalgesellschaft hält, kann durch mehrfache Berücksichtigung der Ertragsaussichten der Untergesellschaft ein sog. Kaskadeneffekt eintreten: Einerseits beeinflusst der Ertragswert der ausländischen Kapitalgesellschaft bei Schätzung nach dem Stuttgarter Verfahren deren Anteilswert, da dieser in den Vermögenswert der inländischen Kapitalgesellschaft eingeht. Andererseits erhöht ein von der ausländischen Kapitalgesellschaft an die inländische Kapitalgesellschaft ausgeschütteter Gewinn deren Ertragswert. Das Stuttgarter Ver-

fahren sieht daher für bestimmte Fallgruppen[53] eine Sonderbewertung vor, die diesen Kaskadeneffekt neutralisieren soll.

Besitzt eine Kapitalgesellschaft beherrschende Beteiligungen (Beteiligungen über 50 v. H.), muss für den Teil ihres Vermögens, der aus beherrschenden Beteiligungen besteht, eine Sonderbewertung vorgenommen werden. Dies erfolgt dergestalt, dass sich der gemeine Wert der die Anteile haltenden Kapitalgesellschaft insoweit auf deren Vermögenswert beschränkt, d. h. Ertragsaussichten der Inlandsgesellschaft werden im Untersuchungsfall nicht berücksichtigt.[54]

Damit ergibt sich der gemeine Wert der Inlandsanteile aufgrund der Sonderbewertung aus:

(8) $\quad GW_I = A_0 \cdot (0{,}68 + 3{,}4 \cdot r_A) \cdot (1 - d(r_A))$

Da der Kaskadeneffekt für den Steuerpflichtigen jedoch extrem vorteilhaft ist, wenn sowohl in- als auch ausländische Kapitalgesellschaft eine unter 9,4 v. H. liegende Rendite erwirtschaften, wäre es denkbar, die 100 v. H.-ige Beteiligung an der Auslandskapitalgesellschaft auf zwei Inlandskapitalgesellschaften aufzuteilen um in den Genuss der Regelbewertung und damit einer zweifachen Anwendung des Stuttgarter Verfahrens zu kommen:[55]

Der Anteilswert hängt dann zusätzlich ab von der Rendite der inländischen Mutterkapitalgesellschaft r_I. Hierbei ist zu berücksichtigen, dass sich die Rendite des inländischen Unternehmens durch die Dividende der ausländischen Tochterkapitalgesellschaft erhöht.[56] Die Befreiung von § 8b Abs. 1 KStG schlägt nicht auf das Stuttgarter Verfahren durch.[57] Der Gewinn der inländischen Kapitalgesellschaft EBT_I erhöht sich um $EBT_A \left(1 - s_{KSt}^{ausl.}\right)$.

$$EBT_{I_{I+A}} = EBT_I + EBT_A \left(1 - s_{KSt}^{ausl.}\right)$$

Damit gilt $r_I(EBT_{I_{I+A}}) = \dfrac{EBT_I + EBT_A \left(1 - s_{KSt}^{ausl.}\right)}{I_0}$

Der Einfluss der Dividendenvereinnahmung hängt ab von dem Anteil der Auslandsdividenden am gesamten Gewinn der inländischen Kapitalgesellschaft und dem Verhältnis zu deren Vermögenssubstanz.

Damit ergibt sich als Bemessungsgrundlage für die über die inländischen Anteile gehaltenen ausländischen Anteile:

(9) $\quad GW_I = \underbrace{A_0 \cdot (0{,}68 + 3{,}4 \cdot r_A) \cdot (1 - d(r_A))}_{GW_A} \cdot (0{,}68 + 3{,}4 \cdot r_I(EBT_{I_{I+A}})) \cdot (1 - d(r_I(EBT_{I_{I+A}})))$

Entsprechend der Darstellung des Stuttgarter Verfahrens in Formel (7), wird der gemeine Wert der Anteile an der ausländischen Kapitalgesellschaft als Vermögenswert der inländischen Kapitalgesellschaft mit dem Faktor $(0{,}68 + 3{,}4 \cdot r_I(EBT_{I_{I+A}})) \cdot (1 - d(r_I(EBT_{I_{I+A}})))$ multipliziert. Damit kann es bei entsprechender Gestaltung und damit einhergehender Anwendung der Regelbewertung, wenn sowohl die Rendite der ausländischen Kapitalgesellschaft als auch die der inländischen unter 9,4 v. H. liegt, aufgrund der Schachtelbeteiligung zu einer zweifachen Unterbewertung kommen.

Fraglich ist, ob auf diesen Wert (sei er nach der Sonder- oder der Regelbewertung ermittelt) nun noch der Bewertungsabschlag i. H. v. 35 v. H. gem. § 13a ErbStG vorgenommen werden darf.

Gem. R 51 Abs. 4 ErbStR ist zwar grundsätzlich nur der Erwerb inländischen Vermögens begünstigt, jedoch kann eine Beteiligung an einer ausländischen Kapitalgesellschaft „insoweit begünstigt sein, als sie zum Betriebsvermögen eines inländischen Gewerbebetriebs gehört". Damit kann der Bewertungsabschlag i. H. v. 35 v. H. auch auf die Beteiligung an der ausländischen Kapitalgesellschaft vorgenommen werden.

Als letztendliche Bemessungsgrundlage für die inländische Erbschaftsteuer ergibt sich damit bei der (ohne weitere Gestaltungsmaßnahmen) vorzunehmenden Sonderbewertung:

$$(10) \quad GW_I = A_0 \cdot (0{,}68 + 3{,}4 \cdot r_A) \cdot (1 - d(r_A)) \cdot 0{,}65$$

Bei der vom Grundfall abweichenden einfachen Fallgestaltung durch Aufteilung der Beteiligung auf zwei Inlandskapitalgesellschaften stellt sich der Anteilswert aufgrund der Regelbewertung, welche eine zweifache Anwendung des Stuttgarter Verfahrens erlaubt, folgendermaßen dar:

$$(11) \quad GW_I = A_0 \cdot (0{,}68 + 3{,}4 \cdot r_A) \cdot (1 - d(r_A)) \cdot (0{,}68 + 3{,}4 \cdot r_I) \cdot (1 - d(r_I)) \cdot 0{,}65$$

Auf den Anteilswert kann nun der inländische Erbschaftsteuersatz $s_{ErbSt}^{inl.}$ angewendet werden.

Damit ergibt sich für den effektiven Erbschaftsteuersatz bei der Alternative 1 für $s_{ErbSt,A1}$:

$$(12) \quad s_{ErbSt,A_1} = (0{,}68 + 3{,}4 \cdot r_A) \cdot (1 - d(r_A)) \cdot 0{,}65 \cdot s_{ErbSt}^{inl.}$$

bzw. bei Regelbewertung:

$$(13) \quad s_{ErbSt,A_1} = (0{,}68 + 3{,}4 \cdot r_A) \cdot (1 - d(r_A)) \cdot (0{,}68 + 3{,}4 \cdot r_I) \cdot (1 - d(r_I)) \cdot 0{,}65 \cdot s_{ErbSt}^{inl.}$$

Im Folgenden wird aufgrund der Modellannahmen regelmäßig von der Sonderbewertung ausgegangen. Später sollen lediglich die Abweichungen gegenüber der Regelbewertung dargestellt werden. Auf dies wird an entsprechender Stelle jedoch hingewiesen.

b) Beteiligung im Privatvermögen des Anteilseigners (Alternative 2)
Bei Vererbung der unmittelbaren Beteiligung an der ausländischen Kapitalgesellschaft werden die Anteile im Inland direkt der Besteuerung mit Erbschaftsteuer unterworfen. Auf die Ermittlung des Wertes der ausländischen Anteile kann auf die Ausführungen im Rahmen der indirekten Beteiligung verwiesen werden. Allerdings kann es im Gegensatz zur Beteiligung über die inländische Kapitalgesellschaft auch bei unter 50 v. H. liegenden Anteilen nicht zu einer weiteren Anwendung des Stuttgarter Verfahrens auf die inländi-

schen Anteile kommen, da ja mangels Schachtelbeteiligung gar kein „Kaskadenfall" vorliegt. Der Bewertungsabschlag nach § 13a Abs. 2 ErbStG entfällt, da diese Steuerbegünstigung inländischen Kapitalgesellschaften vorbehalten ist. Lediglich wenn die ausländische Kapitalgesellschaft statutarischen Sitz oder Geschäftsleitung im Inland hätte und damit im Inland auch unbeschränkt körperschaftsteuerpflichtig wäre, wäre der Übergang begünstigt.

Damit stellt sich der Wert der ausländischen Anteile wie folgt dar:

(14) $GW_A = A_0 \cdot (0{,}68 + 3{,}4 \cdot r_A) \cdot (1 - d(r_A))$

Auf diesen Wert wird der inländische Erbschaftsteuersatz $s_{ErbSt}^{inl.}$ angewendet.

Neben der Besteuerung im Inland kann der inländische Unternehmer bei einer direkten Beteiligung im Ausland beschränkt erbschaftsteuerpflichtig werden. Die hier zugrunde liegende Fallkonstellation kann je nach Ausgestaltung des ausländischen Steuersystems zu folgenden Besteuerungsfolgen führen:

a) keine beschränkte Steuerpflicht[58]. Damit beträgt der effektive Erbschaftsteuersatz:

(15) $s_{ErbSt, A_{2a}} = (0{,}68 + 3{,}4 \cdot r_A) \cdot (1 - d(r_A)) \cdot s_{ErbSt}^{inl.}$

b) beschränkte Steuerpflicht mit der Möglichkeit zur Anrechnung im Inland.[59] In diesem Fall ist für die effektive Steuerbelastung letztendlich die höhere Steuerbelastung maßgeblich. Damit ergibt sich als Steuerbelastung:

(16) $s_{ErbSt, A_{2b}} = \max\left[(0{,}68 + 3{,}4 \cdot r_A) \cdot (1 - d(r_A)) \cdot s_{ErbSt}^{inl.}; s_{ErbSt}^{ausl.}\right]$

c) beschränkte Steuerpflicht ohne Möglichkeit der Anrechnung.[60] Es tritt eine Doppelbesteuerung mit in- und ausländischer Steuer auf. In diesem Fall kann die ausländische Steuer lediglich als Nachlassverbindlichkeit von dem vererbten Vermögen abgezogen werden.[61] Damit ergibt sich:

(17) $s_{ErbSt, A_{2c}} = \left[(0{,}68 + 3{,}4 \cdot r_A) \cdot (1 - d(r_A))\right]\left(1 - s_{ErbSt}^{ausl.}\right) \cdot s_{ErbSt}^{inl.} + s_{ErbSt}^{ausl.}$

d) beschränkte Steuerpflicht mit Freistellung unter Progressionsvorbehalt im Inland. Eine solche ist derzeit lediglich im Abkommen mit Österreich vorgesehen ist, kommt jedoch im hier betrachteten Fall nicht zur Anwendung, da in Österreich ohnehin keine beschränkte Steuerpflicht entsteht.[62] Dennoch wird dieser Fall der methodischen Vollständigkeit wegen aufgenommen. Das Vermögen wird lediglich mit dem ausländischen Effektivsteuersatz belastet. Aufgrund der Freistellung im Inland ist daneben keine inländische Erbschaftsteuer zu berücksichtigen:

(18) $s_{ErbSt, A_{2d}} = s_{ErbSt}^{ausl.}$

II. Vollthesaurierung

Denkbar ist bei beiden Entscheidungsalternativen eine Thesaurierung auf Ebene der ausländischen Kapitalgesellschaft. Wird die Beteiligung an der ausländischen Kapitalgesellschaft von der inländischen Kapitalgesellschaft gehalten, so besteht darüber hinaus die Möglichkeit, dass die Gewinne von der inländischen Mutterkapitalgesellschaft einbehalten werden.

1. Thesaurierung auf Ebene der ausländischen Kapitalgesellschaft

Thesauriert die ausländische Kapitalgesellschaft kommt es im Vergleich zur Vollausschüttung zu folgenden Änderungen:

Die ausländischen Gewinne werden sowohl bei indirekter als auch bei direkter Beteiligung lediglich mit ausländischer Körperschaftsteuer belastet. Damit gilt:

(19) $(1-s_u) = (1-s_{u_{ThA}}) = (1-s_{KSt}^{ausl.})$

Das Vermögen der ausländischen Kapitalgesellschaft erhöht sich um die Summe der thesaurierten Nachsteuergewinne, also um $\sum_{t=1}^{n} EBT \cdot (1-s_{u_{ThA}}) \cdot q^t$. Eine Vollthesaurierung auf Ebene der ausländischen Kapitalgesellschaft führt damit zu einer höheren Bemessungsgrundlage bei der Besteuerung des Vermögens im Ausland. Damit entsteht auf das ausländische Vermögen folgende Erbschaftsteuerbelastung:

(20) $\left[A_0 + \sum_{t=1}^{n} EBT_A \cdot (1-s_{u_{ThA}}) \cdot q^t \right] \cdot s_{ErbSt,A} \cdot q^{-n}$

Für den effektiven Erbschaftsteuersatz ergeben sich keine Unterschiede im Vergleich zu einer Vollausschüttung[63] und es kann auf die Formeln im Rahmen der Vollausschüttung verwiesen werden (bei indirekter Beteiligung (12) und (13), bei direkter Beteiligung (15) – (18)).

Da keine Gewinne repatriiert werden, kann auch kein Inlandsvermögen entstehen, so dass der letzte Term in der Ausgangsformel (1) entfällt.

Damit ergibt sich der Kapitalwert:

(21) $C_n = \left[\sum_{t=1}^{n} EBT_A \cdot (1-s_{u_{ThA}}) \cdot q^{-t} \right] - \left[A_0 + \sum_{t=1}^{n} EBT_A \cdot (1-s_{u_{ThA}}) \cdot q^t \right] \cdot s_{ErbSt,A} \cdot q^{-n}$

2. Thesaurierung auf Ebene der inländischen Kapitalgesellschaft

Die Gewinne der ausländischen Kapitalgesellschaft unterliegen im Ausland der Körperschaftsteuer und werden bei Ausschüttung an die inländische Kapitalgesellschaft im Ausland mit Quellensteuer ($s_{QuSt}^{ausl.}$) belastet und im Inland mit 5 v. H. von der deutschen Körperschaft- und Gewerbesteuer erfasst. Damit gilt:

(22) $(1-s_u) = (1-s_{u_{ThI}}) = (1-s_{KSt}^{ausl.}) \cdot (1-s_{QuSt}^{ausl.} - 0{,}05 \cdot s_{KSt,GewSt}^{inl.})$

Die Gewinnausschüttungen erhöhen das Vermögen der inländischen Kapitalgesellschaft. Damit erhöht sich der Wert der Anteile an der inländischen Kapitalgesellschaft für Zwecke der Erbschaftsteuer. Das Auslandsvermögen wird im Ausland mit dem effektiven Erbschaftsteuersatz belastet, die repatriierten Gewinne werden als Vermögenswert im Inland dem Stuttgarter Verfahren unterworfen. Es ergibt sich mit Darstellung des Stuttgarter Verfahrens analog zu Formel (7) folgende Erbschaftsteuerbelastung:

$$(23) \quad A_0 \cdot s_{ErbSt,A} \cdot q^{-n} + \left[\sum_{t=1}^{n} EBT \cdot (1 - s_{u_{ThI}}) \cdot q^{t} \right] \cdot (0{,}68 + 3{,}4 \cdot r_I) \cdot (1 - d(r_I)) \cdot 0{,}65 \cdot s_{ErbSt}^{inl.} \cdot q^{-n}$$

Der effektive Erbschaftsteuersatz $s_{ErbSt,A}$ ist den Ausführungen im Rahmen der Vollausschüttung zu entnehmen.

Im Fall der Aufteilung auf zwei Inlandskapitalgesellschaften und damit einhergehender Anwendung der Regelbewertung würde, anders als bei der Thesaurierung der Gewinne im Ausland, hier die Rendite der inländischen Kapitalgesellschaft durch Dividendeneinnahmen ebenso wie im Fall der Vollausschüttung beeinflusst und es würde gelten $r_I(EBT_{I+A})$.

Damit ergibt sich der Kapitalwert bei Thesaurierung im Inland:

(24)

$$C_n = \left[\sum_{t=1}^{n} EBT_A \cdot (1 - s_{u_{ThI}}) \cdot q^{-t} \right] - A_0 \cdot s_{ErbSt,A} \cdot q^{-n} - \left[\sum_{t=1}^{n} EBT \cdot (1 - s_{u_{ThI}}) \cdot q^{t} \right] \cdot (0{,}68 + 3{,}4 \cdot r_I) \cdot (1 - d(r_I)) \cdot 0{,}65 \cdot s_{ErbSt}^{inl.} \cdot q^{-n}$$

F. Zusammenfassende Übersicht über die Steuerwirkung

Zu Beginn der Untersuchung wurde folgende Ausgangsformel (gekürzt um die nicht entscheidungsrelevante Anfangsauszahlung A_0 und entsprechend der Annahmen vereinfacht) aufgestellt:

$$(25) \quad C_n = \left[\sum_{t=1}^{n} EBT \cdot (1 - s_u) \cdot q^{-t} \right] - A_0 \cdot s_{ErbSt,A} \cdot q^{-n} - \left[\sum_{t=1}^{n} EBT \cdot (1 - s_u) \cdot q^{t} \right] \cdot s_{ErbSt,I} \cdot q^{-n}$$

Es wurden für die beiden Entscheidungsalternativen 1 und 2 die kombinierten Ertragssteuersätze für den Fall der Vollausschüttung (s_{u_1} bzw. s_{u_2}) und für den Fall der Thesaurierung im Ausland ($s_{u_{ThA}}$) und der Thesaurierung im Inland ($s_{u_{ThI}}$) ermittelt. Ebenso wurden die effektiven Erbschaftsteuersätze für beide Alternativen (s_{ErbSt,A_1} bzw. s_{ErbSt,A_2}) gebildet. Diese sind im Aufbau grundsätzlich unabhängig davon, ob die Gewinne thesauriert oder ausgeschüttet werden.[64]

Die Übersicht in Tabelle 1 fasst die einzelnen Teilsteuersätze noch einmal zusammen.

Tab. 1. Zusammenfassung

		ERTRAGSTEUERBELASTUNG	ERBSCHAFTSTEUERBELASTUNG
		In der Ausgangsformel (1) ist $(1-s_u)$ zu ersetzen durch:	In der Ausgangsformel (1) ist $s_{ErbSt,A}$ zu ersetzen durch:
Vollausschüttung	Alternative 1 (indirekt)	$(1-s_{KSt}^{ausl.}) \cdot (1-s_{QuSt}^{ausl.} - 0{,}05 \cdot s_{KSt,GewSt}^{inl.}) \cdot (1-0{,}5 \cdot s_{ESt}^{inl.})$ (2)	$(0{,}68+3{,}4 \cdot r_A) \cdot (1-d(r_A)) \cdot 0{,}65 \cdot s_{ErbSt}^{inl.}$ (12) mit $r_I(EBT_{I,A})$
Vollausschüttung	Alternative 2 (direkt)	$(1-s_{KSt}^{ausl.}) \cdot (1-\max[s_{QuSt}^{ausl.}; 0{,}5 \cdot s_{ESt}^{inl.}])$ (3)	a) keine Stpfl. im Ausland: $(0{,}68+3{,}4 \cdot r_A) \cdot (1-d(r_A)) \cdot s_{ErbSt}^{inl.}$ (15) b) Stpfl. im Ausland, Anrechnung: $\max[(0{,}68+3{,}4 \cdot r_A) \cdot (1-d(r_A)) \cdot s_{ErbSt}^{inl.}; s_{ErbSt}^{ausl.}]$ (16) c) Stpfl. im Ausland, keine Anrechnung: $[(0{,}68+3{,}4 \cdot r_A) \cdot (1-d(r_A))](1-s_{ErbSt}^{ausl.}) \cdot s_{ErbSt}^{inl.} + s_{ErbSt}^{ausl.}$ (17) d) Stpfl. im Ausland, Freistellung mit PV: $s_{ErbSt}^{ausl.}$ (18)
		In der Ausgangsformel (1) ist $(1-s_u)$ zu ersetzen durch:	Änderungen gegenüber der Ausgangsformel (1):
Thesaurierung	im Ausland (direkt und indirekt)	$(1-s_{KSt}^{ausl.})$ (19)	1) Veränderung der Bemessungsgrundlage der Erbschaftsteuer auf das ausländische Vermögen zu: $A_0 + \sum_{i=1}^{n} EBT \cdot (1-s_u) \cdot q^i$ (20) 2) Es wird der gleiche effektive ErbSt-Satz wie im Rahmen der Vollausschüttung angewendet. Jedoch gilt bei der indirekten Beteiligung: $r_I(EBT_I)$. 3) Da die Gewinne nicht ins Inland ausgeschüttet werden, entsteht kein erbschaftsteuerpflichtiges inländisches Vermögen. Der letzte Term in der Ausgangsformel (1) entfällt.
Thesaurierung	im Inland (indirekt)	$(1-s_{KSt}^{ausl.}) \cdot (1-s_{QuSt}^{ausl.} - 0{,}05 \cdot s_{KSt,GewSt}^{inl.})$ (22)	Die Erbschaftsteuerbelastung auf das auf Ebene der inländischen Kapitalgesellschaft durch repatriierte Gewinne entstandene inländische Vermögen ändert sich zu: $\left[\sum_{i=1}^{n} EBT \cdot (1-s_u) \cdot q^i\right] \cdot (0{,}68+3{,}4 \cdot r_I) \cdot (1-d(r_I)) \cdot 0{,}65 \cdot s_{ErbSt}^{inl.} \cdot q^{-n}$ (23)

G. Belastungsvergleich

Im folgenden wird unter Variation einzelner Parameter untersucht, inwieweit sich im Untersuchungsobjekt die Erbschaftsteuerbelastung auf die Vorteilhaftigkeit der beiden Entscheidungsalternativen auswirkt.

Für den Grundfall werden folgende Parameter (über die in den Annahmen definierten Werte hinaus) zunächst als gegeben angenommen:

Vermögen der ausländischen Kapitalgesellschaft:	A_0	=	1.000.000
Vermögen der inländischen Kapitalgesellschaft:	I_0	=	10.000.000
Gewinn der inländischen Kapitalgesellschaft:	EBT_I	=	400.000
Rendite der inländischen Kapitalgesellschaft	r_I	=	4 v. H.
ausländischer Körperschaftsteuersatz:	$s_{KSt}^{ausl.}$	=	30 v. H.
ausländischer Erbschaftsteuersatz:	$s_{ErbSt}^{ausl.}$	=	30 v. H.
ausländischer Quellensteuersatz auf Dividenden:	$s_{QuSt}^{ausl.}$	=	15 v. H.

I. Vollausschüttung

Bei ausschließlicher Betrachtung der Ertragsteuern ist es nachteilig, die Beteiligung im Betriebsvermögen der inländischen Kapitalgesellschaft zu halten (Abb. 2): Die Dividende wird im Ausland in der Regel mit einer Quellensteuer belastet, die nicht auf die deutsche Körperschaftsteuer angerechnet werden kann. Diese Zusatzbelastung kann auch bei Bestehen eines Doppelbesteuerungsabkommens entstehen. Obwohl Schachtelbeteiligungen abkommensrechtlich aufgrund einer höheren Begrenzung des Quellensteuersatzes als bei natürlichen Personen regelmäßig bevorzugt werden, bleibt dieser Nachteil bestehen, da die 15 v. H.- Begrenzung bei der natürlichen Person unter Annahme eines Einkommensteuersatzes von 42 v. H. immer zu einer vollständigen Anrechnung führt. Dieser Nachteil entfällt lediglich dann, wenn es sich bei dem Ausland um einen EU-Staat handelt und mithin der Quellensteuersatz 0 beträgt. Darüber hinaus unterliegen im Inland 5 v. H. der Dividende als nichtabzugsfähige Betriebsausgabe der zusätzlichen Belastung mit Körperschaftsteuer.

Je höher die Gewinne der ausländischen Tochterkapitalgesellschaft ausfallen, desto mehr fällt die Vorteilhaftigkeit der direkten Beteiligung ins Gewicht:

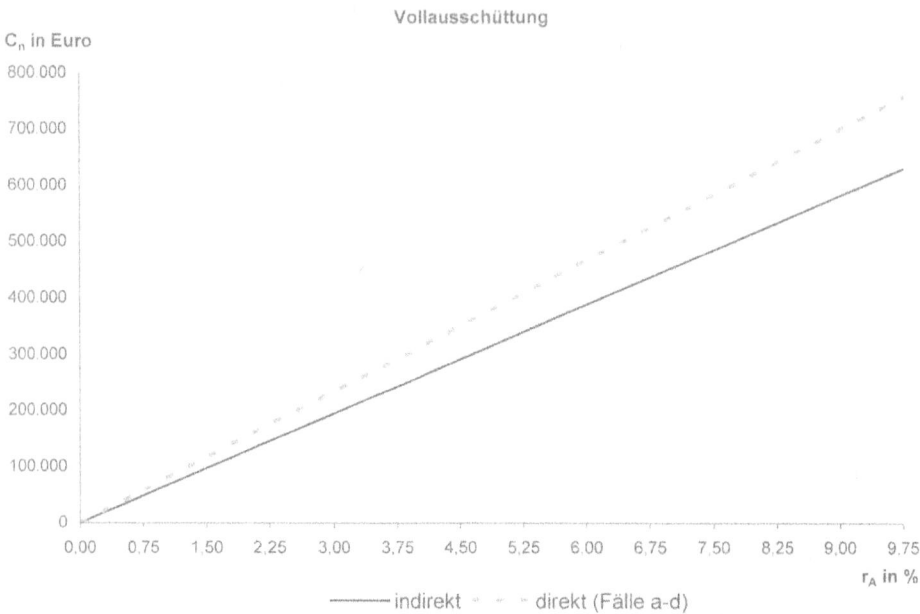

Abb. 2. Grundfall ohne ErbSt

Erbschaftsteuerlich hingegen erweist sich die direkte Beteiligung als nachteilig. Hält der Unternehmer die Beteiligung in seinem Privatvermögen, kann gegebenenfalls im Ausland eine beschränkte Erbschaftsteuerpflicht entstehen. Darüber hinaus kann der Bewertungsabschlag nach § 13a ErbStG ausschließlich über eine indirekte Beteiligung auf die Auslandsbeteiligung wirken. Die Vorteilhaftigkeit bei der Bewertung ist renditeabhängig: Liegt die Rendite der ausländischen Beteiligung unter 9,4 v. H., so wird der Anteil unterbewertet, d. h. er liegt noch unter dem Steuerbilanzwert. Die Rendite der ausländischen Kapitalgesellschaft beeinflusst jedoch nicht nur die Bewertung der Anteile. Sobald das ausländische Unternehmen ein im Vergleich zum Ertrag relativ hohes Vermögen aufweist, fällt die Erbschaftsteuer im Kapitalwertmodell um so stärker ins Gewicht, da auf die vergleichsweise geringen Erträge nur wenig Ertragsteuern gezahlt werden.

Da der Einfluss der Erbschaftsteuerbelastung auf die Gesamtsteuerbelastung vorrangig von dem Verhältnis zwischen Ertrag und Vermögen bestimmt wird, gibt es eine kritische Rendite, bei der sich die Vorteilhaftigkeit zwischen den beiden Alternativen umkehrt (Abb. 3). Im Extremfall bei einer Rendite von 0 kann die grundsätzlich bestehende ertragsteuerliche Vorteilhaftigkeit sich nicht mehr auswirken. Da das ausländische Vermögen dennoch besteuert wird, dominiert bei fehlenden Gewinnen immer der erbschaftsteuerliche Vorteil. Wird die aperiodisch anfallende Erbschaftsteuer in das Modell integriert, ändert sich die Rangfolge der Alternativen gegenüber der rein ertragsteuerlichen Betrachtung:

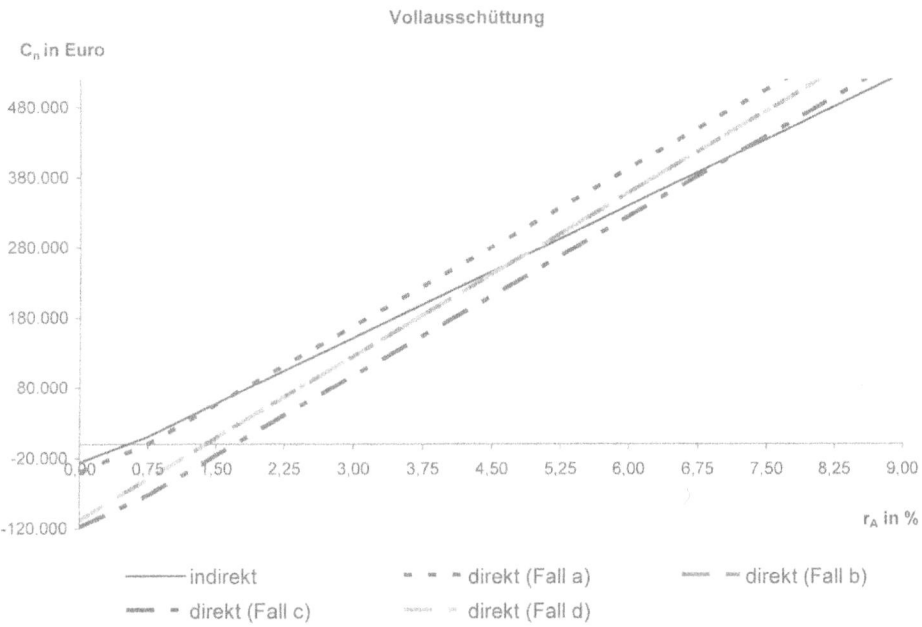

Abb. 3. Grundfall mit ErbSt

Anders als im Grundfall ohne Berücksichtigung der Erbschaftsteuer schneiden sich nun die Graphen der direkten Beteiligung mit dem der indirekten Beteiligung. Die höhere Belastung mit Ertragsteuern wird im Schnittpunkt durch die erbschaftsteuerlichen Vorteile kompensiert. Es fällt auf, dass sich die kritische Rendite, bei der sich die anfänglich bestehende Vorteilhaftigkeit der indirekten Beteiligung ändert, in hohem Ausmaß davon abhängt, wie das Erbschaftsteuersystem im Ausland ausgestaltet ist.

Im günstigsten Fall a), wenn im Ausland keine Erbschaftsteuer erhoben wird, liegt die kritische Rendite bei ca. 1,6 v. H. Wird der Erbanfall im Ausland ebenfalls besteuert, so ändert sich die Vorteilhaftigkeit in Fall b) (Anrechnungsmöglichkeit) bei einer Rendite von ca. 4,8 v. H. im Fall c) (keine Anrechnungsmöglichkeit) bei ca. 7,2 v. H. Erfolgt im Inland eine Freistellung (Fall d), ist die Erbschaftsteuerbelastung mit dem Anrechnungsfall b) identisch, da hier letztendlich das ausländische Erbschaftsteuerniveau maßgeblich ist.

Würde man durch entsprechende Gestaltung der indirekten Beteiligung erwirken, dass bei Anwendung des Stuttgarter Verfahrens die Regelbewertung vorgenommen wird, wäre die kritische Rendite erst bei a) ca. 2,3 v. H., b) ca. 5,4 v. H. und c) ca. 7,8 v. H. erreicht (Abb. 4).

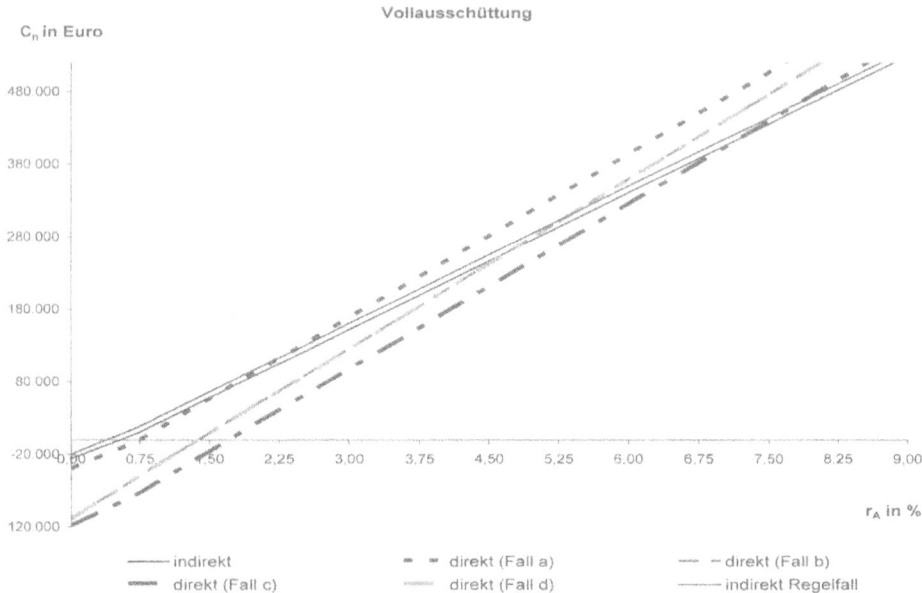

Abb. 4. Grundfall mit ErbSt (Sonder- und Regelbewertung)

Wird der Grundfall dahingehend abgeändert, dass der effektive Erbschaftsteuersatz im Ausland nur 15 v. H. beträgt, ist die kritische Rendite im Rahmen der Sonderbewertung schon erreicht bei a) ca.1,3 v. H. b) ca. 1,6 v. H. c) ca. 4,4 v. H. und d) ca. 1,1 v. H. (Abb. 5).[65] Hier macht sich der niedrige ausländische Steuersatz bemerkbar.

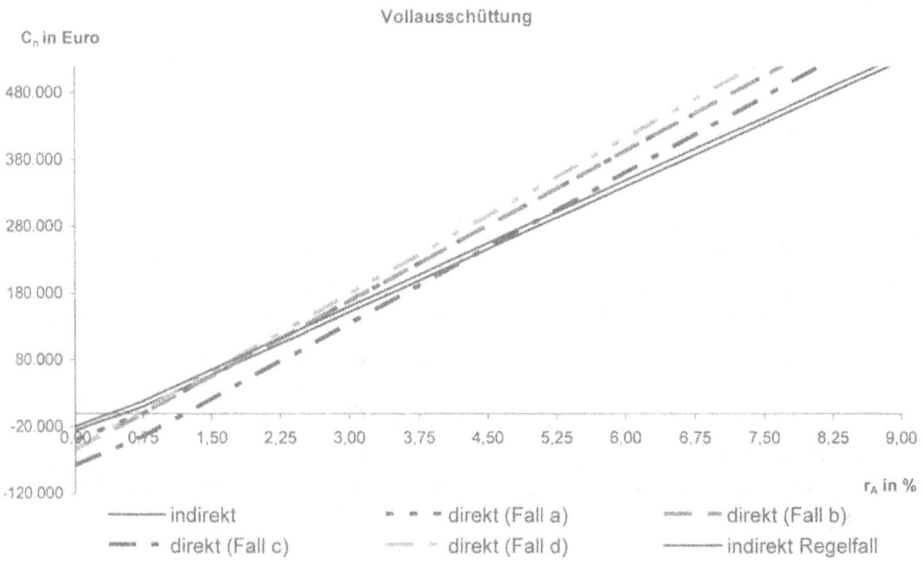

Abb. 5. Variation: ErbSt = 15 v. H. (Sonder- und Regelbewertung)

Die Regel stellen die Fälle a) bis c) dar. Daher wird im Folgenden auch darauf verzichtet, den Freistellungsfall in die Grafik mit auf zu nehmen. Für die indirekte Beteiligung wird nunmehr nur noch die ohne Gestaltungsmaßnahmen anzuwendende Sonderbewertung betrachtet.

Ändert man den Grundfall ab und setzt die ausländische Quellensteuer auf 0 v. H. und den ausländischen Körperschaftsteuersatz auf 10 v. H. so verschiebt sich aufgrund der geringeren ertragsteuerlichen Nachteilhaftigkeit der indirekten Beteiligung die kritische Rendite weit vom realistischen Bereich weg und die indirekte Beteiligung erscheint noch vorteilhafter.

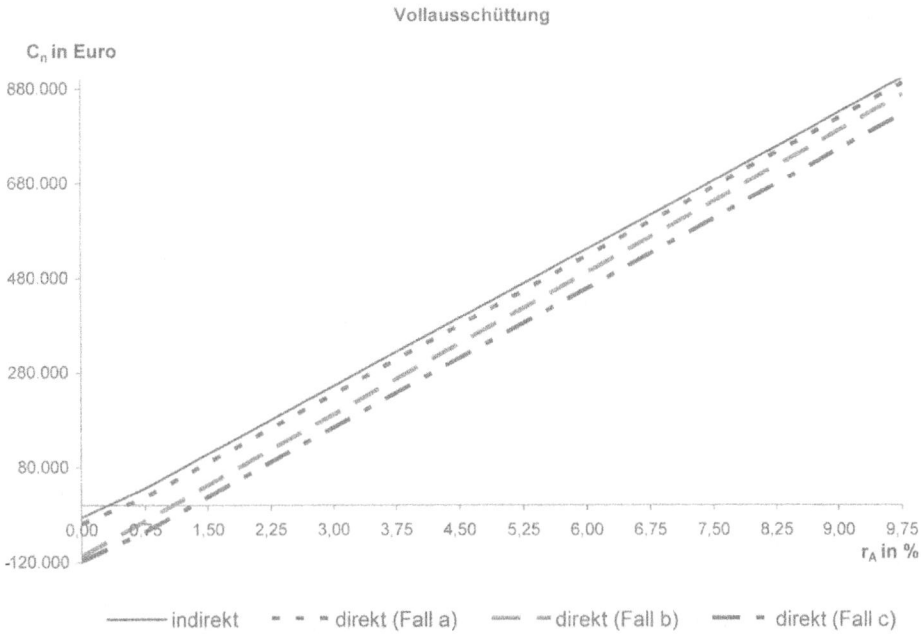

Abb. 6. Variation: KSt = 10 v. H. und Quellensteuer = 0 v. H.

II. Thesaurierung

Werden die Gewinne der ausländischen Kapitalgesellschaft nicht ausgeschüttet, verringert sich im Vergleich zur Vollausschüttung die ertragsteuerliche Belastung, da nicht bis zur Ebene des Anteilseigners eine Besteuerung erfolgt. Die Belastung mit Erbschaftsteuer jedoch steigt, da aufgrund der Thesaurierung der Gewinne der Vermögenswert der thesaurierenden Kapitalgesellschaft zunimmt. Mithin fällt im Thesaurierungsfall die Belastung mit Erbschaftsteuer signifikanter ins Gewicht als im Rahmen der Vollausschüttung.

Allerdings entfällt dafür der bei Vollausschüttung bestehende Nachteil, dass die nach Ausschüttung als Privatvermögen zu qualifizierenden Gewinne nicht dem Bewertungsabschlag unterliegen.

1. Thesaurierung auf Ebene der ausländischen Kapitalgesellschaft

Werden die Gewinne im Ausland gänzlich thesauriert, ist die Ertragsteuerbelastung beider Alternativen identisch. Somit unterscheiden sich die beiden Alternativen ausschließlich in der Erbschaftsteuerbelastung.[66]

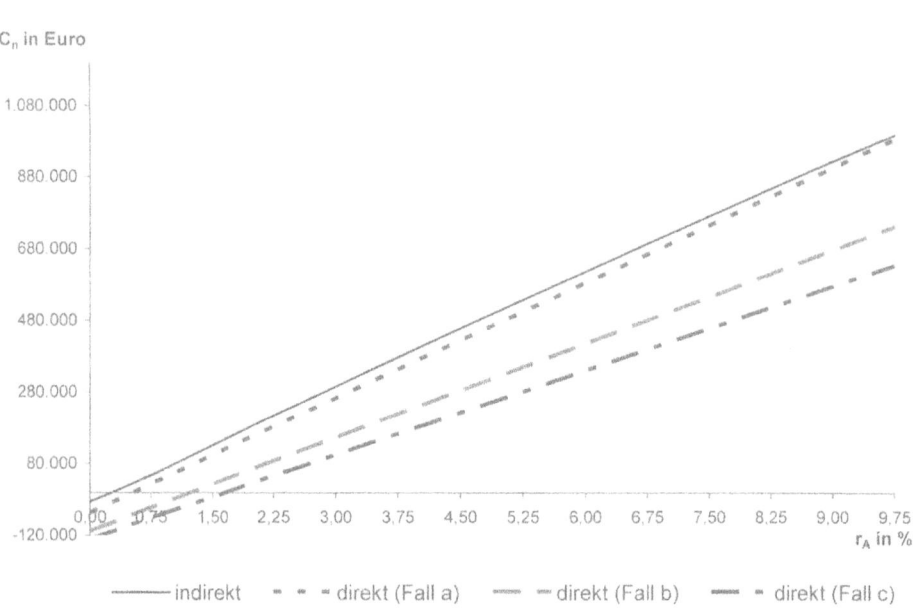

Abb. 7. Thesaurierung im Ausland

Da sich die steuerlichen Unterschiede zwischen den Entscheidungsalternativen jedoch auf die Erbschaftsteuerbelastung beschränken, ist im Thesaurierungsfall die indirekte Beteiligung grundsätzlich vorteilhafter.[67] Im Vergleich zum Vollausschüttungsfall, bei dem sich ohne Berücksichtigung von Erbschaftsteuer grundsätzlich die direkte Beteiligung als vorteilhafter erwiesen hat und bei Einbeziehen der Erbschaftsteuer eine Änderung der Rangfolge stattfand, ist im Thesaurierungsfall bei einer Betrachtung ohne Erbschaftsteuer kein Unterschied zwischen den Alternativen auszumachen und stellt sich bei Berücksichtigung der Erbschaftsteuer grundsätzlich die indirekte Beteiligung besser dar.

2. Thesaurierung auf Ebene der inländischen Kapitalgesellschaft

Bei Thesaurierung der Gewinne auf Ebene der inländischen Mutterkapitalgesellschaft ist die Ertragsteuerbelastung der indirekten Beteiligung aufgrund der nicht anrechenbaren ausländischen Quellensteuer und inländischen Körperschaftsteuerbelastung auf 5 v. H. der Dividenden höher als bei der direkten Beteiligung.

Wird bei direkter Beteiligung auf Ebene der ausländischen Kapitalgesellschaft, bei indirekter Beteiligung auf Ebene der inländischen Kapitalgesellschaft thesauriert, ist jedoch nur ein marginaler Unterschied im Vergleich zur Thesaurierung im Ausland auszumachen. Selbst in diesem Fall überwiegt der erbschaftsteuerliche Vorteil der indirekten Beteiligung:

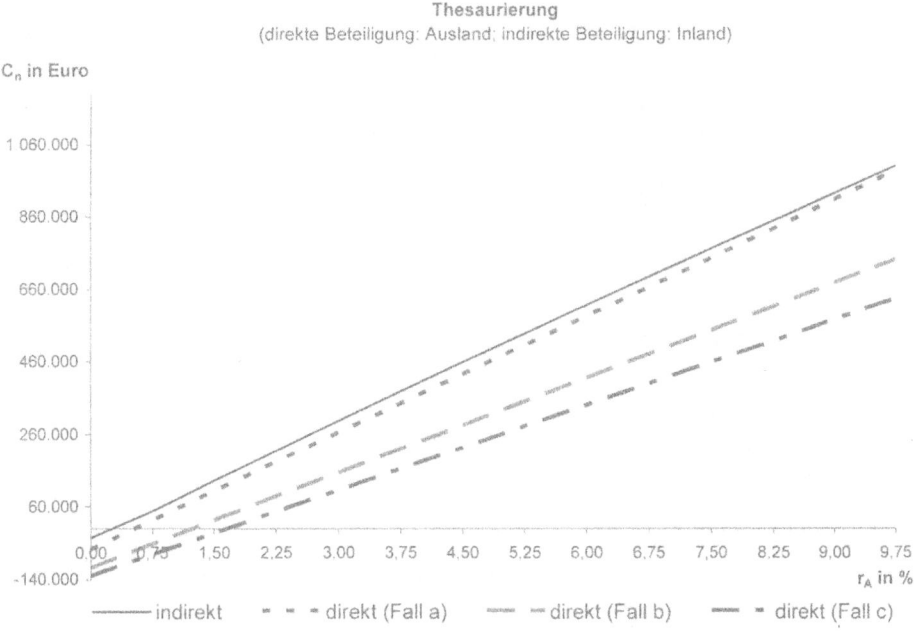

Abb. 8. Thesaurierung im Ausland vs. Thesaurierung im Inland

H. Zusammenfassung

Grundsätzlich kann damit festgehalten werden, dass die Belastung mit Erbschaftsteuer in die Unternehmensteuerplanung mit einzubeziehen ist, da sie eine unter ausschließlich ertragsteuerlichen Gesichtspunkten ermittelte Rangfolge der Vorteilhaftigkeit von Investitionen verändern kann. Die Notwendigkeit dieser Einbeziehung hängt insbesondere von der Rendite des jeweiligen Investitionsobjekts ab. Damit wird die Rendite für mittelständische Unternehmen ein Entscheidungsparameter für steuerliche Gestaltungsmöglichkeiten. Darüber hinaus wurde festgestellt, dass nicht nur auf inländisches Betriebsvermögen beschränkte Steuervergünstigungen, sondern insbesondere auch die Ausgestaltung des ausländischen Erbschaftsteuersystems maßgeblichen Einfluss auf die Vorteilhaftigkeit haben.

Zur Vermeidung kritischer Situationen im Rahmen der Unternehmensnachfolge sollten diese Erkenntnisse Eingang in die Corporate Governance finden. Die Minimierung von Ertrag- und Erbschaftsteuerbelastung muss wesentlicher Bestandteil der Unternehmensverfassung sein.

Anmerkungen

1 Vgl. z. B. Empfehlung der Europäischen Kommission v. 6. Mai 2003, 2003/361/EG.
2 Zu den einzelnen Untersuchungsfeldern vgl. z. B. Herzig (1997), S. 278.
3 Vgl. Wagner (1981), S. 47ff.; Wagner/Dirrigl (1980) sowie Schneider (1992), S. 539ff.
4 Vgl. z. B. Georgi (1994) und Schneider (1992), S. 309ff.
5 So sind beispielsweise private Anteile an einer Kapitalgesellschaft lediglich dann nach 13a ErbStG steuerbegünstigt, wenn diese Kapitalgesellschaft ihren Sitz oder ihre Geschäftsleitung in Deutschland hat.
6 Vgl. hierzu FG Rh.-Pf. v. 16.6.2005 (4 K 1951/04), EFG 2005, S. 1446. In der vom BFH mit Urteil vom 5.5.2004 (II R 33/02), ZEV 2004, S. 382 zurückverwiesenen Rechtssache vertrat das FG die Rechtsauffassung, dass in der Beschränkung der in § 13a ErbStG normierten Vergünstigung auf Inlandsvermögen weder ein Verstoß gegen Verfassungs- noch gegen Gemeinschaftsrecht gesehen werden kann. Vgl. allerdings Vorlage an den EuGH durch Beschluss v. 11.4.2006 (II R 35/05), DStR, 2006, S. 1079. Europarechtliche Bedenken äußern z. B. Dautzenberg/Brüggemann (1997), S. 123. Zur unterschiedlichen Bewertung In- und Auslandsvermögen vgl. ferner den Vorlagebeschluss des FG Hamburg v. 11.8.2006 (6 K 156/02), IStR 2006, S. 823. Bezüglich der mangelnden Verfassungsmäßigkeit vgl. BVerfG v. 7.11.2006 (1 BvL 10/02), DB 2007, S. 320.
7 Vgl. stellvertretend für viele z. B. Jacobs (2002).
8 Vgl. z. B. Flick/Piltz (1999).
9 Vgl. stellvertretend z. B. Perridon/Steiner (2004), S. 61ff; Blohm/Lüder (1995), S. 58ff.; Drukarczyk (2003), S. 15.
10 Vgl. Schneider (1962), S. 539ff.
11 Vgl. Johansson (1969), S. 104ff.
12 Vgl. Wagner/Dirrigl (1980).
13 Vgl. Wagner (1981), S. 47ff.
14 Vgl. Albach (1970), S. 229.
15 Vgl. Georgi (1994),
16 Vgl. Schneider (1992), S. 309ff.
17 Vgl. Baan (1980), S. 700.
18 Vgl. Mellwig (1982), S. 501.
19 Vgl. Salzberger (2000), S. 210ff.
20 Bei Annahme identischer Grenzsteuersätze gelten die folgenden Überlegungen auch für eine GmbH mit mehreren, ausschließlich inländischen Gesellschaftern.
21 Vgl. auch Krawitz (2003), S. 1925.
22 Diese Annahme erfolgt in Anlehnung an § 1 Abs. 1 Nr. 4 ErbStG. Hier fingiert der Gesetzgeber ebenfalls einen im 30 Jahre–Rhythmus erfolgenden Generationswechsel im Fall der Familienstiftung.
23 Bei einem Hebesatz von 400 v. H.
24 Der Solidaritätszuschlag wird aus Vereinfachungsgründen außer Acht gelassen.
25 Es sei darauf hingewiesen, dass ein etwaiger Veräußerungserlös bei den jeweiligen Alternativen zu unterschiedlichen Steuerwirkungen führt.
26 Sowohl auf die Berücksichtigung der Anschaffungsauszahlung als auch auf den am Ende des Betrachtungszeitraumes bestehenden Wert des Auslandsvermögens kann verzichtet werden, da diese nicht entscheidungsrelevant sind. Sie stehen sich vielmehr bei beiden Alternativen in gleicher Höhe gegenüber.
27 Vgl. Mennel/Förster, Stand: 2005, Allgemeiner Teil, Rn. 19.
28 Vgl. Schraufl (2004), S. 13ff. mit differenzierteren Unterscheidungsmöglichkeiten.
29 Vgl. Jacobs (2002), S. 116ff.
30 Das finnische Anrechnungsverfahren wurde im Fall Manninen vom EuGH für europarechtswidrig erklärt (vgl. EuGH v. 7.9.2004, Rs. C-319/02, DStRE 2004, S. 1220) und wurde zu Gunsten eines Shareholder-Relief-Systems aufgegeben. Körperschaftsteueranrechnungssysteme innerhalb der Europäischen Union stehen seither in Frage.
31 Vgl. im Überblick z. B. Neu/Wassermeyer (2004), S. 173ff. oder ausführlicher Hey in: H/H/R, Stand: 2005, Einf. KSt, Anm. 230ff.
32 Vgl. Jülicher (2004), S. 14ff.
33 Während sich bei einer Besteuerung nach dem Prinzip der Erbanfallsteuer die Steuer nach dem Anteil eines jeden Erben bemisst, wird sie bei der Nachlassbesteuerung – ohne Rücksicht auf die Anzahl der Erben und deren persönliche Verhältnisse – auf die gesamte, ungeteilte Hinterlassenschaft erhoben.
34 Vgl. BFH v. 26.4.1995 (II R 13/92), BStBl. II, 1995, S. 540. Die capital gains tax ist nur als Nachlassverbindlichkeit abzugsfähig. Allerdings sei darauf hingewiesen, dass dies in der Literatur stark kritisiert wird

und aufgrund einer wirtschaftlichen Betrachtungsweise eine Anrechnung gefordert wird. Vgl. z. B. Kapp/ Ebeling, § 21 Rn. 60.
35 Vgl. Scheffler/Spengler (2004a) und (2004b).
36 Vgl. Scheffler/Spengel (2004b), S.970.
37 Vgl. BFH v. 15.1.1971 (III R 125/69), BStBl II, 1971, S. 379.
38 Derzeit bestehen auf dem Gebiet der Nachlass- Erbschaft- und Schenkungsteuern Abkommen mit Dänemark, Griechenland, Österreich, Schweden, der Schweiz und den USA. Allerdings ist das Abkommen mit Schweden ohne Bedeutung, da Schweden zum 1.1.2005 die Erbschaftsteuer abgeschafft hat. Mit Frankreich wurde jüngst ein Doppelbesteuerungsabkommen geschlossen, welches jedoch noch der Ratifizierung bedarf.
39 Die Anknüpfungspunkte für die unbeschränkte Steuerpflicht sind unterschiedlich: Teilweise wird ebenso wie im deutschen Steuerrecht an den Sitz der Gesellschaft angeknüpft, teilweise wird (v. a. im angloamerikanischen Rechtskreis) der Gründungstheorie gefolgt, d. h. dann wird auf den Ort der Errichtung der Gesellschaft abgestellt. Daneben begründet regelmäßig bereits die Ansässigkeit der Gesellschaft eine unbeschränkte Steuerpflicht.
40 Es sei allerdings darauf hingewiesen, dass innerhalb der Europäischen Union die Anrechnung ausländischer Körperschaftsteuer in Zukunft in Frage steht. Vgl. hierzu den Fall Manninen, EuGH v. 7.9.2004, Rs. C-319/02, DStRE 2004, S. 1220 und die Schlussanträge des Generalanwalts Tizzano vom 10.11.2005 in der Rs. C-292/04.
41 Zur Höhe der Kapitalertragsteuern für Nichtansässige in den einzelnen Ländern vgl. z. B. BMF 2003, Übersicht 8.
42 Eine solche Schachtelbeteiligung liegt vor, wenn die Mutterkapitalgesellschaft über mindestens 25 v. H. des Kapitals der Tochterkapitalgesellschaft unmittelbar verfügt.
43 Vgl. Richtlinie (EWG) Nr. 90/435, ABl. EG Nr. L 225 S. 6.
44 Gem. Art. 5 i. V. m. Art. 3 Abs. 1 und Abs. 2 der Mutter-Tochter-Richtlinie darf innerhalb der EU bei Ausschüttungen einer Tochtergesellschaft an ihre in einem anderen EU-Mitgliedstaat ansässige Muttergesellschaft keine Quellensteuer erhoben werden, wenn die Muttergesellschaft an der Tochtergesellschaft mindestens zu 20 v. H. beteiligt ist und die Beteiligung zwei Jahre lang ununterbrochen bestanden hat. Seit 1. Januar 2007 beträgt der Mindestanteil 15 v. H.
45 Vgl. Siegers zu nF § 26 KStG, Rn. 104 in: Dötsch/Eversberg/Jost/Witt, Stand: März 2005.
46 Dieser Höchstsatz gilt in den meisten von Deutschland abgeschlossenen Doppelbesteuerungsabkommen. Vgl. Vogel/Lehner (2003), Art. 10 Rn. 67. Gem. Art. 1 OECD-MA gilt das Doppelbesteuerungsabkommen für im Vertragsstaat ansässige Personen. Handelt es sich bei dem inländischen Anteilseigner um eine natürliche Person, so ist diese nach Art. 3 Abs. 1a OECD-MA abkommensberechtigt.
47 Regelmäßig wird eine „Gesellschaft" vorausgesetzt oder es erfolgt ein expliziter Ausschluss von natürlichen Personen und Personengesellschaften. Vgl. Vogel/Lehner (2003), Art. 10 Rn. 72.
48 Vgl. Jacobs (2002), S. 47.
49 Vgl. R 98 Abs. 1 S. 2 ErbStR 2003.
50 Nach Auskunft der Finanzverwaltung werden zwar regelmäßig die Steuerbilanzwerte herangezogen, jedoch obliegt es dem Steuerpflichtigen, Nachweise für den Wert nach dem Stuttgarter Verfahren vorzubringen und eine entsprechende Bewertung vornehmen zu lassen. Die Übernahme der Steuerbilanzwerte ist lediglich dann für den Steuerpflichtigen vorteilhaft, wenn die ausländische Kapitalgesellschaft eine über 9,4 v. H. liegende Rendite erwirtschaftet. Für die vorliegende Untersuchung wird grundsätzlich von dem Stuttgarter Verfahren ausgegangen. Eine Übernahme der Steuerbilanzwerte ist den Richtlinien zu Folge auch nur dann angezeigt, wenn dies nicht zu unangemessenen Ergebnissen führt. Mithin müsste, auch wenn der Steuerpflichtige im Falle einer sehr hohen Rendite nicht geneigt sein wird, Nachweise zu bringen, die Finanzverwaltung bei einer starken Abweichung selbst die höheren Werte ermitteln. Es ist daher nicht angezeigt, das Modell auf möglicherweise existierenden Nachlässigkeiten der Finanzverwaltung durch mangelnde Überprüfung des Wertes nach dem Stuttgarter Verfahren aufzubauen. Schließlich kann im Rahmen von steuergestaltenden Maßnahmen nicht grundsätzlich davon ausgegangen werden, dass diese Vereinfachungsregel in allen Fällen zum Vorteil des Steuerpflichtigen ausgelegt wird.
51 Auszugehen ist dabei vom zu versteuernden Einkommen. Vgl. R 99 Abs. 1 S. 4 ErbStR.
52 Sowohl der Vermögens- als auch der Ertragswert sind auf das Nennkapital zu beziehen. Da sich letztendlich jedoch auch der gemeine Wert auf das Nennkapital bezieht, kann im Fall einer 100 v. H.-igen Beteiligung darauf verzichtet werden.
53 Siehe im Einzelnen R 103 ErbStR.
54 Vgl. R 103 Abs. 4 ErbStR.

55 Hinsichtlich der Ertragsteuerbelastung hätte diese Fallgestaltung jedoch keine Konsequenzen.
56 In diesem Zusammenhang ist darauf hinzuweisen, dass sich damit auch für das weitere, nicht aus der Beteiligung bestehende Betriebsvermögen der inländischen Betriebskapitalgesellschaft eine höhere Bewertung aufgrund der höheren Rendite ergibt. Daher wird davon ausgegangen, dass die Gewinnausschüttungen der Auslandsgesellschaft für den Gesamtgewinn der Inlandskapitalgesellschaft nur von untergeordneter Bedeutung sind. Im Rahmen des Belastungsvergleichs mit Hilfe von Excel wurde der Einfluss von Renditesteigerung im Inland auf die Bewertung der Auslandsbeteiligung untersucht und es ergaben sich auch hier kaum merkliche Auswirkungen, so dass diese vernachlässigt werden.
57 Gem. R 99 Abs. 1 S. 5 Nr. 1e und Nr. 2b ErbStR ist das zu versteuernde Einkommen entsprechend zu korrigieren.
58 Dies ist z. B. der Fall, wenn beschränkte Steuerpflicht in der jeweiligen Steuerrechtsordnung nur bei unbeweglichem Vermögen entsteht, grundsätzlich keine Erbschaftsteuer erhoben wird (z. B. China).
59 Eine Anrechnung kann dann erfolgen, wenn die Voraussetzungen nach § 21 Abs. 1 S. 1 ErbStG gegeben sind oder eine Anrechnung in einem Doppelbesteuerungsabkommen vorgesehen ist. Beispielsweise stellen Anteile an einer US-amerikanischen Kapitalgesellschaft unabhängig davon, wo sie gehalten wurden, US-amerikanisches Nachlassvermögen dar (Sec. 2104 (a) IRC). Die im E-DBA D-USA vorgesehene Aufhebung der beschränkten Steuerpflicht in den USA beschränkt sich auf die sog. „Federal Estate Tax" auf Bundesebene. Für die in den einzelnen Gliedstaaten daneben erhobene „State Death Tax" sieht Art. 11 Abs. 4 E-DBA D-USA eine Anrechnung im Inland vor. Vgl. hierzu Hundt, in: Debatin/Wassermeyer, DBA Art. 11 E USA, Rn. 23 sowie Anh. E USA Rn. 239, ferner Art. 2 E USA, Rn. 10 und Anh. Rn. 28-39.
60 Eine Anrechnung kann nicht erfolgen, wenn die Voraussetzungen von § 21 Abs. 1 S. 1 ErbStG nicht erfüllt sind. Dies ist insbesondere dann der Fall, wenn im Ausland eine Wertzuwachssteuer (wie z. B. die „capital gains tax" in Kanada) erhoben wird.
61 Vgl. BFH v. 26.4.1995 (II R 13/92), BStBl. II, 1995, S. 540.
62 Der Erwerb von Anteilen an Kapitalgesellschaften zählt grundsätzlich nicht zu dem in § 6 Abs. 1 Nr. 2 des österreichischen ErbStG aufgezählten, der beschränkten Steuerpflicht unterliegenden Vermögen. Lediglich dann, wenn es sich um betriebliche Anteile handelt, die einem österreichischen Betriebsvermögen zugeordnet werden können, würden diese von § 6 Abs. 1 Nr. 2 ErbStG erfasst. Art. 4 Nr. 1 E-DBA D-Österreich weist für diesen Fall Österreich das Besteuerungsrecht nach dem Betriebsstättenprinzip zu und es erfolgt eine Freistellung in Deutschland. Die Bewertung in Österreich erfolgt nach dem sog. Wiener Verfahren, welches dem Stuttgarter Verfahren gleicht. Auch hier gehen Substanz- und Ertragswert in die Bewertung mit ein. Der Kapitalisierungszinsfuß wird ebenso auf 9 v. H. festgelegt und die Dauer der Kapitalisierung auf fünf Jahre befristet.
63 Abweichungen würden sich lediglich im Fall der indirekten Beteiligung bei Anwendung der Regelbewertung ergeben, da bei der Thesaurierung der Gewinne die Rendite der inländischen Muttergesellschaft nur durch EBT_I bestimmt wird. Da die Gewinne der ausländischen Kapitalgesellschaft nicht ausgeschüttet werden, können sie auch nicht die Rendite der inländischen Kapitalgesellschaft beeinflussen. Mithin gilt im Thesaurierungsfall $r_I(EBT_I)$.
64 Änderungen würden sich nur im Fall der Regelbewertung aufgrund der Aufteilung auf zwei Inlandskapitalgesellschaften ergeben: Im Fall der Thesaurierung auf Ebene der ausländischen Kapitalgesellschaft muss bei Ermittlung der Rendite der inländischen Kapitalgesellschaft nur auf den EBT_I der Mutterkapitalgesellschaft zurückgegriffen werden, ohne Berücksichtigung der Gewinne der ausländischen Tochterkapitalgesellschaft. In den anderen Fällen ist aufgrund der Renditesteigerung durch die Dividendeneinnahmen die Inlandsrendite mit $EBT_{I \cdot A}$ zu ermitteln. Damit gilt:

$$r_I = \begin{cases} r_I(EBT_I) & \text{falls Thesaurierung bei ausländischer Kapitalgesellschaft} \\ r_I(EBT_I + EBT_A * (1 - s_{KSt}^{ausl.})) & \text{falls Ausschüttung an die inländische Kapitalgesellschaft} \end{cases}$$

65 Bei der Regelbewertung: a) ca. 2,3 v. H., b) ca. 2,4 v. H., c) ca. 5,0 v. H. und d) ca. 1,5 v. H.
66 Bei Anwendung der Regelbewertung bei der indirekten Beteiligung wäre jedoch der effektive Erbschaftsteuersatz im Vergleich zur Vollausschüttung etwas niedriger, da sich bei der Bewertung der inländischen Anteile keine Renditesteigerungen durch Dividendeneinnahmen auswirken.
67 Allenfalls kann sich bei einer unrealistisch hohen Rendite der inländischen Muttergesellschaft ein Schnittpunkt ergeben aufgrund der hohen Bewertung der inländischen Anteile.

Literatur

Albach, H. (1970): Steuersystem und unternehmerische Investitionspolitik, Wiesbaden.
Baan, W. (1980): Substanz- und Ertragsteuern in der Kapitalwertmethode, in: Der Betrieb, 700–703 und 746–750.
Blohm, H./Lüder, K. (1995): Investition, München.
Dautzenberg, N./Brüggemann, A. (1997): EG-Vertrag und deutsche Erbschaftsteuer – Überlegungen zum deutschen Erbschaftsteuergesetz, insbesondere zum Betriebsvermögensfreibetrag, in: BB, 123–133.
Debatin, H./Wassermeyer, F.: Doppelbesteuerung, Kommentar, Stand: Januar 2006 (97. Lfg.), München 2006.
Dötsch, E./Eversberg, H./Jost, W./Witt, G.: Die Körperschaftsteuer, Kommentar, Stand: März 2005 (52. Lfg.), Stuttgart 2005.
Drukarczyk, J. (2003): Unternehmensbewertung, München.
Flick, H./Piltz, D. J. (1999): Der Internationale Erbfall, München.
Georgi, A. (1994): Steuern in der Investitionsplanung – Eine Analyse der Entscheidungsrelevanz von Ertrag- und Substanzsteuern, Hamburg.
Herrmann, C./Heuer, G./Raupach, A. (H/H/R): Einkommensteuer- und Körperschaftsteuergesetz – Kommentar, Stand: März 2005 (217. Lfg.), Köln 1950/1996.
Herzig, N. (1997): Rechtsformwahl im Hinblick auf den Generationswechsel in internationalen Unternehmen – Zum vierten Problemfeld in der Rechtsformwahl -, in: FS Flick, Unternehmen Steuern, Köln 1997.
Jacobs, Otto H (2002): Internationale Unternehmensbesteuerung, München.
Jülicher, M. (2004): Erbschaft- und Schenkungsteuerrecht im internationalen Kurzüberblick, in: ZErb, 14–20.
Johannsson, S.-E. (1969): Income taxes and investment decisions, in: Swedish Journal of Economics, 71, 104–110.
Kapp, R./Ebeling, J. Erbschaftsteuer und Schenkungsteuergesetz, Stand: Dezember 2005 (48. Lfg.), Köln.
Krawitz, N. (2003): Reicher Gesellschafter – Arme Gesellschaft – Neue Steuerstrategien für den Mittelstand – „Klassische" Empfehlungen gelten nicht mehr, in: BB, 1925–1930.
Mellwig, W. (1982): Wirken Substanzsteuern investitionshemmend?, in: DB, 501–507 und 553–556.
Mennel, A./Förster, J.: Steuern in Europa, Amerika und Asien, Stand: Januar 2005 (56. Lfg.), Herne/Berlin 1980.
Neu, N./Wassermeyer, S. (2004): Die GmbH in Europa – Vergleich der Steuerunterschiede für EU-Kapitalgesellschaften, in: GmbH-StB, 168–178.
Perridon, L./Steiner, M. (2004): Finanzwirtschaft der Unternehmung, München.
Salzberger, W. (2000): Wechselwirkungen zwischen Corporate Governance und Besteuerung, in: DBW, S. 210–221.
Scheffler, W./Spengel, C. (2004a): Erbschaftsteuerbelastung im internationalen Vergleich, ZEW-Wirtschaftsanalysen, Baden-Baden.
Scheffler, W./Spengel, C. (2004b): Erbschaftsteuerbelastung im internationalen Vergleich, in: BB, 967–974.
Schneider, D. (1962): Der Einfluss von Ertragsteuern auf die Vorteilhaftigkeit von Investitionen, in: zfbf, 539–570.
Schneider, D. (1992).: Investition, Finanzierung und Besteuerung, Wiesbaden.
Schraufl, M.: Körperschaftsteuersysteme im internationalen Rahmen unter Effizienzkriterien, Diss., München 2004.
Vogel, K./Lehner, M. (2003): Doppelbesteuerungsabkommen (Kommentar), München.
Wagner, F. W. (1981): Der Steuereinfluss in der Investitionsplanung – Eine Quantité négligeable?; in: zfbf, 47–52.
Wagner, F. W./Dirrigl, H. (1980): Die Steuerplanung der Unternehmen, Stuttgart.

Ertrag- und Erbschaftsteuern bei der internationalen Steuerplanung mittelständischer Unternehmen

Zusammenfassung

Während in bisherigen Untersuchungen Ertrag- und Erbschaftsteuerplanung isoliert betrachtet werden, werden in diesem Beitrag beide Steuerarten gleichzeitig in ein Modell integriert. Die Notwendigkeit dieser Integration, welche sich im Mittelstand aus der engen Verbundenheit zwischen Unternehmens- und Privatsphäre der Gesellschafter ergibt, wird anhand eines Kapitalwertmodells unter Sicherheit gezeigt. Gegenstand der modelltheoretischen Untersuchung ist eine inländische GmbH, welche ihre Auslandstätigkeit in Form einer weiteren Kapitalgesellschaft ausübt. Verglichen wird eine direkte Beteiligung des inländischen Unternehmers mit einer indirekten Beteiligung über die inländische GmbH. Nach der theoretischen Konzeption des Modells unter konsequenter Anwendung des Prinzips der Teilsteuerrechnung erfolgt eine quantitative Umsetzung und grafische Darstellung. Im Ergebnis wird nachgewiesen, dass sich die Vorteilhaftigkeit der Alternativen durch eine gleichzeitige Berücksichtigung von Ertrag- und Erbschaftsteuern im Vergleich zu einer ausschließlich ertragsteuerlichen Betrachtung ändern kann. Da die Erbschaftsteuer als Substanzsteuer das Vermögen belastet, Ertragsteuern sich hingegen auf die laufenden Erträge beziehen, hängt im Mittelstand die Vorteilhaftigkeit steuerlicher Gestaltungsmöglichkeiten insbesondere von der Rendite ab.

Income tax and inheritance tax within the international tax planning of small and medium sized enterprises

Summary

Whereas earlier studies examined income and inheritance tax planning separately, this article integrates both types of taxes into a single model. The necessity of such integration, which applies to SMEs due to the close ties between the partners' business and private spheres, is demonstrated in a capital asset pricing model in the collateral section. Subject of this examination, which is based on a theoretical model, is a domestic limited liability company (*GmbH*) which performs activities abroad via a foreign corporation. Direct participation by the domestic entrepreneur is compared with indirect participation via the domestic limited liability company. The article transfers the respective tax law into quantitative terms using the partial tax calculation (*Teilsteuerrechnung*) and inserts the terms in the capital asset pricing model. The examination demonstrates that taking income and inheritance tax simultaneously into consideration – in contrast to a model based exclusively on income tax – during a thirty year testing period an indirect participation in the foreign corporation via a domestic limited liability company might become more beneficial from a tax perspective compared to a direct participation by a domestic entrepreneur. While taxes on income apply on an ongoing basis and, hence, on the current income, the subject of inheritance taxes are the assets themselves. Therefore the respective return on an investment determines the amount to which an inheritance tax advantage might compensate or outweigh disadvantages with regard to the income tax burden.

GRUNDSÄTZE UND ZIELE

Die **Zeitschrift für Betriebswirtschaft (ZfB)** ist eine der ältesten deutschen Fachzeitschriften der Betriebswirtschaftslehre. Sie wurde im Jahre 1924 von Fritz Schmidt begründet und von Wilhelm Kalveram, Erich Gutenberg und Horst Albach fortgeführt. Sie wird heute von 14 Universitätsprofessoren, die als **Department Editors** fungieren, herausgegeben. Dem **Editorial Board** gehören namhafte Persönlichkeiten aus Universität und Wirtschaftspraxis an. Die Fachvertreter stammen aus den USA, Japan und Europa.

Die ZfB verfolgt das Ziel, die **Forschung auf dem Gebiet der Betriebswirtschaftslehre** anzuregen sowie zur Verbreitung und Anwendung ihrer Ergebnisse beizutragen. Sie betont die Einheit des Faches; enger und einseitiger Spezialisierung in der Betriebswirtschaftslehre will sie entgegenwirken. Die Zeitschrift dient dem **Gedankenaustausch zwischen Wissenschaft und Unternehmenspraxis**. Sie will die betriebswirtschaftliche Forschung auf wichtige betriebswirtschaftliche Probleme in der Praxis aufmerksam machen und sie durch Anregungen aus der Unternehmenspraxis befruchten.

In der ZfB können auch englischsprachige Aufsätze veröffentlicht werden. Die Herausgeber begrüßen die Einreichung englischsprachiger Beiträge von deutschen und internationalen Wissenschaftlern. Durch die Zusammenfassungen in englischer Sprache sind die deutschsprachigen Aufsätze der ZfB auch internationalen Referatenorganen zugänglich. Im Journal of Economic Literature werden die Aufsätze der ZfB zum Beispiel laufend referiert.

Die Qualität der Aufsätze in der ZfB wird durch die Herausgeber und einen Kreis renommierter Gutachter gewährleistet. Das **Begutachtungsverfahren** ist doppelt verdeckt und wahrt damit die Anonymität von Autoren wie Gutachtern gemäß den international üblichen Standards. Jeder Beitrag wird von zwei Fachgutachtern beurteilt. Bei abweichenden Gutachten wird ein Drittgutachter bestellt. Die Department Editors entscheiden auf der Grundlage der Gutachten eigenverantwortlich über die Annahme und Ablehnung der von ihnen betreuten Manuskripte. Sie können Beiträge auch ohne Begutachtungsverfahren ablehnen, wenn diese formal oder inhaltlich von den Vorgaben der ZfB abweichen.

Die ZfB veröffentlicht im Einklang mit diesen Grundsätzen und Zielen:

- **Aufsätze** zu theoretischen und praktischen Fragen der Betriebswirtschaftslehre einschließlich von Arbeiten junger Wissenschaftler, denen sie ein Forum für die Diskussion und die Verbreitung ihrer Forschungsergebnisse eröffnet,
- **Ergebnisse der Diskussion** aktueller betriebswirtschaftlicher Themen zwischen Wissenschaftlern und Praktikern,
- **Berichte** über den Einsatz wissenschaftlicher Instrumente und Konzepte bei der Lösung von betriebswirtschaftlichen Problemen in der Praxis,
- **Schilderungen von Problemen** aus der Praxis zur Anregung der betriebswirtschaftlichen Forschung,
- „**State of the Art**"-Artikel, in denen Entwicklung und Stand der Betriebswirtschaftslehre eines Teilgebietes dargelegt werden.

Die ZfB informiert ihre Leser über **Neuerscheinungen** in der Betriebswirtschafslehre und der Management Literatur durch ausführliche Rezensionen und Kurzbesprechungen und berichtet in ihrem **Nachrichtenteil** regelmäßig über betriebswirtschaftliche Tagungen, Seminare und Konferenzen sowie über persönliche Veränderungen vorwiegend an den Hochschulen. Darüber hinaus werden auch Nachrichten für Studenten und Wirtschaftspraktiker veröffentlicht, die Bezug zur Hochschule haben.

WWW.GABLER.DE

Bewährtes Lehrbuch in Neuauflage

Jean-Paul Thommen | Ann-Kristin Achleitner
Allgemeine Betriebswirtschaftslehre
Umfassende Einführung aus managementorientierter Sicht
5., überarb. u. erw. Aufl. 2006. 1104 S. Geb.
EUR 49,90 ISBN 978-3-8349-0366-2

Für die 5. Auflage wurde die „Allgemeine Betriebswirtschaftslehre" von Thommen/Achleitner wiederum überarbeitet und um viele neue Themen erweitert: Projekt- und Risikomanagement, Europa AG, Unternehmen als komplexe Systeme, neues St. Galler Management Modell, Investitions- und Dienstleistungsmanagement, Sponsoring und Product Placement, Supply Chain Management, Postponement, Mass Customization, moderne Formen leistungsabhängiger Vergütung, Telearbeit, neue Methoden der Personalentwicklung (Coaching, E-Learning), interkulturelles Management, Corporate Governance.

Jean-Paul Thommen | Ann-Kristin Achleitner
Allgemeine Betriebswirtschaftslehre Arbeitsbuch
Repetitionsfragen - Aufgaben - Lösungen
5., überarb. Aufl. 2007. 576 S. Br.
EUR 39,90 ISBN 978-3-8349-0432-4

Das Arbeitsbuch zum Lehrbuch „Allgemeine Betriebswirtschaftslehre" von Thommen/Achleitner enthält nicht nur Übungsfragen und vertiefende Aufgaben, sondern auch Lösungen zu allen Aufgaben. Es folgt dabei der bewährten Struktur des Lehrbuchs und erscheint ebenfalls bereits in der 5. Auflage.

Einfach bestellen: kerstin.kuchta@gwv-fachverlage.de Telefon +49(0)611. 7878-626

KOMPETENZ IN SACHEN WIRTSCHAFT

HERAUSGEBER/EDITORIAL BOARD

Editor-in-Chief

Prof. Dr. Dr. h.c. Günter Fandel ist Universitätsprofessor und Inhaber des Lehrstuhls für Betriebswirtschaft, insbesondere Produktions- und Investitionstheorie an der FernUniversität in Hagen. Seine Hauptarbeitsgebiete sind Industriebetriebslehre, Produktionsmanagement und Hochschulmanagement.

Department Editors

Prof. Dr. Wolfgang Breuer ist Universitätsprofessor und Inhaber des Lehrstuhls für Betriebswirtschaftslehre, insb. Betriebliche Finanzwirtschaft, an der Rheinisch-Westfälischen Technischen Hochschule Aachen. Seine Hauptarbeitsgebiete sind Finanzierungs- und Investitionstheorie sowie Portfolio- und Risikomanagement.

Prof. Dr. Holger Ernst ist Inhaber des Lehrstuhls für Betriebswirtschaftslehre, insbesondere Technologie- und Innovationsmanagement an der Wissenschaftlichen Hochschule für Unternehmensführung – Otto-Beisheim-Hochschule – (WHU) in Vallendar.

Prof. Dr. Oliver Fabel ist Universitätsprofessor und Inhaber des Lehrstuhls für Personalwirtschaft mit Internationaler Schwerpunktsetzung am Institut für Betriebswirtschaftslehre der Universität Wien. Seine Hauptarbeitsgebiete sind Personal-, Organisations- und Bildungsökonomik.

Prof. Dr. Dr. h.c. Günter Fandel, s.o.

Prof. Dr. Armin Heinzl ist Universitätsprofessor und Inhaber des Lehrstuhls für Allgemeine Betriebswirtschaftslehre und Wirtschaftsinformatik an der Universität Mannheim. Seine Hauptarbeitsgebiete sind Wirtschaftsinformatik, Organisationslehre sowie Logistik.

Prof. Dr. Manfred Krafft ist Universitätsprofessor, Inhaber des Lehrstuhls für Allgemeine Betriebswirtschaftslehre, insbesondere Marketing und Direktor des Instituts für Marketing der Westfälischen Wilhelms-Universität Münster. Seine Hauptarbeitsgebiete sind Customer Relationship Management, Direktmarketing und Vertriebsmanagement.

Prof. Dr. Norbert Krawitz ist Universitätsprofessor und Inhaber des Lehrstuhls für Betriebswirtschaftslehre mit dem Schwerpunkt Betriebswirtschaftliche Steuerlehre und Prüfungswesen an der Universität Siegen. Seine Hauptarbeitsgebiete sind Rechnungslegung, Wirtschaftsprüfung und betriebswirtschaftliche Steuerlehre.

Prof. Dr. Dr. h.c. Hans-Ulrich Küpper ist Universitätsprofessor und Direktor des Instituts für Produktionswirtschaft und Controlling der Universität München. Seine Hauptarbeitsgebiete sind Unternehmensrechnung, Controlling und Hochschulmanagement.

Prof. Dr. Werner Pascha ist Universitätsprofessor und Inhaber des Lehrstuhls für Ostasienwirtschaft / Wirtschaftspolitik an der Universität Duisburg-Essen.

Prof. Dr. Joachim Schwalbach ist Universitätsprofessor und Inhaber des Lehrstuhls für Internationales Management an der Humboldt Universität in Berlin.

Prof. Dr. Hartmut Stadtler ist Universitätsprofessor und Inhaber des Instituts für Logistik und Transport an der Universität Hamburg. Seine Hauptarbeitsgebiete sind die Logistik, die Unternehmensplanung und die unternehmensübergreifende Planung im Rahmen des Supply Chain Management sowie deren Unterstützung durch Softwaresysteme (z.B. Advanced Planning Systeme).

Prof. Dr. Stefan Winter ist Universitätsprofessor und Inhaber des Lehrstuhls für Human Resource Management an der Ruhr-Universität in Bochum. Seine Hauptarbeitsgebiete sind die Analyse von Anreizstrukturen in Unternehmen, Gestaltung von Vergütungssystemen für Führungskräfte sowie die Institutionenökonomische Analyse von Personal- und Organisationsproblemen.

Prof. Dr. Peter Witt ist Universitätsprofessor und Inhaber des Lehrstuhls für Innovations- und Gründungsmanagement an der Universität Dortmund. Seine Hauptarbeitsgebiete sind Entrepreneurship, Gründungsfinanzierung und Familienunternehmen.

Prof. Dr. Uwe Zimmermann ist Hochschulprofessor und Leiter des Instituts für Mathematische Optimierung an der Technischen Universität Braunschweig. Seine Hauptarbeitsgebiete sind die Lineare, Kombinatorische und Diskrete Optimierung und ihre Anwendung auf komplexe Systeme in Verkehr und Logistik.

Editorial Board

Prof. (em.) Dr. Dr. h.c. mult. Horst Albach (Chairman)
Prof. Dr. Alain Burlaud
Prof. Dr. Dr. Dr. h.c. Santiago Garcia Echevarria
Prof. Dr. Lars Engwall
Dr. Dieter Heuskel
Dr. Detlef Hunsdiek
Prof. Dr. Don Jacobs
Prof. Dr. Eero Kasanen
Dr. Bernd-Albrecht v. Maltzan
Prof. Dr. Koji Okubayashi
Hans Botho von Portatius
Prof. Dr. Oleg D. Prozenko
Prof. (em.) Dr. Hermann Sabel
Prof. Dr. Adolf Stepan
Dr. med. Martin Zügel

IMPRESSUM/HINWEISE FÜR AUTOREN

Verlag

Gabler Verlag/GWV Fachverlage GmbH,
Abraham-Lincoln-Straße 46, 65189 Wiesbaden,
http://www.gabler.de
http://www.zfb-online.de
Geschäftsführer: Dr. Ralf Birkelbach, Albrecht F. Schirmacher
Programmleitung Wissenschaft: Claudia Splittgerber
Gesamtleitung Produktion: Ingo Eichel
Gesamtleitung Vertrieb: Gabriel Göttlinger

Editor-in-Chief:
Professor Dr. Dr. h.c. Günter Fandel
FernUniversität in Hagen
Fakultät für Wirtschaftswissenschaft
58084 Hagen
E-Mail: ZfB@FernUni-Hagen.de

Anfragen an den Editor-in-Chief werden per E-Mail an die Adresse ZfB@Fernuni-Hagen.de erbeten. Von Anfragen, die durch die Nutzung der Online-Suche unter http://www.zfb-online.de oder die Einsicht in die Jahresinhaltsverzeichnisse beantwortet werden können, bitten wir abzusehen.

Redaktion: Susanne Kramer, Tel.: 0611/7878-234,
E-Mail: Susanne.Kramer@Gabler.de
Annelie Meisenheimer, Tel.: 0611/7878-232, Fax: 0611/7878-411,
E-Mail: Annelie.Meisenheimer@Gabler.de

Abonnentenbetreuung: Doris Schöne, Tel.: 05241/801968,
Fax: 05241/809620

Produktmanagement: Kristiane Alesch, Tel.: 0611/7878-359,
Fax: 0611/7878-439, E-Mail: Kristiane.Alesch@Gabler.de

Anzeigenleitung: Christian Kannenberg, Tel.: 0611/7878-369,
Fax: 0611/7878-430, E-Mail: Christian.Kannenberg@gwv-fachverlage.de

Anzeigendisposition: Monika Dannenberger,
Tel.: 0611/7878-148, Fax: 0611/7878-430,
E-Mail: Monika.Dannenberger@gwv-fachverlage.de
Es gilt die Anzeigenpreisliste vom 1. 1. 2006.

Produktion/Layout: Kerstin Gollarz

Bezugsmöglichkeiten: Die Zeitschrift erscheint monatlich. Das Abonnement kann jederzeit zur nächsten erreichbaren Ausgabe schriftlich mit Nennung der Kundennummer gekündigt werden. Eine schriftliche Bestätigung erfolgt nicht. Zuviel gezahlte Beträge für nicht gelieferte Ausgaben werden zurückerstattet. Jährlich können 1 bis 6 Special Issues hinzukommen. Jedes Special Issue wird den Abonnenten mit einem Nachlass von 25% des jeweiligen Ladenpreises gegen Rechnung geliefert.

	Preise Inland:	Preise Ausland:
Einzelheft:	38,- Euro	44,- Euro
Studenten-*/Emeritus-Abo:	69,- Euro	88,- Euro
ausgewählte Verbände:**	168,- Euro	184,- Euro
Privat-Abo:	198,- Euro	224,- Euro
Lehrstuhl-Abo:	224,- Euro	249,- Euro
Bibliotheks-/Unternehmensabo:	388,- Euro	406,- Euro

* Studienbescheinigung
** auf Anfrage beim Verlag

© Betriebswirtschaftlicher Verlag Dr. Th. Gabler/
GWV Fachverlage GmbH, Wiesbaden 2008.
Der Gabler Verlag ist ein Unternehmen von Springer Science+Business Media.
Alle Rechte vorbehalten. Kein Teil dieser Zeitschrift darf ohne schriftliche Genehmigung des Verlages vervielfältigt oder verbreitet werden. Unter dieses Verbot fällt insbesondere die gewerbliche Vervielfältigung per Kopie, die Aufnahme in elektronische Datenbanken und die Vervielfältigung auf CD-ROM und allen anderen elektronischen Datenträgern.

Satzherstellung: Fotosatz-Service Köhler GmbH,
97084 Würzburg.
Druck und Verarbeitung: Druckerei Krips, Meppel, Niederlande.
Gedruckt auf säurefreiem und chlorfrei gebleichtem Papier.

Printed in Europe   ISSN: 0044-2372

Hinweise für Autoren

1. Bitte beachten Sie die „Grundsätze und Ziele" der ZfB.

2. Die ZfB bietet ihren Autoren die Möglichkeit der Online-Einreichung ihrer Beiträge an. Manuskripte – in deutscher oder englischer Sprache – können vom Autor unter http://mc.manuscriptcentral.com/zfb direkt in das Manuskriptverwaltungssystem eingespeist werden. Hierbei ist insbesondere auf die Wahrung der Anonymität der zur Begutachtung eingereichten Vorlagen zu achten. Der Autor verpflichtet sich mit der Einsendung des Manuskripts unwiderruflich, das Manuskript bis zur Entscheidung über die Annahme nicht anderweitig zu veröffentlichen oder zur Veröffentlichung anzubieten. Diese Verpflichtung erlischt nicht durch Korrekturvorschläge im Begutachtungsverfahren.

3. Aufsätze, die im wesentlichen Ergebnisse von Dissertationen wiedergeben, werden nicht veröffentlicht. Um die Ergebnisse von Dissertationen breiter bekannt zu machen, hat die ZfB eine Rubrik „Dissertationen" im Besprechungsteil eingeführt. Hier werden vorzugsweise Erstgutachten von Dissertationen – in entsprechend gekürzter Form – abgedruckt.

4. Alle eingereichten Manuskripte werden, wie international üblich, einem doppelt verdeckten Begutachtungsverfahren unterzogen, d.h. Autoren und Gutachter erfahren ihre Identität gegenseitig nicht. Die Gutachten werden den Autoren und den Gutachtern gegenseitig in anonymisierter Form zur Kenntnis gebracht. Jeder Beitrag wird von zwei Fachgutachtern beurteilt. Bei abweichenden Gutachten wird ein dritter Gutachter bestellt. Durch dieses Verfahren soll die fachliche Qualität der Beiträge gesichert werden. Die Department Editors entscheiden auf der Grundlage der Gutachten eigenverantwortlich über die Annahme und Ablehnung der von ihnen betreuten Manuskripte. Auch haben sie das Recht, einen Beitrag direkt abzulehnen, wenn er aus formalen und/oder inhaltlichen Gründen von den Vorgaben der Zeitschrift abweicht.

5. Die Manuskripte sind in Times New Roman, 12 Punkt, 11/2zeilig mit 2,5 cm Rand zu schreiben. Sie sollten nicht länger als 25 Schreibmaschinenseiten sein. Der Titel des Beitrages und/die Verfasser mit vollem Titel und ausgeschriebenen Vornamen sowie beruflicher Stellung sind auf der ersten Manuskriptseite anzugeben. Dem Beitrag ist ein „Überblick" von höchstens 15 Zeilen voranzustellen, in dem das Problem, die angewandte Methodik, das Hauptergebnis in seiner Bedeutung für Wissenschaft und/oder Praxis dargestellt werden. Die Aufsätze sind einheitlich nach dem Schema A., I., 1., a) zu gliedern. Endnoten (Times New Roman, 12 pt) sind im Text fortlaufend zu numerieren und am Schluß des Aufsatzes unter „Anmerkungen" zusammenzustellen. Anmerkungen und Literatur sollen getrennt aufgeführt werden. Im Text und in den Anmerkungen soll auf das Literaturverzeichnis nach dem Schema: (Gutenberg, 1982, S. 352) verwiesen werden. Jedem Aufsatz muß eine „Summary" in englischer Sprache von ca. 15 Zeilen Länge und eine deutsche Zusammenfassung gleicher Länge angefügt werden. Über Abbildungen und Tabellen ist eine Legende vorzusehen (z.B.: Abb. 1: Kostenfunktion, bzw. Tab. 2: Rentabilitätsentwicklung). Abbildungen und Tabellen sind an der betreffenden Stelle des Manuskripts in Kopie einzufügen und im Original (reproduzierfähig) dem Manuskript beizulegen. Mathematische Formeln sind fortlaufend zu numerieren: (1), (2) usw. Sie sind so einfach wie möglich zu halten. Griechische- und Fraktur-Buchstaben sind möglichst zu vermeiden, ungewöhnliche mathematische und sonstige Zeichen für den Setzer zu erläutern. Auf mathematische Ableitungen soll im Text verzichtet werden; sie sind aber für die Begutachtung beizufügen. Mit dem Manuskript liefert der Autor ein reproduzierfähiges Brustbild (Passphoto) von sich sowie eine kurze Information (max. 7 Zeilen) zu seiner Person und seinen Arbeitsgebieten.

6. Der Autor verpflichtet sich, die Korrekturfahnen innerhalb einer Woche zu lesen und die Mehrkosten für Korrekturen, die nicht vom Verlag zu vertreten sind, sowie die Kosten für die Korrektur durch einen Korrektor bei nicht termingerechter Rücksendung der Fahnenkorrektur zu übernehmen.

7. Der Autor ist damit einverstanden, daß sein Beitrag außer in der Zeitschrift auch durch Lizenzvergabe in anderen Zeitschriften (auch übersetzt), durch Nachdruck in Sammelbänden (z.B. zu Jubiläen der Zeitschrift oder des Verlages oder in Themenbänden), durch längere Auszüge in Büchern des Verlages auch zu Werbezwecken, durch Vervielfältigung und Verbreitung auf CD-ROM oder anderen Datenträgern, durch Speicherung auf Datenbanken, deren Weitergabe und dem Abruf von solchen Datenbanken während der Dauer des Urheberrechtsschutzes an dem Beitrag im In- und Ausland vom Verlag und seinen Lizenznehmern genutzt wird.

GPSR Compliance

The European Union's (EU) General Product Safety Regulation (GPSR) is a set of rules that requires consumer products to be safe and our obligations to ensure this.

If you have any concerns about our products, you can contact us on

ProductSafety@springernature.com

In case Publisher is established outside the EU, the EU authorized representative is:

Springer Nature Customer Service Center GmbH
Europaplatz 3
69115 Heidelberg, Germany